林安梧 著

論語聖經譯解

林安梧敬題

臺灣學生書局印行

凡例

一、此書名為《論語聖經譯解：慧命與心法》，特別標舉其為「聖經」，此聖人之經典也，為正名故也。正名所以免異教之篡奪也。

二、「聖經」為儒教之經典，如同「真經」之為道教之經典，「佛經」之為佛教之經典。老子之書，道教稱之為《道德真經》。孔子之書，儒教自當稱為《論語聖經》也。

三、所傳慧命，皆本先聖先哲之傳述，體之身心，驗之倫常，既彰顯自然氣命之限制，又標指人世運勢之起落，而顯示宇宙造化生生之無窮也。

四、理事不二、道器合一，對比兩端，陰陽翕闢，開闔跌宕，參造化之微、審心念之幾、觀歷史之勢，此中自有心法也。心法不可宣，而可秘點也。

五、《論語聖經》乃生命感通，天人合德之經典，諸篇多以首句二字標為篇名，本書每篇皆另冠以兩句八字，彰顯其義理，以彰明其深卓之脈絡系統也。

六、本書寫作，多歷年所，語句筆法，容有差異，稍加統稿，並於《論語聖經》每篇之末，標以寫作成稿時間，誌其念也。

七、本書列有主要參考書目，然不為所限也。蓋本書非餖飣考據之書，然必依其文字聲韻訓詁也，加之義理思想之辨證也。蓋訓詁明而後義理明，義理明而後訓詁明也。

八、本書列有附錄一篇〈儒教釋義：儒學、儒家與儒教的分際〉，所以別分際，通其同也。尤要者，標舉「儒教」之為儒教，乃一「覺性之宗教」，此不同於「信靠之宗教」也。

序言

林安梧

年少十五，喜讀論語，至乎今日，已逾四十餘年。不只是自己讀《論語》，後來也教學生讀《論語》。讀之、講之，感其意味，體其意韻，明其意義，常有快然不可以已的證會。

講讀《論語》，其意味溫潤如玉，其意韻綿遠悠長，其意義明白透闢。每次閱讀，或者每次講論，都覺歡喜。這裡有的是鳶飛魚躍的悅樂，有的是青山綠樹的生機，有的是寬廣深平的智慧之海。

讀《論語》，不能太過理性的閱讀，而是要存在契入的閱讀，存在有覺知，覺知有生意，覺知其生意盎然者，方為善讀。當然，也不能只停留在存在的覺知，而且要進到概念的反思，有了概念的反思才能從生活世界中擬括出個意義的脈絡來。進一步，在這脈絡的構圖中，慢慢浮現整個儒學的樣貌來。總的來說，要是存在的讀，而不是論理的讀。或者，更準確地說，先由存在的閱讀，慢慢可以有概念的反思，可以有理論的建構，這時便可以是論理的去閱讀它，甚至分析它。但論理的閱讀，必須基於存在的閱讀，沒有生命存在的契入，就不能有適當的理論建構。

讀《論語》要先誦讀、粗讀、略讀、通讀，而後進一步再細讀。須得注意的是，細讀不是瑣碎的、細膩的、文獻的讀，而是深切的、契入的、證會於身心的讀。用古人的話來說，是要能「切於己」。總而言之，就是要有感的讀，不能是無感的讀。感之、味之、體之、驗之、知之、明之，讀之歡喜、讀之悅樂，讀著讀著，不知手之舞之，足之蹈之，其樂何極也耶！其樂何極也耶！

誦讀以通其音聲，書聲朗朗，音吐清響，自有意味；意味既得，意韻以生；意韻既生，意義逐漸因之而明也。這誦讀，也有個過程，他由粗讀、略讀、通讀，最後則進到細讀。蓋粗讀以得其樸質，樸質自然，自然無華。略讀以得其大體，大體脈絡，脈絡分明。通讀以得其貫通，貫通無礙，把握總體。就此總體，再細細讀之，細讀便要是契入的讀、存在的讀，當然也要合乎聲韻訓詁，解釋清楚。這時候，經典的詮釋、存在的契入，以及意義的彰顯，可以說脈絡通達，字義清楚，一體明白。用我在《中國人文詮釋學》的說法，經典詮釋可以「道、意、象、構、言」五階論之，言為句子，構為結構，象為圖像，意為指向，道為根源。從句子的記憶，到結構的掌握，到圖像的想像，進而到指向的體會，最後則是根源的證悟。這是一深遠悠長的歷程，是由模糊而日進乎高明的歷程。

《論語》二十篇，自有理序，首尾通貫，脈絡分明。但這樣的分明並不是論理邏輯的分明，它是生命聲息的互動感通。我教讀《論語》，一向主張順著既成的二十篇，逐章逐句的閱讀，有學者另做一《論語》分類去讀它，我總覺不浹洽、不適切、不妥貼。因為《論語》二十篇自有分類者在，只是它的分類不是科學邏輯的分類，不是分析論理的分類；他重視的是存在的脈絡，生命的氣息、精神的意韻的類聚，經由一種「雲從龍、風從虎，水流濕、火就燥」，這樣的類聚方式，構築累積而成的。

讀《論語》重要的是生命的感悟、精神的體會、存在的契入，讀之既久，就能真切領略到個中滋味。用熊十力先生的「體用論」來說，「即體而言，用在體；即用而言，體在用」；即用顯體、承體達用，體用一如。用如眾漚，體如大海水，眾漚不離大海水，大海水不離眾漚。就經典語義的脈絡來說，部分不離其整體，整體不離其部分，要了解部分，必得了解整體；要了解整體，必得了解部分，此中隱含著一詮釋學的循環（hermeneutical circle），首尾融貫。融會貫通，誦讀既久，自能一根而發，調適而上遂於道矣！

你說讀《論語》有法，由誦讀、粗讀、略讀、通讀，而細讀，細讀而得契入於道。由話語的訓詁，進而結構的掌握，繼而圖像的想像，又而意向的體會，最後則到達根源之道的證悟。讀《論語》須得有法，這樣的有法，是由分別相，逐漸契入到無分別相的境遇。借用佛教的語彙來說，先是「山、河、大地，自有等分」，最後則到達「心、佛、眾生，三無差別」，這便是由分別相，入於無分別相。無分別相並不是有甚麼神祕，其實正是存在的契入爾矣！借用佛教的詮釋學來說，這是「依法不依人，依義不依語，依了義不依不了義」，如何為究竟了義，誰也不能聲稱說他已經達到了，但誰都知道要預設著這樣的一個究竟了義，究竟了義者，明心見性，通達於道也。「道」不是一個定點，道是一個總體的根源，是根源的總體，含藏一切、包蘊一切，是最為原初的始源，也是最為終末的究竟。就理論上必須做如此之預設，就實存上它不只是預設，它是實實在在的，真真實實的。

《論語》像是一曲樂章，「始作，翕如也！從之，純如也，皦如也，繹如也，以成」。這樣的一曲樂章，就像是一生命的生長歷程，「吾十有五而志於學，三十而立，四十而不惑，五十而知天命，六十而耳順，七十而從心所欲、不踰矩」。這裡有著「興於詩、立於禮、成於樂」的過程，這也是生命的「始、壯、究」，從初始創造、茁壯生長、而終究完成。這也像是《易經》八卦，三畫成卦，這三畫為「始、壯、究」，兩卦相疊，八八六十四卦，每個卦分有內外、上下，既有結構性，也有歷程性，這裡就隱含著一個原泉滾滾、沛然莫之能禦的生活世界。天地之大德曰「生」，活潑潑、了無罣礙是為「活」，就這樣構成了《論語》的生活世界。細讀《論語》，參贊孔老夫子及弟子的生活世界，真是處處有場景、處處有生活。「肫肫其仁！淵淵其淵！浩浩其天」！處處皆乃世界也。

讀《論語》不離生活世界，感之、體之，如有源頭活水，理解之、詮釋之，自成境界。理解有詮釋，詮釋有轉化，轉化有創造，創造有生長，終始通貫、本末如一。像是一首樂章，像是一棵大樹，綿綿若存，生生不息。二十篇意旨，或可勾勒如下：

〈學而〉第一：為學悅樂、君子自反。〈爲政〉第二：為政以德、養其性情。

〈八佾〉第三：禮樂教化、人文化成。〈里仁〉第四：里仁為美、君子懷德。

〈公冶長〉第五：不罪無過、道器不離。〈雍也〉第六：南面居敬、文質彬彬。

〈述而〉第七：述作默識、志道據德。〈泰伯〉第八：禮讓為國、民可使由。〈子罕〉第九：承命立統、歲寒後凋。〈鄉黨〉第十：鄉黨宗廟、時處以禮。此為《論語》上卷，始於〈學而〉，中在〈鄉黨〉，這是從為學之始，到鄉黨之立。

《論語》下卷，自〈先進〉的質樸禮樂，最後則完成於〈堯曰〉的執中君子。〈先進〉第十一：先進質樸、禮樂可成。〈顏淵〉第十二：克己復禮、天下歸仁。〈子路〉第十三：勇者力行、以正治國。〈憲問〉第十四：知恥明德、修身居藏。〈衛靈公〉第十五：恭己南面、忠恕一貫。〈季氏〉第十六：禮樂征伐、君子三畏。〈陽貨〉第十七：出處進退、興觀群怨。〈微子〉第十八：陪臣柄政、賢臣遠隱。〈子張〉第十九：道德宏篤、仲尼日月。〈堯曰〉第二十：允執其中、知命君子。

讀之既久，講之既久，講之、習之，通之、達之，體之、驗之，契入於身心，上達乎神明，《論語》之道朗然在目，真有不可以已者。閱讀《論語》，先之以有法，由有法而入於無法，無法之法，方為上上法。這是由「言」（句子）而「構」（結構），繼而「象」（圖像），進而「意」（意向），最終則調適而上遂於道，「道」是存在的根本，是智慧的源頭，是價值的始生之處。存在與價值和合為一，智慧即此而朗現也。顯然地，解讀《論語》除了「方法」之外，更重要的是「心法」，心法者，明心見性，契入造化，生生不息，默契道妙，無法之法也。

吾之解讀《論語》，隨緣順道而解也，非餖飣考據之解也。隨我本心，入於場景，如其處所，就此生動之活潑，而體會天地之情而解之也。雖非餖飣考據，而實有參贊於前賢者，宋朝朱熹《論語集注》，自不可免，但不必為其所限也。間或有不同，或有轉化，也不及細講，我只是隨緣順道而解，依文解義，就此義理，調適之、上遂之，使之契乎道也。其中王天恨《四書白話句解》、錢賓四《論語新解》、蔣伯潛《四書廣解》、楊伯竣《論語譯注》，乃至李澤厚《論語今讀》，當然清代劉寶楠《論語正義》，東漢時期何晏《論語集解》，也是免不了的。再說，王船山的《四書訓義》、《讀四書大全說》，看似沒有直接影響，但這些書，讀之既久，他不可能不影響。其實，船山「兩端而一致」的思維方式，對於我來說，可以說是入乎身心，無所不在的。當然，期間，我認為李炳南先生的《論語講要》真可以說是充實而不可以已。《論語講要》一書是我喜歡閱讀，而且常常推薦給學生及同道友人的。

我讀《論語》、《論語》讀我，在生活中讀，也讀進了生活，解讀《論語》只要是隨得了緣，就順道解來，能通就是了。通者，入乎身心，上契於道也。能通就能達，「其生色也，睟然見於面、盎於背。施於四體，四體不言而喻」，不只達乎四體，並且推而擴充之，推恩足以保四海，達於邦國天下。孟子說「聖人之於民，亦類也。出於其類，拔乎其萃。自生民以來，未有盛於孔子也。」，子貢有言「夫子之不可及也，猶天之不可階而升也。」不過，我總想《論語》可能就是去了解孔老夫子學問人品、人格境界的階梯。

人的身家性命是有限的，知識也是有限的，人生處處都是有限的。身命有限，然而慧命無窮，學業、事業都有限，但道業真可謂如火焰之流傳，需要更多的薪材的投入，投入了才能薪火相傳，不可以已矣！慧命者，因慧而成命也，由此命而傳此慧也。命之在身者，身命也。命之在天者，天命也。身命免不了業力習氣的限制，但卻也是這些限制，伴隨著我們能落實而具體。讓我們能接地氣，接得地氣，才能真正的通天命。天命是本，而身命卻是根，如此通天接地，才能傳此慧命也。

身命有限，慧命無窮，讀法有別，心法如一。弔詭的是，這無窮的慧命卻須要這有限的身命去參與、去傳續，才成就其為慧命。這心法原是從訓詁明而後義理明，依文解義，一步步豁顯開來，才能從話語的分別入於無分別，契於存在、證入道之本源。道之本源者，不離生活世界也。

生命原只是簡易，乾以易知，坤以簡能，斯為簡易也。《論語聖經譯解》，「譯」原來只是依文解義，步步豁顯，字句分明，如斯爾矣！「解」只是如其因緣，隨順其道，旭日東昇，明昭天下。聖賢大道，慧命心法，某或有未契；勞形用心，念茲在茲，卻是用過功夫的。願以此，繼續燃燒這身命的材火，參贊宇宙慧命的光輝。《論語聖經譯解：慧命與心法》一書，果將誕生也。願其生生不息也。是為序！

戊戌之夏，六月初一，於臺中元亨居

論語聖經譯解：慧命與心法

目次

〈學而〉第一：為學悅樂、君子自反

一、子曰：「學而時習之，不亦說乎？有朋自遠方來，不亦樂乎？人不知而不慍，不亦君子乎？」

【翻譯】

孔子說：「從師問學，時時練習，豈不滿心愉悅呢？良朋佳友，志同道合，遠方而來，豈不陶然稱樂呢？學德兼具，人所不知，無所慍怒，所謂君子，豈不如此呢？」

【說解】

1.《論語》〈學而〉一篇，務本崇德，學而習之，習之而覺，覺之而悅也。志同道合，相與往來，契乎其道，是所樂也。確乎不拔，遯世無悶，不在人知，斯為君子。此章所述，可謂儒學之根本也。

2.本章首句，「學而時習之，不亦說乎」，講明教育權、學習權之解放也。因其解放，故平民可以參與於宇宙造化之源，可以進到文化價值之創造。如此愉悅，可以說是一根源性的喜悅，道喜充滿，不可以已。

3.第二句，「有朋自遠方來，不亦樂乎」，講明井田制度已然瓦解，游士階層漸興，人身自由權起現，相與往來，論學志道。如此之樂，生命身心，互樂共樂，交與為仁，其樂何如。

4.第三句，「人不知而不慍，不亦君子乎」，講明「君子」之人格，是一內在自我完善的生長，不是外在他人勢位的稱謂。「君子」本為社會階層之概念，孔子做一旋乾轉坤之轉化，從「在上位者」轉成「有德者」，轉成一「德行的位階」概念。德行位階是一自我完善之歷程，是內在的、根源的，而不是外在的、末節的。

二、有子曰：「其為人也孝弟，而好犯上者，鮮矣；不好犯上，而好作亂者，未之有也。君子務本，本立而道生。孝弟也者，其為仁之本與！」

【翻譯】

有子說：「彼之為人，孝順父母、友愛兄弟，如此而冒犯長上，少之又少矣。不好冒犯長上，而卻好作亂的，那是沒有的事。君子務求根本，根本建立，道理自生。孝順父母、友愛兄弟，這可說是實踐仁義的根本啊！」

【說解】

1.有子，姓有名若，字子輿，孔子弟子，魯人。依《孔子家語》小孔子三十三歲，史傳有若形象似孔子，孔子歿後，弟子有議立為第二代掌門者，曾子及其弟子不服，未果。依韓非子言，孔子歿後，儒分為八，然大要者有子、曾子也。此傳經之儒、傳心之儒有所別也。

2.「孝」在文字構造上是从「老」从「子」，是子女對父母的孝順，因而申之，可說是對生命根源的追溯與崇敬。相對來說，「悌」是順此生命根源而做一橫面的展開。再進一步說，「慈」是順此生命根源落實而進一步縱面的延展與生長。有了「孝、悌、慈」，生命便有深度、有高度、有厚度、有廣度，它可以說是中華民族傳統永生的奧秘。

3.「君子」所重在人倫孝悌，唯此人倫孝悌才能有一德行的內在自我完善歷程，這是修己安人的起點。

4.值得注意的是，有子所說太偏重上下長幼尊卑，而較忽略社會責任、較忽略文化傳承，較忽略人與人之間的真實感通，這與曾子是有所區別的。正因如此，當第二代接班人選拔時，曾子並不支持有子。

5.有子之言，列為第二章，可見其位分，亦可見孝悌人倫乃仁義道德之本。這本是本始之本，不是本質之本。又值得注意的是「孝」是自覺的，「慈」是自然的，而「悌」則更接近於教養的。

三、子曰：「巧言令色，鮮矣仁！」

【翻譯】

孔子說：「華巧的言語，諂媚的臉色，那仁義可就少之又少了！」

【說解】

1.言不實，是為巧言。色不如，是為令色。言色不如、不實，仁心遮蔽，難以顯發。

2.「仁」是內在的如實生長，不是外在的修飾；但並不是不修飾，而是內外通達，身心一如。

3.儒學所重在「覺」，覺其如實也。能覺，就能如，就能實。言不為巧言，而是如實之言，修辭立其誠也。色不為令色，而為如實之本色，本色所以依乎本心之色也。

4.鮮者，言其少也。不是空無，不是沒有，而是鮮少。隨俗而下，則趨於無。

四、曾子曰：「吾日三省吾身：為人謀而不忠乎？與朋友交而不信乎？傳不習乎？」

【翻譯】

曾子說：「我每天拿三件事來省察自己：為人謀畫事務，是否有不忠誠負責的地方？

與朋友交往，是否有不信實的地方？傳承的學問教養，是否有不認真練習的地方？」

【說解】

1.「為人謀而不忠乎」所重在「職責」、「責任」之「忠」。這可以說是一「責任倫理」之表現。

2.西方漢學家有謂儒家無責任倫理者，若深入此言，當不做此論。可論者，何以如此的「責任倫理」居然沉湮而不起，孰令至之？不當本質的去論定中國人無責任倫理。

3.「與朋友交而不信乎」所重在「信實」，這重在「互信」。這可以說是一「存心倫理」之表現。

4.「忠」者，从中从心，重在「盡己」，說的是迴返生命做一主體的確立。「信」者，从人从言，重在「交往」，說的是人與人生命主體際的互信，由此互信而來的確立。

5.「傳不習乎」所重在「學問教養」之傳習，「傳」重在「繼志述事」，「習」重在「溫故知新」。傳習重在人文教養，所教所養，孝悌忠信也，生生不息也。

五、子曰：「道千乘之國，敬事而信，節用而愛人，使民以時。」

【翻譯】

孔子說：「治理一千輛車乘的大國，做事要專注虔敬，信實確定，財用要儉約節省，愛恤民眾，使用民力，要選擇適當時機。」

【說解】

1. 道千乘之國。道者，導也，治理之義。千乘，一千輛車乘，此大國也。老子有云，治大國，若烹小鮮。重在道法自然，孔子則在人之自覺，覺其敬信，覺其節用，覺其使民也。

2. 「敬」有「專注」、「虔敬」之義。前者是方法、後者是態度。孔子答仲弓，有「居敬行簡」之義，可通。敬事者，態度堅定、方法通達，自始至終，完成其事也。敬在己，信在人，「敬」為持續，「信」是確立。

3. 「節用」所以「厚生」也。「愛人」所以「廣仁」也。厚生所以培德，廣仁所以達道也。前者立其本體以內聖，後者承體啟用以外王。

4. 「使民以時」所重在「時」，指的是農餘之暇。這是中華文化之根本。

六、子曰：「弟子入則孝，出則弟，謹而信，汎愛眾而親仁。行有餘力，則以學文。」

【翻譯】

孔子說：「為人子弟，回到家裡，要孝順父母，出門在外，要恭敬長上；治事嚴謹，說話信實；廣博地愛恤民眾，且能親近仁德的人。身體力行之後，還有餘暇閑力，就用來學習詩書六藝之文。」

【說解】

1.「入則孝，出則悌」這是從家庭人倫到社群公義。家庭人倫重在縱面的追溯與崇敬。社群公義重在橫面的開展與育成。

2.「謹而信」如同前所說「敬事而信」，「謹」重在端己以治事，「信」重在互信而確立。

3.「泛愛眾」所以養其恩義也。「親仁」所以確認內在之法則也。愛眾乃治事之本。親仁是王道之根。

4.「行有餘力，則以學文」，蓋實踐所以長其器識也，先器識而後文藝也。

七、子夏曰：「賢賢，易色；事父母能竭其力；事君能致其身；與朋友交言而有信。雖曰未學，吾必謂之學矣。」

【翻譯】

子夏說：「尊敬賢德，以取代美色之愛好；事奉父母能竭誠盡力，事奉君主能委致其身，與朋友交往，話語信實。這樣的人，雖說沒進學讀書，我卻一定要說他已經在實踐學問了。」

【說解】

1.「賢賢易色」，尊敬賢德以取代美色之愛好，有了價值的認定，便可克制感性的貪欲。這是總提的說，以下統屬於此以為論。

2.「事父母能竭其力」，事奉父母能竭誠盡力，重在家庭人倫，所以養內在之品德也。此家庭人倫也。

3.「事君能致其身」，事奉君主能委致其身，重在政治職場，所以養其責任之擔負也。此政治職場也。

4.「與朋友交言而有信」，與朋友交往，話語信實，重在人與人之互動，所以養其朋友道義也。此社會養成也。

5.家庭人倫、政治職場、真情感通，事事如實，「雖曰未學，吾必謂之學矣」，就此為學，學是「生命真正的喚醒」、是人格的覺醒。學者、覺也。

6.儒家是具體學習，是性情之教，重在感動。其心性修養，有天地人三維度，天↓文化傳統，地↓社會總體，人↓政治管理、家庭倫常。

八、子曰：「君子不重，則不威；學則不固。主忠信。無友不如己者。過，則勿憚改。」

【翻譯】

孔子說：「君子若不篤厚莊重，那就沒有威嚴，學問也就不能堅固。為人處事主要在忠誠信實。交往朋友不要學習他不好的。有了過錯，不要怕改。」

【說解】

1. 君子內在厚重，自有威嚴，自成威儀，學問自有其確當處。
2. 「忠」在職責，此是責任倫理。「信」在話語，此是社群之公義。「忠」是立其大體，「信」是承體啟用。
3. 「無友不如己者」，「無」做動詞，並不是說「不要結交不如自己的朋友」，而是說「交往朋友不要學習他不好的」。蓋「三人行，必有我師焉，擇其善者而從之，其不善者而改之」，交友當學其優，不當學其劣。
4. 「認錯」可徹底放下，是改過的起點。認錯而後能改過，改過而遷善，德之始也。

九、曾子曰：「愼終追遠，民德歸厚矣。」

【翻譯】

曾子說：「要敬慎處理，臨終喪禮，要誠心祭祀，追念祖先，萬民百姓，德性自然歸於淳厚。」

【說解】

1.「慎終」旨在告別死者，讓他無所牽掛。「追遠」旨在連結生者，讓他生命綿延。總的說，這便是「養生喪死無憾，王道之始也」。

2.我們要體驗生命有本、有源。生命經過慎終、追遠，必是清明之氣，選擇了清明之氣的時間點作為清明節。清明祭祖，所以溯其本原，源頭既清，其道必明也。

3.喪禮，安頓死者，所謂慎終，以死者為主。祭禮，祭祀之禮，所謂追遠，以生者為主。

4.慎終追遠，能如此，便有深沈的文化土壤，能得發榮滋長，自能共存共榮。儒家是人倫，是大我，以整體為重。問人「貴姓」、「籍貫」正亦體現慎終追遠。

十、子禽問於子貢曰：「夫子至於是邦也，必聞其政，求之與？抑與之與？」子貢曰：「夫子溫、良、恭、儉、讓以得之。夫子之求之也，其諸異乎人之求之與！」

【翻譯】

陳亢問子貢說：「夫子每到一個國家一定會參與聽聞那個國家的政事，這是自己求得的，還是國君自己告訴他的？」子貢說：「夫子因其溫和、良善、恭敬、簡樸、謙遜」得來的。即使要說夫子是求來的，這也不同於別人求得的方法呀？」

【說解】

1.「溫、良、恭、儉、讓」足為典範，成其人格，自然與聞大政。溫，溫潤。良，正直。恭，莊敬。儉，節制。讓，謙遜。

2.這五者都充分體現君子自我內在充實節制的德行，能如此，必受器重，必得人之敬重與信任。

3.求之，是有所逐於外。得之，是有所立於內。逐於外，必媚其俗，諂佞邪妄，因之而生。立於內，則能己立立人，己達達人。

4.此章所論看似平淡，其實說的是：講學修德，內聖之本也。有了這本，才有外王之可能。道之所生，德之所成，用功其在我；政治施行，權力居之，取予其在人。

十一、子曰：「父在觀其志；父沒觀其行；三年無改於父之道，可謂孝矣。」

【翻譯】

孔子說：「父親健在時，看他的志向；父親過世了，就看他的行事。一個人能三年不改先父所行大道，可算得上孝子。」

【說解】

1.「志」是心有定向，觀其志，是看其繼善述事否。志者，志於學，志於道也。這是理想的落實與發展。

2.「行」是日常實踐，觀其行，是驗察其人倫義理精審否。行，言談舉止為行，人倫日用為行，這是生活世界日常之事。

3.古來以父為天，父就理想層面說，父之道，說的是那理想的大道。這不能只落在現實上說。

4.古人守喪三年，所以盡其孝也。蓋人生三年，始免於父母之懷也。這是生命最後的反哺，經由此儀式，得以內化其德性也。

5.三年無改於父之道，不是無改於父之習、父之俗，「道」字吃緊。「道」有理想義、普遍義。離了理想義與普遍義，如何談父之道。

十二、有子曰：「禮之用，和為貴。先王之道斯為美，小大由之。有所不行，知和而和，不以禮節之，亦不可行也。」

【翻譯】

有子說：「禮儀分寸，論其功用，和諧為貴。古先聖王，依此大道而行，可見其善美，大事小事皆依此為原則。或有所行不通的地方，若只一味貪求和諧，而不能以禮儀的分寸來節制，卻也不可行。」

【說解】

1. 禮之用，重在「用」字。禮之用在和，禮之體在敬，禮之本在仁。「禮」之「功用」在「和」，禮之「本體」則為「敬」，其「根源」則為「仁」。
2. 禮以別異，樂以和同。禮勝則離，樂勝則流。「禮樂」是「兩端而一致」的。禮，重在節度，樂，重在通流。兩者和合為一。
3. 禮儀三百，威儀三千，皆本乎性情。禮樂之教，就是性情之教。離了性情之教，便無禮樂之教，禮樂之教就空洞了。
4. 「禮」所以顯其威儀，「和」所以顯其和易，有此和易才能近人，才能有其實踐的起點。威儀形之於外，養之於內，內者求其敬也，敬之以仁，自然和諧，是為仁和。敬之在內，和之在外，此為仁之方也。

十三、有子曰：「信近於義，言可復也；恭近於禮，遠恥辱也；因不失其親，亦可宗也。」

【翻譯】

有子說：「話語信實切合正義公理，諾言就可實踐力行；態度恭敬切合禮儀節度，就可遠離羞恥受辱；承繼傳統而不失創新，這就值得歸仰尊崇。」

【說解】

1.「近」宜解為「切近」、「切合」、「合於」，蓋中文有一含蓄之表達方式，以具體來闡明抽象，以接近來闡明等同，以最後來闡明時間的否定，以極微來闡明人事物的否定。

2.「性相近，習相遠」即是「性相同，習相異」，這是以「遠近」來說「異同」。「梁惠王即魏惠王」，這「即」就是「等同」。「歲寒然後知松柏之後凋」，這「後凋」就是「不凋」。「微斯人，吾孰與歸」，這「微」就是「沒有」（要是沒有，有否定語氣）。

3.信近於義，信之在人，義者在己，人己內外，通而為一。如此，言語可復，復者，履也。實踐力行之義。恭近於禮，恭之在內，禮者在外，內外合一，人格風範，由斯確立，所以能遠恥辱也。

4.「因不失其親」有兩解，一者，做「親」解，謂：所依者不失其可親之人，則亦可以宗而主之也。二者，做「新」解。謂：承繼傳統而不失創新，這就值得歸仰尊崇。因，因襲、承繼也。說其，因襲而且不失創新，此即「繼志述事」。「因不失其新，亦可宗也」與「溫故而知新，亦可以為師矣」可比擬而解之。

十四、子曰：「君子食無求飽，居無求安，敏於事而慎於言，就有道而正焉，可謂好學也已。」

【翻譯】

孔子說：「君子食不求飽，居不求安，做事敏勉，話語慎重，親近有道之士而請求教正，這可稱得上是『好學』了吧！」

【說解】

1. 食衣住行是「需求」，非「欲求」，故無求飽、無求安，適度可也。

2. 人當重視文化生命之教養學習，「敏於事」者，所以長才智能力也，「慎於言」者，所以長德行風義也。得有道之士之教正，所以成人格教養也。

3. 食無求飽，當飽之以學。居無求安，當安之以仁。學為道之食糧。仁是人之安宅。這樣生命就不只是自然的生命，而進一層為自覺的生命。

4. 敏於事，乃就人倫社群共同體之努力來說。慎於言，乃就個人身心共同體之實踐來說。就有道而正焉，乃就人文教養共同體之生長來說。人離不開這三個共同體：人倫社群共同體、個人身心共同體、人文教養共同體。

十五、子貢曰：「貧而無諂，富而無驕，何如？」子曰：「可也。未若貧而樂，富而好禮者也。」子貢曰：「《詩》云：『如切如磋，如琢如磨。』其斯之謂與！」子曰：「賜也，始可與言《詩》已矣！告諸往而知來者。」

【翻譯】

子貢說：「貧賤而不諂媚，富貴而不驕慢，這樣可以嗎？」孔子說：「可以的，但不如貧賤而明道自樂，富有而敦好禮儀這樣的人啊！」子貢說：「《詩經》有言『如切如磋，如琢如磨』（像治牛角的要切之而磋之，像治玉石的，要琢之而磨之）那講的就是這意思吧！」孔子說：「阿賜啊！從今起我可與你談論《詩經》道理了！我告訴你以往的（前者），你就能知將來的（後者）。」

【說解】

1.「貧而無諂，富而無驕」，是自了漢，是求之在己，是基本款。「貧而樂，富而好禮」，是菩薩道，是人己不二，內外通達，是發展項。

2.「貧而無諂，富而無驕」，這只是「昇平世」說法。「貧而樂，富而好禮」，這才可能進到「太平世」境地。

3.「如切如磋，如琢如磨」，像治牛角的要切之而磋之，像治玉石的要琢之而磨之，這是對比而思，望前推進，此「聞一以知二」也。

4.《論語》論及思考之話語頗多，蓋「聞一以知二」，此類比之思考也。「聞一以知十」，此整體之思考也。「一以貫之」，此融貫式之思考也。「舉一反三」，此脈絡性之思考也。「一言以蔽之」，此概括性之思考也。這隱含一「本體之詮釋學」的方法進路在焉！

十六、子曰：「不患人之不己知，患不知人也。」

【翻譯】

孔子說：「不用擔心別人不理解你自己，該擔心的是你不理解別人。」

【說解】

1. 患者，心有所憂，憂之成串也，是為患。「不患人之不己知，患不知人也」這是說：與其被動的求別人之了解，不如主動的去了解別人。

2. 行出家門，天地為寬，老躲在家，天地侷促。去關懷別人，就覺天地寬廣；老想別人關懷你，便覺狹隘。

3. 一個人該擔心的是個人身心共同體，此所重在「德業」，而德業求之在己，不是求之於人。因此，不患人之不己知，不用擔心別人不理解你自己。

4. 一個人該擔心的是人倫社群共同體，此所重在「共識」，共識重在於相知，相知在於知人。因此，患不知人也，該擔心的是你不理解別人。

（壬辰（二〇一二）七月卅一日初寫）

〈為政〉第二：為政以德、養其性情

一、子曰：「為政以德，譬如北辰，居其所，而眾星共之。」

【翻譯】

孔子說：「處理政事用道德教化，就好比北極星一樣，居於其所，而眾星環拱著它。」

【說解】

1.周天子之統領天下，是「一統而多元」的宗法封建，強調的是道德仁義、禮樂教化。

2.道德教化之於政治是必要的，在不同時空背景，產生不同的限制。

3.這可以說是一符號式的、象徵性的、神聖性的、道德性的、教養義下的政治。它不同於命令式的、實體性的、世俗性的、權力性的的政治；從此可見其「王道之治」。

二、子曰：「《詩》三百，一言以蔽之，曰：『思無邪』。」

【翻譯】

孔子說：「詩經三百篇，用一句話來概括，可說是『情思無邪』。」

【說解】

1. 到孔老夫子年代，所傳詩有三千餘篇，夫子刪節為三百十一篇，現存其中六篇有目無詞，三百零五篇是全的，約簡言之，詩經三百篇。
2. 「一言以蔽之」，這是「概括性的思考」。《論語》所涉思維方法極為豐富，除此外，尚有「融貫性的思考」（「一以貫之」）、「整體性的思考」（「聞一以知十」）、「對比性的思考」（「聞一以知二」）、「脈絡性的思考」（「舉一反三」）。
3. 「思」是情思，是情感思想。詩者，志之所之也，「詩言志」，「興於詩」；又「溫柔敦厚，詩之教也」。詩教的目的是回到了性情，興發其志氣。
4. 「興於詩、立於禮、成於樂」，年少時，可以說是詩興的年代，純粹其性情是極重要的。後來的詩傳，雖然太強調上下長幼尊卑的關係，但其所論詩教，仍是秉性情之正來立論的。

三、子曰：「道之以政，齊之以刑，民免而無恥；道之以德，齊之以禮，有恥且格。」

【翻譯】

孔子說：「治理人民用法制政令，整飭人民用嚴刑重罰，人民能免於政令刑罰，但卻沒有羞恥之心；治理人民用道德教化，整飭人民用禮儀教養，人民有了羞恥心且能改革歸正。」

【說解】

1.「道」指的是「引導治理」。「齊」指的是「整飭」。

2.「恥」是從群體中昇起一股自發的動能。恥是一群人約束性所形成的道德氣氛，不順意，千夫所指。我們的傳統以「知恥的倫理」為重，西方文化以「責任的倫理」為重。

3.中國：恥感文化。西方：罪感文化。印度：業感文化。中國文化是「知恥而發」，這是以「氣的感通」為主導的文化脈絡，它與西方文化之以「話語的論定」為主導的文化脈絡有別。

4.孔子強調內在之德性，強調整個生命實存之總體，要有知恥心。

四、子曰：「吾十有五而志於學，三十而立，四十而不惑，五十而知天命，六十而耳順，七十而從心所欲，不踰矩。」

【翻譯】

孔子說：「我十五歲立定志向、一心向學，三十歲依禮而行、卓然自立，四十歲事理明確、不惑於物，五十歲知其所源、明知天命，六十歲默識心通、耳順無礙，七十歲順從本心、如其所欲，不逾規矩、自然天成。」

【說解】

1. 八歲入小學，十五歲入大學，「大學之道，在明明德，在親民，在止於至善」。志於學，志於道也，興發其志，立志向學也。
2. 「志」是心有定向。心所發為「意」（指向），上提而為「志」（定向），是心有存主、有所往。意下委而為「念」（涉著），再下墮則為「欲」（貪取）。
3. 「立」是「立於禮」，依禮而立，卓然穩健也。「惑」是心有猶疑，「不惑」者確然明白，這是從「立於禮」進到「明其理」之深化。
4. 「天命」之「命」有「限制義」，有「創化義」，前者乃自然之氣命，後者則為天道之性命；能知「自然氣命」之限制，方知「天道性命」創化之無窮。「知」有了知義，有參贊義，了知天命之限制，而參贊天命之無窮也。

5.耳根至靈，足以通天接人，入於耳者，調適而上遂於道，是乃耳順。參贊天命，逐漸融通，聖學潤於其身，踐其所形，順適如如也。

6.「耳順」是就「默識心通」說，「從心所欲」是就「天理本心、自在流行」說。「心」是「本心」，本心即性、本心即天理。「充實而有光輝之謂大，大而化之之謂聖」也。進一步說「聖而不可知之之謂神」也。「神也者，妙萬物而為言者也」。聖人之功，如其圓善，入於化境矣！

五、孟懿子問孝。子曰：「無違。」樊遲御，子告之曰：「孟孫問孝於我，我對曰，『無違。』」樊遲曰：「何謂也？」子曰：「生，事之以禮；死，葬之以禮，祭之以禮。」

【翻譯】

孟懿子請問孝道。孔子說：「不可違悖！」樊遲駕著車，孔子告訴他說：「孟懿子向我問孝道，我回答他說『不可違悖！』」樊遲說：「這說的是什麼？」孔子說：「父母在世，事奉要如禮；父母過世，下葬要如禮，祭奠要如禮。」

【說解】

1.「孝」是對「生命的根源」做一縱貫的追溯，而生的崇敬之情，並落實為奉養之行。

2.「禮」有「節制義」、「規範義」、「儀式義」，如其規範、儀式而節制之也。禮之「本」為「仁」，禮之「體」為「敬」，禮之「用」為「和」。

3.喪祭有別，喪為凶，祭為吉，「喪」禮重在「別離」，「祭」禮重在「再連結」。

4.喪禮為的是「告別死者」，故以「死者」名分而治喪；祭禮為的是「生者對祖先之再連結」，故以「生者」名分主祭。

六、孟武伯問孝。子曰：「父母唯其疾之憂。」

【翻譯】

孟武伯請問孝道。孔子說：「父母最大的憂患，莫過於（孩子）生命之病痛。」

【說解】

1.孟武伯，孟懿子之子，姓仲孫，名彘。

2.「疾」，病痛義，生命之病痛，身心皆含於其中。

七、子游問孝。子曰：「今之孝者，是謂能養。至於犬馬，皆能有養；不敬，何以別乎？」

【翻譯】

子游請問孝道。孔子說：「如今的孝道，說的是能夠贍養。要說嘛就連狗啊馬啊，都能得其贍養；要不恭敬，怎麼分別呢？」

【說解】

1. 養父母、養犬馬，當有所異；養父母者，致其孝敬也；養犬馬者，務其效用也。
2. 「孝」道乃人倫之首要者，溯其生命之源，而生之自覺也；重在恭敬，由此敬而依禮落實為溫清之養也。

八、子夏問孝。子曰：「色難。有事，弟子服其勞；有酒食，先生饌，曾是以為孝乎？」

【翻譯】

子夏請問孝道。孔子說：「和顏悅色，是其所難。有事，弟子小輩們為其奔走操勞；有酒食，父兄先生先行飲用。如此這就算孝道了嗎？」

【說解】

1. 有諸中，形乎外，和顏悅色者，心存誠敬也。
2. 心存誠敬，盡其贍養，是為孝也。
3. 「孝」者，溯其源，如其敬也。蓋「仁心」之所啟也。孟子說「仁者，事親是也」，指的正是這意思。

九、子曰：「吾與回言終日，不違，如愚。退而省其私，亦足以發，回也不愚。」

【翻譯】

孔子說：「我與顏回說了一整天的話，他無所違悖，看似愚鈍。告退之後，我省觀他私下的人倫日用，察看他的動靜語默，卻十足地能發明大道義理。顏回啊，可不愚鈍。」

【說解】

1.不違者，依於禮，明其理，達其道也。夫子見其如愚，而省其私，知其足以發，可見其不愚也。

2.如愚而不愚，此大智若愚也。大智者通達，如愚者渾默，渾者無分別，默者，契於道妙也。

3.顏回與夫子言，入於道妙，不違如愚也。退而省其私，倫常日用，在生活世界的分別相中，乃大道之發用也，此承體達用也。

十、子曰：「視其所以，觀其所由，察其所安。人焉廋哉？人焉廋哉？」

【翻譯】

孔子說：「審視他作的是什麼事，觀看他作這事的理由，考察他做這事是否心安。那人哪裡掩藏得住呢？那人哪裡掩藏得住呢？」

【說解】

1.「視」為「審視」，重在如事情之實況而審視之。這是「如其現象」而「顯現其實況也」。

2.「觀」為「觀看」，重在總體之脈絡因果而觀看之。這是「回溯總體」，依其因果，而「溯其根源」也。

3.「察」為「考察」，重在價值之認定、動機之探求也。這是「本心天理」之相應而對比也，是由格物而上遂於天理之關鍵處也。當「涵養主敬」而致力於「格物窮理」，如此應之，方可成也。

4.「人焉廋哉」者，事實、道理，本心、天理，當下呈現，自不可掩也。

十一、子曰：「溫故而知新，可以為師矣。」

【翻譯】

孔子說：「溫習故舊而知得創新，可以做為老師。」

【說解】

1.溫故，理解過去、溫習故舊，理解之、詮釋之，而創新之。此中有一歷史之連續性，教師要在此歷史之傳承中創新發展也。

2.「師者，所以傳道、授業、解惑也」。教師，是人類歷史文明的傳承者、詮釋者、轉化者、創造者，他重在傳遞薪火。

十二、子曰：「君子不器。」

【翻譯】

孔子說：「君子不為某項專用所限。」

【說解】

1.「形而上者謂之道，形而下者謂之器」，君子贊之，依其道而形著於器也，參於其器，而上溯於道也。

2.「器」有「具體義」、「器用義」、「限制義」。君子不器，不似器物之用，只是功用上說，君子必當即其器而上遂於道也。此不只在功用上說，而須上溯於本體也。此是「即用而顯體」也。

3.道器合一，即器而言道，器不可離乎道也。君子不離倫常日用，但不只是倫常日用，須於倫常日用，而見其道也。君子有其本體的溯源，也有其根源之實用也。

十三、子貢問君子。子曰：「先行，其言而後從之。」

【翻譯】

子貢請問君子之道。孔子說：「先落實做去，其言論日後自有所依從。」

【說解】

1. 君子當果其行，果行足以育德也。

2. 先行，所以開發其實踐之根源動力也。行之，自然成理也。

3. 成理，而「言」有所依從也。「行」先而「知」後，其知可證乎道也。證乎道之言，此是根源本體之顯現也。

十四、子曰：「君子周而不比，小人比而不周。」

【翻譯】

孔子說：「君子周遍（親厚），而不親比（營私），小人親比（營私）而不周遍（親厚）。」

【說解】

1. 「周」有周遍義、總體義。「比」有親比義、偏私義。

2. 君子所思者周遍之總體也。小人所念者親比之偏私也。君子喻於義，而小人喻於利也，所思所念相異故也。

十五、子曰：「學而不思則罔，思而不學則殆。」

【翻譯】

孔子說：「只學習而不思考，則迷惘而不明；只思考而不學習，則荒疏而危殆。」

【說解】

1.「學」重在「由外而內」，「思」重在「由內而外」。內外一貫，學思互濟。

2.「學」沒有了「思」，那將無以陶冶、融鑄、構造。「思」沒有了「學」，那將墮入空洞、抽象、無實。

3.西哲康德有言「沒有概念的感知是盲的，沒有感知的概念是空的。」依此，吾人可說「沒有思考的學習是盲的，沒有學習的思考是空的。」

十六、子曰：「攻乎異端，斯害也已。」

【翻譯】

孔子說：「攻伐異端，這是大傷害啊！」

【說解】

1.「攻」有「攻治」、「攻伐」兩義，此處以「攻伐」義勝。

2.聖道重在包容、化解，攻乎敵對，必成禍害。攻：專攻或攻伐，兩者解釋有異。

十七、子曰：「由！誨女知之乎！知之為知之，不知為不知，是知也。」

【翻譯】

孔子說：「仲由，教誨你的可知道了嗎！『知』就是『知』，『不知』就是『不知』；這就是『真知』啊。」

【說解】

1.「知」就是「知」，「不知」就是「不知」，簡易明白，當下確立。

2.真知不只是知識的認定，也是價值的確立，以及實踐的定向。真知必始於誠。

十八、子張學干祿。子曰：「多聞闕疑，慎言其餘，則寡尤。多見闕殆，慎行其餘，則寡悔。言寡尤，行寡悔，祿在其中矣。」

【翻譯】

子張學作官求俸祿，孔子說：「多多聽聞，暫存所疑，於其所餘，謹慎言語，就能減少過錯；多多觀看，避開危殆，於其所餘，謹慎行事，那就能減少後悔。話少過錯，行少後悔，作官俸祿就在其中啊！」

【說解】

1.子張，顓孫師，孔子弟子。干祿，出仕為官，得其俸祿，這說的是在公部門做事。

2.多聞闕疑，疑或有自解者，或有逐漸消融者，歷人歷事，循序而進，自然天成。謹慎言語，所以莊重其心，理明而切要也。

3.多見闕殆，步步踏實，始能免於危殆；謹慎行事，所以忠信篤敬，負責盡職也。

4.「在其中」者，具體落實，如其情境，如其因緣，自可有成也。

十九、哀公問曰：「何為則民服？」孔子對曰：「舉直錯諸枉，則民服；舉枉錯諸直，則民不服。」

【翻譯】

魯哀公問說：「怎樣作才能使民心悅服？」孔子說：「舉用正直的人安措在邪佞的人

上頭，就能使民心悅服；舉用邪佞的人安措在正直的人上頭，就不能使民心悅服。」

【說解】

1. 魯哀公，姓姬名蔣，春秋十二公，最末一位。
2. 錯諸，「錯」即「措」，「諸」即「之於」。「舉直錯諸枉，能使枉者直」，舉用正直安措於邪佞之上，能使邪佞者轉為正直。蓋政者，正也。既率以正，當歸於正也。
3. 為政重在民心之悅服，民心之悅服，當從其正道也。政治不只是權力之分配與制衡，政治更是人倫教養、安身立命之事也。

二十、季康子問：「使民敬、忠以勸，如之何？」子曰：「臨之以莊則敬；孝慈則忠；舉善而教不能，則勸。」

【翻譯】

季康子問：「要使得人民尊敬、盡忠，而且相互勸勉，這要怎麼做？」孔子說：「穩健莊重，蒞臨百姓，百姓就尊敬；上孝父母，下愛子女，百姓就盡忠；舉用賢良，而教導不能的人，百姓就相互勸勉。」

【說解】

1.季康子，魯三桓大夫，季孫肥。

2.君侯臨民，莊重穩健，可啟迪人民之尊敬。這是依位分、禮儀而確定的。

3.「孝」是對生命根源的縱貫追溯與崇敬，「慈」是順此生命根源縱貫的生長與延申。「上孝父母，下愛子女」，有本有源，淵源流長，能如此必盡其責，必忠其事。

4.「勸」者，勸勉勠力從事也。舉用賢善之人，教其不能，當相勉以善也。

廿一、或謂孔子曰：「子奚不為政？」子曰：「《書》云：『孝乎惟孝，友于兄弟』，施於有政，是亦為政，奚其為為政？」

【翻譯】

有人問孔子：「您為什麼不去從政？」孔子說：「《尚書》說：『孝道啊孝道，友愛兄弟』，如此行為，施行於政治。這就是從政，何必要在政界從政？」

【說解】

1.奚，為何。《書》即《尚書》。此章以「或曰」借言啟義，說不一定得在政界從政，才叫從政。

2.孝悌人倫，仁義之始，如此道德，是一切政治之根源處。離此，便無善政之可能。此儒家道德人倫之政治也。

3.孔子之學，其於政治，首重者在人倫共同體之確立，孟子亦然，人人親其親，長其長，而天下平，如此之謂也。

廿二、子曰：「人而無信，不知其可也。大車無輗，小車無軏，其何以行之哉？」

【翻譯】

孔子說：「人如果無誠信，真不知他怎麼可以立身處世。正好比大車無輗（沒有車前橫木），小車無軏（沒有車前曲轅），那牛馬怎麼拉車行走呢?!」

【說解】

1.以「輗、軏」做比喻，說明人與人相處，要有個確定點，正如車子有一個動處，一個不動處。

2.「輗」乃「牛」與「車」之連接處，「軏」乃「馬」與「車」的連接處，無此連接點，則牛車馬車，無可行也。人言為信，這「誠信」就像牛輗馬軏一樣，這連接處確立了，才得行走天地人間。

3.「信」乃人與人之間必然的連接處，「信」乃共守之確定性。

廿三、子張問：「十世可知也？」子曰：「殷因於夏禮，所損益，可知也；周因於殷禮，所損益，可知也。其或繼周者，雖百世，可知也。」

【翻譯】

子張問：「今起十世，可以預知否？」孔子說：「殷商沿襲夏朝禮制，它所減損所增益的，這是可以推知的；周朝沿襲殷商禮制，它所減損所增益的，也是可以推知的。那倘若還有繼承周朝禮制的，即使百世之後，也是可以推知的。」

【說解】

1.「禮」有其貞常處，亦有其變動處，變與不變，或損或益，自有軌跡。
2.從歷史的延續中，知其連續與變遷，此「貞一之理」與「相乘之機」之辯證綜合也。
3.歷史像是鏡子一般，今之視昔，猶後之視今也，此中有其可借鑑之人文法則，在動變不居中，自有貞常不變者在。

廿四、子曰：「非其鬼而祭之，諂也。見義不為，無勇也。」

【翻譯】

孔子說：「不當祭拜之鬼神卻祭拜了它，這就是諂媚討好；看見正義卻不勇敢力為，這就是怯懦無勇。」

【說解】

1. 孔子之教敬天而崇奉祖先為主，其於鬼神，採取的是「敬而遠之」。敬鬼神而遠之，為的是：將鬼神信仰導向道德人倫之層面。
2. 祭神如神在，祭祀當有真誠之臨在感，是真禮敬也。豈可諂媚討好。
3. 無諂無驕，如臨如履，養得幾分誠敬，就有幾分義氣，便生膽力與勇氣。
4. 儒教重視人文世界，強調人文教化；這是經由禮敬方式來處理。絕地天之通，才能使「民神異業，敬而不瀆」。
5. 此章，可與「君子有三畏」一章參讀。

（壬辰（二〇一二）之冬，十二月十七日）

〈八佾〉第三：禮樂教化、人文化成

一、孔子謂季氏：「八佾舞於庭，是可忍也，孰不可忍也？」

【翻譯】

孔子論起季孫氏說：「八佾舞是天子之舞，居然舞於大夫庭中，這事件若可容忍，有何事是不可容忍的呢？」

【說解】

1. 周代以禮樂治國，禮以別異，樂以和同，分寸節度，不可亂也。
2. 八佾為天子之禮，季氏為大夫，可為四佾舞，居然為八佾舞，如此僭越，天下無道，可知矣。
3. 孔子所宗奉之周禮是宗法封建之基底，破壞了這基底，一切存在就成了問題。值得注意的是，孔子更指出這禮制背後須有一「仁心」的彰顯。
4. 政治不能是權力的掠奪，政治是禮樂教化。孔子擔心的是，僭越了分寸，人心會敗壞。

5. 現今祭孔有用「八佾」者，這是因為孔子被稱為「素王」（未王而王），故而以天子之禮祭之。蓋有深意焉！

二、三家者以雍徹。子曰：「『相維辟公，天子穆穆』，奚取於三家之堂？」

【翻譯】

魯國孟孫、叔孫、季孫這三家大夫，祭祀完畢撤席時，唱頌著行天子之禮的《雍》詩。孔子說：「其中有『助祭諸侯，主祭天子，容貌莊嚴』的詩句，三家之堂獻唱這詩句，怎麼可以？」

【說解】

1. 周頌當用於天子，三家以大夫之位，居然行之，僭越何其甚也。
2. 三家之行，僭越周禮，其所用之雍詩，其內容根本不適當，三家大夫居然不察，可見其無文化之至也。
3. 做為「政治文化評論家」的孔子，他依持的是周禮，而更深的是依持於仁義之道。

三、子曰：「人而不仁，如禮何？人而不仁，如樂何？」

【翻譯】

孔子說：「人若不仁，禮之分寸又能對他起什麼作用呢？人若不仁，樂之和合又能對他起什麼作用呢？」

【說解】

1.「禮」重在別異、分寸，「樂」重在和合、同一。「禮」重在「節」，「樂」重在「和」。

2.禮樂通過具體的儀節及音樂來表達，而孔子點示其內涵在於「仁」。

3.周公制禮作樂，孔老夫子重訂禮樂，其根柢在「仁」。

4.「仁」是存在的道德真實感，「仁」是生命生息真實的互動感通，「仁」是一「我與你」的真實交往。

5.「仁」是互為主體的融通與和合，為一不可分的整體，是生命之不容自已的行動力所達成的，可用「一體之仁」一語來表達。

四、林放問禮之本。子曰：「大哉問！禮，與其奢也，寧儉；喪，與其易也，寧

戚。」

【翻譯】

林放請問「禮」的根本。孔子說：「重大啊，這問題！行禮，與其鋪張奢華，毋寧儉約保守；治喪，與其場面周至，毋寧悲傷哀戚！」

【說解】

1.「禮」不能只是表象形式，要真實，要具體，要動乎人，要有切感。可見「禮」之本在「敬」。「敬」就是如實的實踐力行。
2.林放，孔子弟子，魯人。以其問禮，孔子稱之。其後，名其堂號為「問禮堂」，蓋本乎此也。
3.要留意不能讓「禮」在實踐過程中，離其自己，異化其自己；因此寧可保守而具體。
4.「本」為樹根，「末」為樹梢，重其本末，但重在「以本貫末」，「由末返本」，本末相與為一體。
5.「本」是如其樹根般的根本，這是生命義、生活義的「本」，這與西方哲學所說的「本質」之「本」是不同的。西哲所說之「本質」重在抽象義、普遍義說。

五、子曰：「夷狄之有君，不如諸夏之亡也。」

【翻譯】

孔子說：「夷狄之邦尚且知有君長，不像中原諸夏之邦已不知有君長。」

【說解】

1.「禮失求諸野」，城中為國，城外為郊，郊外為野，野外為荒。郊野反存得禮在，城中之禮卻已失了。

2.城中本為「文明」之地，卻反為「文蔽」了。郊野質樸之地，反而為真正的文明。

3.孔子對「人文的異化」、「文明的遮蔽」有真切之理解，這可與其「文質合一」論一起比論而觀。

4.中原諸夏之目無君長，可見其禮壞樂崩，亦可見時代已不能長處在宗法封建也。這裡隱含一哲學落實於具體生活世界的再度突破。

5.此哲學落實於具體生活世界的再度突破，孔子之點示即為「仁」，孟子更闡發其為「怵惕惻隱之心」，並以此而說「性善」。

六、季氏旅於泰山。子謂冉有曰：「女弗能救與？」對曰：「不能。」子曰：「嗚呼！曾謂泰山不如林放乎？」

【翻譯】

季孫氏要用天子的旅祭之禮去祭祀泰山。孔子對著冉有說：「你不能救阻這事嗎？」冉有回答說：「不能。」孔子說：「哎呀！難道泰山山神不如林放知禮嗎？」

【說解】

1. 旅，祭祀山川之禮也。古時唯天子與諸侯始可行旅祭，大夫旅祭泰山，僭越之甚也。
2. 孔子之意，泰山之神豈不及林放知禮，豈能接受僭越之旅祭。
3. 季孫氏旅祭泰山，此污辱泰山山神之行也。
4. 此可見孔子重視「封神」的意義。「封神」重在民神異業，敬而不瀆，這是人文的重要旅程，也是權力依禮如分之約制。

七、子曰：「君子無所爭。必也射乎！揖讓而升，下而飲。其爭也君子。」

【翻譯】

孔子說：「君子沒什麼可爭的。一定要說的話，就以『射箭之禮』為例。其先，作揖相讓，拾階而上，發射其箭；賽後下階，勝者為敗者盛酒而飲。這射箭之禮的競爭，可是君子之爭。」

【說解】

1.「射」為「六藝」之一，旨在指向外在目的之確定；以其目的而啟動我們的實踐，以其終點啟動實踐之起點也。

2.射禮之競爭，先以禮讓，後以樂和。禮讓養出競爭之自律，飲酒所以養成其樂和也。

3.君子之道，一張一弛，文武之道，有禮、有讓，有爭、有和，兩端而一致，陰陽和合為一也。

4.「爭」不能是權力的鬥爭，要是文明的競爭，有禮讓、有樂和，這天地有這常道，自然是美好的。

八、子夏問曰：「『巧笑倩兮，美目盼兮，素以為絢兮。』何謂也？」子曰：「繪事後素。」曰：「禮後乎？」子曰：「起予者商也！始可與言《詩》已矣。」

【翻譯】

子夏請問，說：「『巧笑倩兮，美目盼兮，素以為絢兮』（輕巧巧的笑可真個美人啊！水瀅瀅的雙眸可真明亮啊！就像那天真的素布可用來采色畫飾），這詩可怎麼解啊？」孔子說：「采繪畫事，得先有素潔的底子，然後才好上色。」子夏說：「這說的是『禮』應當在人的天真素樸之後啊！」孔子說：「卜商啊，你瞭解闡發了我的心意啊！現在起，我可以與你談論《詩經》了。」

【說解】

1.「巧笑倩兮，美目盼兮，素以為絢兮」出自《詩經》〈衛風〉「碩人」篇。

2.「詩」重在比興，「比」是譬喻、類比，「興」是引發、興啟，這是經由實存的、具體的、情境的、生命的關聯而引生的思考。

3.「詩興的思考」（poetic thinking）不同於「理性的論辯」（rational argument），前者重在具體而實存之情境，重在如此生命關聯的創造生長，後者重在抽象而普遍之論理，重在純理邏輯關聯所成的建立與構築。

4.「禮義」者，文也，其為後也。「忠誠」者，質也，其為先也。有好的質地，才可能有美麗的彩繪。

5.志高念純、心寬地厚，質地為佳，忠誠堅定，行可如理，事可參驗。

九、子曰：「夏禮，吾能言之，杞不足徵也；殷禮，吾能言之，宋不足徵也。文獻

不足故也。足，則吾能徵之矣。」

【翻譯】

孔子說：「夏朝的禮，我能言之，今之杞國已不足為證；商朝的禮，我能言之，今之宋國也不足為證。何以如此？現存之典籍和留存之賢達，兩者皆有不足啊！要是這兩者完足，我就能引以為證了。」

【說解】

1.「禮」有其制度結構，有其生活儀則，有其分寸節度，有其人文教養，依時而變，依勢而遷，即事而成其理也。

2.「禮」有其變，有其不變，「變」在相乘之機，「恆」在貞一之理，恆變之際，可據文獻而考之。

3.「文」講的是「典籍」、「篇章」以及殘存之史料也。「獻」講的是「先人」、「賢達」以及遺民隱逸也。

4.此可見孔子不只重視典籍篇章之史料，也重視口述之歷史，並參之以歷史之變與恆，而深入其中，知幾其神也。此乃「通古今之變，究天人之際」之學也。

十、子曰：「禘，自既灌而往者，吾不欲觀之矣。」

【翻譯】

孔子說：「禘祭這祭祖大典，在行灌酒迎神之後，我就不願意再觀看下去了。」

【說解】

1.禘祭乃魯國每隔五年舉行一次之祭祖大典，可說是王者之大祭，此是生命追本溯源之祭，孔子以為當重在禮樂教化，因此感觸之深。

2.灌者，祭前用鬱鬯酒灑地，以迎神也。未行灑酒迎神之前，其誠敬尚有可觀，自此以往，其敬不足，故孔子不欲觀之矣。

3.祖先之大祭，這是對生命根源的崇敬與連結；蓋疏通生命根源所以條暢生命也。

4.「孝、悌、慈」可說是中華民族永生之奧秘，而「孝」是對生命根源的崇敬，「悌」是順此生命根源而來橫面的展開，「慈」是順此生命根源而來縱貫的衍展。三者，「孝」尤為要也。

十一、或問禘之說。子曰：「不知也；知其說者之於天下也，其如示諸斯乎！」指其掌。

【翻譯】

有人請教禘祭的論題。孔子說：「我真不知道何以如此。果真知道禘祭的話，那要治理天下，就如在掌中。」他一面說，一面指著手掌。

【說解】

1.承前章，或有人見孔子之不欲觀之矣，而心生疑惑，故有此問。

2.孔子以魯國君臣之無敬而不如禮，因而故意說「不知也」。這樣既涵蓄而又點示出了問題。

3.「其如示諸斯乎」，說其簡易，而今人竟爾不知也。又言其全在掌中也。蓋禘祭是生命追本溯源之祭，正本清源，天下無有不治者。

4.指其掌，攤開手表示氣憤也。魯之禘祭明明有錯，錯在無敬，竟爾不知，可哀也矣！

十二、祭如在，祭神如神在。子曰：「吾不與祭，如不祭。」

【翻譯】

祭祀祖先，要如其祖先之臨在；祭祀神明，要如其神明之臨在。孔子說：「我若不能親臨參與祭祀，雖找人代祭，就如同沒參加祭祀。」

【說解】

1.祭祀，當有其臨在感、實存感，如祖先、神明之光臨，虔誠所致，神而明之也。

2.自古及今，中外祭祀，皆由兩手之和合，此收拾精神之謂也，此由分別而和合同一之謂也。

3.祭祀有其臨在之實存感，故不能取代，當親臨而為。

十三、王孫賈問曰：「與其媚於奧，寧媚於竈，何謂也？」子曰：「不然；獲罪於天，無所禱也。」

【翻譯】

王孫賈請問：「與其諂媚討好正廳西南隅之奧神，不如諂媚討好竈神。這話怎麼說呢？」孔子說：「不是這樣。要是得罪了上天，那就沒什麼好禱告的了。」

【說解】

1.奧神雖尊而無權，竈神雖不若奧神之尊，而卻有權。以奧神喻周天子、諸侯，以竈神喻大夫、權臣。

2.世俗面，以為努力半天不如跟對人，這是依權依勢之所為，此非道理也。

3.生命當如其生命，依道不依勢，依理不依力。世俗看似風光，其實是要付出代價的。

4.孔子提出「天道」以為更高之評準，並以此警示王孫賈。王孫賈當時為衛國之權臣。

十四、子曰：「周監於二代，郁郁乎文哉！吾從周。」

【翻譯】

孔子說：「周代禮制，以夏商二代為鑑鏡參照，郁美豐盛，文采嘉善！我遵從的是周代的禮制。」

【說解】

1.周文有承於夏商兩代，因革損益，而有進於兩代者。

2.有云「夏尚忠，殷尚質，周尚文」，真篤之周文是忠質之周文，是郁郁乎文哉的周文，是孔子欲從之周文。這亦是文質彬彬之周文也。

3.孔子推崇「禮樂教化」，周文可以說是三代之大成。

4.或有言孔子欲「以殷質救周文」，以仁義之喚醒重訂禮樂也。

十五、子入大廟，每事問。或曰：「孰謂鄹人之子知禮乎？入大廟，每事問。」子

聞之，曰：「是禮也。」

【翻譯】

孔子進到太廟，遇逢其事，每件必問。有人就說：「誰說鄹邑大夫叔梁紇之子知道禮制呢？進了太廟，遇逢其事，每件必問。」孔子聽到後說：「凡事謹慎，這就是禮啊！」

【說解】

1.子入大廟，每事問；何以每事問，其一，魯所行之禮，與自己所知不同，故問之，以理解其因革損益。其二，斥魯君所行之禮，多不合古禮，以每事問，來彰顯夫子之不悅。

2.歷來對「是禮也」多解為「凡事謹慎，這就是禮啊！」，如何晏集解及朱注都說孔子是知而復問，謹慎之至。然清代俞樾（曲園）於《古書疑義舉例》，則以為「是禮也」的「也」字作疑問助詞，如同「耶」字。蓋魯君太廟之祭多不合禮，是以有此慨嘆也。

3.譯成「凡事謹慎，這就是禮啊！」，亦可有反詰之語氣。

十六、子曰：「射不主皮，為力不同科，古之道也。」

【翻譯】

孔子說：「射箭之禮不重在能穿透靶的皮革，因為人的氣力各有不同科別。這裡可見古禮之道。」

【說解】

1.中其靶的，此射禮之要也。這指的是指向對象的確定。

2.穿透皮革，此是尚力尚勢之為，非王者之道也。

3.射禮，既是習武，重在養德，重在聚其情氣義理，不在氣力之較勁，更不在生死之鬥爭。

4.尤要者，在禮樂之分寸、節度、韻律也，既有別異，復有和合。亦可說人生所行之事，應恰當中的，而不在力氣大小。

十七、子貢欲去告朔之餼羊。子曰：「賜也！爾愛其羊，我愛其禮。」

【翻譯】

子貢想要免去每月初一祭廟告朔之祭的活羊。孔子說：「賜啊！你愛的是那頭羊，我愛的卻是那個禮喲！」

【說解】

1.羊，為犧牲之物，此「小利」也。禮，乃普遍理想，此「大義」也。不可以其小利而廢其大義也。

2.依周禮，天子當頒告朔於邦國，諸侯於每月初一朔日，供一餼羊，祭告太廟，奉而行之。

3.周幽王之後，此禮漸廢弛，徒具形式，故子貢欲去之。孔子則以為若能維持，則禮未全廢，則人民至少可知時令，亦可依此時令而知其節度也。

4.禮若未廢，救之以內容，點示仁義，當有再生之可能。蓋禮不可廢，禮乃大義所在。

十八、子曰：「事君盡禮，人以為諂也。」

【翻譯】

孔子說：「侍奉君上當盡其禮，時人竟以為諂媚。」

【說解】

1.天下無道，君弱臣強，魯國三桓大夫，更是傲慢無禮，連天子之禮皆敢僭越。

2.相形之下，時人趨炎附勢，對三桓恭敬，而對國君反而疏怠；因此事君盡禮，人以為諂媚。

十九、定公問：「君使臣，臣事君，如之何？」孔子對曰：「君使臣以禮，臣事君以忠。」

【翻譯】

魯定公請問：「國君使令臣子，臣子侍奉國君，該如何處理？」孔子回答說：「國君使令臣子要依據禮的節度，臣子侍奉國君要根於本心的忠誠。」

【說解】

1. 「君臣」是依其職責而相對的，此是一「主賓關係」，不是一「主奴關係」。
2. 「主賓關係」是一「君禮臣忠」的關係，世俗所說「君要臣死，臣不敢不死」非儒家之言，此乃法術家君主專制之言，不可不知。
3. 「主賓關係」是對列之局，「主奴關係」則反成了絕對的隸屬之局。
4. 「君為臣綱」所依者「道」，所據者「義」，不以「勢」「利」為依據。

二十、子曰：「〈關雎〉，樂而不淫，哀而不傷。」

【翻譯】

孔子說：「《詩經》〈關雎〉，喜樂而不淫邪，哀戚而不傷損。」

【說解】

1.〈關雎〉乃《詩經》國風之始，如《詩序》所說「風之始，所以風天下，而正夫婦」。

2.喜樂而不淫邪，這喜樂是如其本心，如其性情的，可調適而上遂於道也。

3.哀戚而不傷損，這哀戚是真存實感，而自有其節度的，自有其天理在。

廿一、哀公問社於宰我。宰我對曰：「夏后氏以松，殷人以柏，周人以栗，曰：使民戰栗。」子聞之，曰：「成事不說，遂事不諫，既往不咎。」

【翻譯】

魯哀公請問社主之事於宰我。宰我回答說：「夏代用松樹，商代用柏樹，周代用栗樹。這說的是：使人民戰慄。」孔子聽了之後，說：「事局已成，說了白說，不用再說；事勢既遂，勸了白勸，不用再勸；既已過往，追咎無益，不用追究。」

【說解】

1.「社」者，祭祀土地也，昔時行社禮，所以聚村落、集民氣、長民義也。

2.古者取樹為社主，喻之以示其義理也。「夏尚忠」，而取松為喻；「殷尚質」，而取柏為喻；「周尚文」，而取栗為喻。

3.取栗為喻，旨在敬畏；而宰我竟告之以戰慄，失之遠矣！蓋敬畏所以養德也，仁義因之而生也。戰慄則交爭以權、相鬥以力，如之何其可也。

4.夫子對宰我之失言，心生悲惻，不忍再責，只以包容諒解處之。唯包容諒解，方能復其道，使之敬畏天地生民也。

廿二、子曰：「管仲之器小哉！」或曰：「管仲儉乎？」曰：「管氏有三歸，官事不攝，焉得儉？」「然則管仲知禮乎？」曰：「邦君樹塞門，管氏亦樹塞門。邦君為兩君之好，有反坫，管氏亦有反坫。管氏而知禮，孰不知禮？」

【翻譯】

孔子說：「管仲的器局果真小了些啊！」有人說：「管仲太儉約了嗎？」孔子說：「管仲他置了三處庫藏，官吏職事也從不兼用，怎能說是儉約呢？」「如此說來，管仲很知道禮囉？」孔子說：「邦國之君樹立門前屏風，他也樹立門前屏風；邦國之君為了兩國君王的交往方便，置了歸放酒器的坫台，管氏也置了歸放酒器的坫台。管氏要說成是知禮，那誰不知禮？」

【說解】

1. 世俗從奢華排場來說器局，這是不對的；其實，奢華排場說的是權位、勢力。
2. 須知：器局在胸襟，在度量，在生命的寬度、厚度；一般世俗人看的是外在表象，夫子看的是內裡功夫。
3. 管仲生命有其高度、強度，輔佐齊桓公，建功立業，維繫華夏道統，功不可沒，孔子稱之。
4. 管仲雖有功業，但其人格風範，器局度量，皆有不及處。相對言之，顏回功業甚微，卻是大器。孟子稱「禹、稷、顏子，易地則皆然」，真知人之言也。

廿三、子語魯大師樂，曰：「樂其可知也：始作，翕如也；從之，純如也，皦如也，繹如也，以成。」

【翻譯】

孔子向魯國的樂官（太師）談論樂章之理。孔子說：「樂章應可以這樣理解，演奏伊始，樂音將發未發，翕合綿綿。逐漸縱放，樂音悠揚，純粹分明，清濁高下，亮麗瀅潔，絡繹連延，相續不已，終底成章。」

【說解】

1. 樂章似生命，生命如樂章，有抑揚頓挫，有起伏高低，重點在一實存的律動。
2. 「始作，翕如也」，演奏伊始，樂音將發未發，翕合綿綿。此如《中庸》所言「喜怒哀樂未發謂之中」。
3. 「從之，純如也，皦如也，繹如也，以成。」逐漸縱放，樂音悠揚，純粹分明，清濁高下，亮麗瀅潔，絡繹連延，相續不已，終底成章。此如《中庸》所言「發而中節謂之和」。
4. 《中庸》言「致中和，天地位焉，萬物育焉！」此宇宙生化之事，如若生命，如若樂章，其道理通同為一。

廿四、儀封人請見，曰：「君子之至於斯也，吾未嘗不得見也。」從者見之。出曰：「二三子何患於喪乎？天下之無道也久矣，天將以夫子為木鐸。」

【翻譯】

衛國儀地守官請求晉見孔子，說：「君子來到此地，我從來沒有不得晉見的。」隨從弟子就讓他晉見了夫子。談完話，出了門，他就說：「諸位同學們，何必憂心夫子沒有了職位呢？天下無道，昏暗太久了，上天有意揀選夫子，手持警世的大鈴，教導化育世人。」

【說解】

1. 此章所述情節，應是孔子自衛返魯，於衛之封疆儀邑所發生之事也。
2. 衛靈公過世，太孫蒯輒欲即位，而蒯輒之父，即太子蒯聵，時出亡於外，返歸爭位，被阻於城外，形成父子爭國場面。真乃父不父、子不子，有違夫子正名之教，夫子及眾弟子遂去衛返魯。
3. 此章可見封疆儀邑有賢人在焉，彼頗解夫子心意，與夫子談後，出來所說，於弟子心理多有撫慰之作用也。
4. 夫子自衛返魯，刪述六經，修德立言，其垂教後世，千秋輝耀，非現實世俗功業之可比。語云「天不生仲尼，萬古如長夜」。

廿五、子謂〈韶〉：「盡美矣，又盡善也。」謂〈武〉：「盡美矣，未盡善也。」

【翻譯】

孔子論說：「〈韶樂〉全盡其美，又全盡其善啊。」論說〈武樂〉：「全盡其美，卻未全盡其善啊。」

【說解】

1.音樂反應政治教化，〈韶〉為虞舜之樂，中正和平，〈武〉乃周武王時之樂，發揚踔厲。
2.堯舜禪讓，如其本心，順其天性，自然寬和，美善之至。
3.湯武革命，不免殺伐之氣，然亦順天應人，故說盡美而未盡善。
4.「美」在宏偉、壯麗、莊嚴，「善」在寬和、中正、優雅。此中國文化傳統之特質，西方文化傳統與此適成一對比。吾儒主性善之教養，而彼主原罪之救贖。

廿六、子曰：「居上不寬，為禮不敬，臨喪不哀，吾何以觀之哉？」

【翻譯】

孔子說：「居上位者不能寬厚，行起禮來未有誠敬，臨喪祭弔不見哀慟。論其政風教化，我還有什麼好觀察的呢？」

【說解】

1. 此章可見夫子認為政治當重風教，而風教重在對生命的尊重與生長。

2. 居上當寬，寬則得眾，就像大池子才能聚得了水；為禮當敬，外禮內敬，文質彬彬，才能生長成君子。

3. 臨喪當哀，面對生命的終點有哀戚之感，才能喚醒真切的良心善性，見出生命的莊嚴。

4. 政治有寬厚、社會有禮敬、生命有尊嚴，這才見得人倫教化之美善，才見得天地之和平。

——癸巳年（二〇一三）二月廿二日徹夜完稿於臺中湖水岸元亨居

〈里仁〉第四：里仁為美、君子懷德

一、子曰：「里仁為美。擇不處仁，焉得知？」

【翻譯】

孔子說：「居處仁地，是件美事。擇處鄰居，不以仁義，怎算智慧？」

【說解】

1. 近朱者赤，近墨者黑。人之長育，習與性成。
2. 養移體，居移氣，生命之長養，人格之育成，離不開生活世界。
3. 人須有些神聖的能量以為生命之護持。它不只是外在的，也是內在的，自來內外是通而為一的，而且是由外而內的。
4. 境識相與為一體，心物能所本為不二，當由外而內，內外交與為一體也。

二、子曰：「不仁者，不可以久處約，不可以長處樂。仁者安仁，知者利仁。」

【翻譯】

孔子說：「不仁之人，不可以長久處於窮困窘迫，不可以長久處於富貴逸樂。仁德之人，安居其仁，身體力行；明智之人，了知其利，追求幸福。」

【說解】

1.「仁」者，人之安宅也。「仁」是生命安居的宅第，能如此，自有關懷、自有感恩。

2.文中所說之「約」為窮困窘迫，「樂」為富貴逸樂，不仁者難處，而仁者行所無事，無所罣礙，平易處之。

3.仁者以此為安居之宅第，當有「夭夭如也、申申如也」之悠遊。

4.智者知「仁」乃天下之大利，以故追求，日進不已。

5.「安仁」，從容中道，潤澤柔軟，「利仁」，奮進不已，興其大利。

三、子曰：「唯仁者，能好人，能惡人。」

【翻譯】

孔子說：「惟有仁德之人能喜愛那該喜愛之人，也能厭惡那該厭惡之人。」

【說解】

1. 仁者無私黨、無偏匿，有襟懷，有見識，自然柔軟溫潤。
2. 「能好人」，能好好人也；「能惡人」，能惡惡人也。有真愛，就真能好好人，惡惡人。
3. 儒家正義觀建立在同情與關懷之上、道德實踐之上。
4. 正義觀念有兩個系統：一是法的優先性；一是關懷與同情的優先性。強調關懷與同情是較近於女性式的倫理學。
5. 「仁」是柔性的倫理學，所以有不忍人之心；「法」是剛性的倫理學。
6. 「三綱」（父為子綱、君為臣綱、夫為婦綱）已經不是原來儒家的倫理觀，三綱成為教條的倫理學，逐漸失去了儒家真實關懷的特質。

四、子曰：「苟志於仁矣，無惡也。」

【翻譯】

孔子說：「果真立志行仁，就不會為惡。」

【說解】

1.心之所發為「意」，「意」之上提為志，「志」是「心有定向，有所主宰」。定向是向道，有此大道，主宰便立得起。

2.志定心安，身勤家富，立志是溯源工夫，入得根源，自生動力，而且是一純粹善的動力。

3.我欲仁，斯仁至矣！即此當下、即此存在，有感有覺，親切自然，無不中的，即此無惡也。

4.立志是定盤針，有此定盤針，人生所面對之風浪，自有定向、自有定主，自可啟航。

五、子曰：「富與貴，是人之所欲也；不以其道得之，不處也。貧與賤，是人之所惡也；不以其道得之，不去也。君子去仁，惡乎成名。君子無終食之間違仁，造次必於是，顛沛必於是。」

【翻譯】

孔子說：「富有與顯貴，是人人所想要的，不依道理卻也得到，君子便不居處其中；貧窮與卑賤，是人人所討厭的，不依道理卻也得到，君子卻也不拋棄它。君子離去仁德，如何成就君子之名呢？君子不會片刻間違背仁德，倉促急遽間一定是這樣，顛跛困頓也一定是這樣！」

【說解】

1. 富有貴顯，世俗所願，但必須得之以道，得之以理；有了道理，富有才成富足，貴顯才成尊貴。富在自足，貴在自尊。

2. 貧窮卑賤，世俗所惡，但須知：得之有命，就在命中，要把「義」立起來，這叫「即命立義」，這樣才能「立命」。孟子說「殀壽不貳，脩身以俟之，所以立命也。」

3. 名以求實，君子之名，唯「仁」可以落實之。

4. 「仁」是要去實踐的，就在實踐的過程中陶養而成，是當下的，也是持續的歷程。

六、子曰：「我未見好仁者，惡不仁者。好仁者，無以尚之；惡不仁者，其為仁矣，不使不仁者加乎其身。有能一日用其力於仁矣乎？我未見力不足者。蓋有之矣，我未之見也。」

【翻譯】

孔子說：「我未曾見過真愛好仁德的人，也不曾見過真厭惡不仁的人。真愛好仁德的人，沒得說了；真厭惡不仁的人，他實踐仁德，不讓不仁加在自己身上。真有人能一整天用工夫在仁德上嗎？我沒見過力量不足的。或許真有這種人，只是我未曾見過。」

【說解】

1.「好仁」者，居於仁，安而行之，在仁中自有樂地。「惡不仁者」，謹嚴法度，行禮為仁，自有分寸。

2.實踐不在「量」的多寡，而在切實。陽明雖強調仁之實踐有其分兩之異，但本質卻是一樣。

3.道德實踐不在外在種種，而在內在當下的實踐，如此，方能圓滿自足。

4.人須經由學習、效法、反思、覺醒，才能達到「仁」的境地。

七、子曰：「人之過也，各於其黨。觀過，斯知仁矣。」

【翻譯】

孔子說：「人的過錯，各因其群類而有不同。觀看過錯，便可體知仁道。」

【說解】

1.「過錯」必隱含著仁道，只是「仁道」的負面表現，要仔細去體察它，不可輕輕看過。

2.黨者，群類也。黨類群分，驗之既詳，就能入裡，入裡而如理，就能調適而上遂於道。在這樣的學習過程裡，就可以契入仁道。

3.「仁道」是從實存的相遇中契入的，不是抽象的理性把握。

4.人的實存有其辯證性，負面可成正面的教材，大體觀之，對比之，契入之，乃得。

八、子曰：「朝聞道，夕死可矣。」

【翻譯】

孔子說：「早晨聞悟大道，當夜死了，可以無憾。」

【說解】

1.「聞道」，聽聞大道，因之而悟也。聞道非講道，聞道可悟道，講道常只是講道，難以悟道。人能曉悟生命大道，生命方得以完滿。

2.聞之、思之、修之，「聞」有感通義，「思」有覺醒義，而「修」則為持久義。

3.耳根最利，聞之為始，思之以繼，修之得成，如此通天接地，大道因之而顯，真理因之而現。

4.這「聞」字非只是耳聽而已，而是聽之以心、聽之以氣，通徹天地，參贊化育。

九、子曰：「士志於道，而恥惡衣惡食者，未足與議也。」

【翻譯】

孔子說：「士人（知識分子）立志向道，而卻又恥於粗衣淡食的，這種人不值得與他議論道理。」

【說解】

1.《說文解字》云：「士，事也；數始於一終於十，從一從十。孔子曰：推十合一為士。」「士」可以說成是知識分子，或者讀書人，是人間的秀異分子。「士」常與「君子」和合而用。

2.士君子當憂道不憂貧，謀道不謀食，以天下為己任，以是之故，不會恥惡衣惡食。「恥惡衣惡食」是求於外在，而非內在的奮發。

3.士君子不只像一般人，只為稻粱謀，不只是為了自然之氣命，更且要為天命、為道義，肩負使命。

4.君子所求的是「大我」，是整體、根源性的道，而非一己小我之私欲。

5.世俗人比名牌，開名車，須知：人的尊嚴是你給車子尊嚴，而非車子給你尊嚴。不要被世俗炒作，被世俗掏空，否則只會成就別人的富貴。

6. 士君子自身就是名牌，是「正名以求實」的名牌。亂世時還得「去名以就實」，他要做中流砥柱，不是追求流行。

十、子曰：「君子之於天下也，無適也，無莫也，義之於比。」

【翻譯】

孔子說：「君子對於天下事，沒有一定要怎樣做，也沒有一定不要怎樣做，要緊的是怎樣做合乎理，就怎麼做。」

【說解】

1. 「適、莫」解法甚紛雜，通看全篇文義，約解如下：「適」是非如此不可；「莫」是切不可如此。
2. 此可與「毋意、毋必、毋固、毋我」四毋之說，相通而解。
3. 君子行在當下，即此當下，透入根源，此根源必然合於義也。
4. 「義」是客觀的法則，上溯則為「仁」（真實的感通），落實而為「禮」（具體的規範）。
5. 真實感通之「仁」、客觀法則之「義」、具體落實之「禮」，存養為「德」（內在之本性），溯源為「道」。

十一、子曰：「君子懷德，小人懷土；君子懷刑，小人懷惠。」

【翻譯】

孔子說：「君子懷想著德性實踐，小人惦記著土地財富；君子懷想著法度，小人惦記著私惠。」

【說解】

1.「德」是本性，重在內在的生長，所求在己，它可以理解為人格的自我完善歷程。
2.「土」是土地，是人生存的基本資具，此居下位之小民所必須的，民以食為天，因此懷土。
3.「刑」為法度，這涉及到公共性的普遍意志，往上溯則至於「道」，「道」為根源。
4.「惠」指恩惠，這裡所涉難免偏私，這涉及於個人利益，若無公共性、普遍性，做整體之考量，則弊害大矣！

十二、子曰：「放於利而行，多怨。」

【翻譯】

孔子說：「依照著利益而行動，必招來許多怨尤。」

【說解】

1.「利」不能作準，「義」才能作準。義利不相互違背，也不相互矛盾。有「義」，能使利以恰當的方式取得。《易傳》有云「利者，義之和也」。

2.「義」字从羊、从我，求之在我，使其為善也，「義」是一大家認定的標準，是一客觀的法則。「利」字从禾从刀，如秋天之收割，「利」若無節制，過了頭會傷到別人。

3.「義、利」，當以「義」為優先，大家爭利就不可能有「義」。「利」連著「欲」，講求功利，啟動貪欲，邦國危矣！

4.「義」，求之在我，使其為善，這是一「知止」的文明（如《易經》〈賁卦〉講「文明以止」）。「利」，爭之在人，貪欲相加，如當前之資本主義社會，這是一「不知止」的文明。

十三、子曰：「能以禮讓為國乎，何有？不能以禮讓為國，如禮何？」

【翻譯】

孔子說：「能依禮法謙讓來治國嗎？這有什麼困難的呢？若不能以禮法謙讓來治國，那空有個禮儀虛文，又有什麼用呢？」

【說解】

1. 古有禮法，重在謙讓，是為禮讓。「禮」是具體的規範，重在約儉；「讓」是寬容的生長，重在平易。「禮」重在刑儀制度、結構組織、條理分寸；「讓」重在心念柔軟、溫情善解、德性生長。

2. 「禮讓治國」不同於「法律治國」，「禮讓」有其具體分寸，可上升到客觀的法則而為「義」，回到內在真實的感動而為「仁」。「法」則重其型構與限制。

3. 約以言之，「仁、義、禮、智」，「仁」為「實存感動」，「義」為「客觀法則」，「禮」為「具體規範」，「智」為「清楚判斷」。

4. 「禮讓」，回到本心真實的感動，以真實之感動為優先，而非以法則為優先。中國與西方之不同，西方從上帝之誡命，愛上帝、愛鄰人；中國從人之怵惕惻隱，不忍仁之心，實存感動，講孝悌、重人倫。

十四、子曰：「不患無位，患所以立；不患莫己知，求為可知也。」

【翻譯】

孔子說：「不擔心沒有職位，擔心的是如何能做好那職位；不必擔心沒有人知道你，要力求德業精進，足可讓人知道。」

【說解】

1.君子求諸己，小人求諸人，能求諸己，才能為人所知、所用。

2.自己先要是千里馬，伯樂來了才有用，亦不可自視為是千里馬。君子當力求自己生命的完善。

3.「求為可知」，求其德業精進，使人能知，如諸葛亮雖躬耕南陽，然聲名以傳，故有三請孔明、隆中之對，德業以成。

4.即若管鮑之交，管仲能得鮑叔牙之賞識舉薦，極其難得，更難得的是管仲有匡輔天下之才。

十五、子曰：「參乎！吾道一以貫之。」曾子曰：「唯。」子出。門人問曰：「何謂也？」曾子曰：「夫子之道，忠恕而已矣。」

【翻譯】

孔子說：「參（曾子之名）啊，我的『道』，根源總體，本末通貫。」曾子說：「是的。」孔子出了門，弟子們問曾子：「是什麼意思呀？」曾子說：「老師的道理，就是『忠』與『恕』二字罷了。」

【說解】

1. 論「忠、恕」：盡己之謂「忠」，「忠」是回到自己心靈深處作確認，一根源性的確認，上通於「誠」，誠者，天之道；推己及人之謂「恕」，「恕」是體貼同情，他心如己心，人我不二。此與「一體之仁」其義相通。

2. 一以貫之，「一」是根源總體，「貫」重在「本末通貫」，「一」為體，「貫」為用，即用顯體，承體達用。

3. 「忠恕」是就「用」處說，然「即用顯體」，承體達用也。分說用「忠恕」兩字，若用一字就是「恕」。夫子答子貢，就如此說之而已。

4. 由此章可見曾子足為孔子接班人。儒門接班，夫子原屬意顏回，不幸早逝；後又測試子貢，未能通過，再試之，唯曾參稱可；然曾參當時年青，仍須養望，夫子尚未擇定，已歸道山，終引發後來之有子及曾子之爭位。幸有子貢主持，雖未能選出唯一之接班人，然弟子終能恪守夫子之志，傳經、傳心，教化流傳，殊途同歸。

十六、子曰：「君子喻於義，小人喻於利。」

【翻譯】

孔子說：「君子明曉的是公共的正義，而小人明曉的是個人的私利。」

【說解】

1.「喻」是明白、通曉、掛心、清楚。君子明曉義，利害觀念不放在心中，而是依道德標準，該怎麼作就怎麼作。小人以利為重，在乎利益。

2.「義」為客觀法則，有其公共性、普遍性、總體性、根源性。在此公共總體，如其根源，依於一普遍之理想，完善自己並完善他人。

3.「利」為效驗利益，容易啟動貪取占有，難免其個別性、偏私性，終入歧途，難成大器。

4.君子之能殺身成仁、捨生取義，只因有真正的柔軟與慈悲，就會有自我完善的終極關懷與永恆要求。

十七、子曰：「見賢思齊焉；見不賢而內自省也。」

【翻譯】

孔子說：「見到賢者，當想與他看齊；見到不賢者，就要向內省察自己。」

【說解】

1.人格的教養與道德之實踐須有典範，而典範有正面的，也有反面的，所以要見賢思齊，見不賢內自省。

2.人生無處不可學，賢者可學，學其正，順受其正；不賢者亦可學，知其非，逆覺其邪，改邪歸正。

3.古人見賢思齊，見不賢而內自省；今人見賢而妒，見不賢而竊自喜也。這全在心念之「覺」與「不覺」而已。

十八、子曰：「事父母幾諫，見志不從，又敬不違，勞而不怨。」

【翻譯】

孔子說：「事奉父母，微有過即當勸諫，見其心意未能信從，仍心懷敬意，繼續勸諫，不違道理，雖有憂勞，而不嗟怨。」

【說解】

1.「幾諫」有多解，或為「俟幾而諫」，或為「婉言相勸」，或為「微有過即當勸諫」，三者亦可括而為一，說其「微有過即當婉言相勸、俟幾而勸」。

2.「見志不從」，「志」為「心意」，見其心意不從，當想方設法，使其寬解，寬解自能從容，從容而有善解。

3.「敬」為專注、貫徹、如始如終，敬以治事，此儒者之學也。「違」有悖、離等義，不違是就道理處說，不是屈從心意。

4.事父母如此，待兒女亦當如此，人之大倫，至關緊要，宜在微處、細處用工夫，此誠敬之事也。

十九、子曰：「父母在，不遠遊，遊必有方。」

【翻譯】

孔子說：「父母在世，不能無故遠離家門出遊，即若出遊，一定要稟明去處。」

【說解】

1.古時交通不便，生離常若死別，父母在，不宜遠遊，當承歡膝下，繼志述事，代代相傳。

2.遊必有方，免父母之繫念也。

3.父母慈心，此天然之事也，其於子女，常繫念不止。子女孝心，此自覺之事也，一時不察，懵然無知矣！違悖了道理還不知呢！

4.今為電子通訊年代，遠在天邊，近在眼前，現在已經無處是「遠」，但情境的親近才能有柔軟的生長，承歡膝下，身心膚慰，才是幸福的。

二十、子曰：「三年無改於父之道，可謂孝矣。」

【翻譯】

孔子說：「一個人能三年不改先父所行大道，可算得上孝子。」

【說解】

1.此章重出，原在〈學而〉篇第十一章，子曰：「父在觀其志；父沒觀其行；三年無改於父之道，可謂孝矣。」（孔子說：「父親健在時，看他的志向；父親過世了，就看他的行事。一個人能三年不改先父所行大道，可算得上孝子。」）

2.父之道，「道」字重要，乃所行之大道也。非大道則不限於此也。

3.「孝」是對生命根源之崇敬，是返本報恩，是追本溯源，繼志述事，「孝」者，蓋由末返本，由本貫末也。

廿一、子曰：「父母之年，不可不知也。一則以喜，一則以懼。」

【翻譯】

孔子說：「父母的年歲，不可不知。一者是為福壽而歡喜，二者是為衰老而憂懼。」

【說解】

1.儒家重視家庭倫理，家庭倫理是人間事理之根本。現代人常離鄉背井，與父母相處的時間不長，家庭倫理難以培育。

2.孝順父母與愛護子女不同，愛護子女是「自然」，孝順父母得有「自覺」，自覺得須一點勉強。

3.人的生命要能往上溯源、往下延伸，越能如此，生命就越完整。現代是追求消費化、商業化的私利社會，很多人未能向上追溯、向下延伸，只求「自我」為中心，求各種自我滿足與享受。這樣的生命是浮動的，如飄萍。

4.生命要有脈絡，否則易鬆動，一有鬆動，家就不易健全。

廿二、子曰：「古者言之不出，恥躬之不逮也。」

【翻譯】

孔子說：「古人話不輕易說出口，他們羞恥的是自己做不到。」

【說解】

1.古人心口如一，老實做事。念茲在茲，如實而成。老實，「老」，持久義，「實」，落實義。

今人饒舌喧騰，心口不一，不知羞恥為何物。

2. 資本主義化、消費化，這是一眾口鑠金的文化，是一往而不復的文化，是一「不知止」的文化，不老實，只虛浮。

3. 古者重言諾，今者輕諾寡信，輕諾而常諾，終等同於無諾。

廿三、子曰：「以約失之者鮮矣。」

【翻譯】

孔子說：「用節約、儉束行事而犯過失的，那是少有的。」

【說解】

1. 約者，要也。以節約、儉束行事，得其要也。

2. 「約」有整飭義、節制義、檢肅義，「約」則能收拾精神，自作主宰也。

廿四、子曰：「君子欲訥於言而敏於行。」

【翻譯】

孔子說：「君子願意言語木訥些，行為敏捷些。」

【說解】

1. 訥者，言將出而不輕易出也。儒家重自己生命本源，並強調倫理道德要在自己土地上生根。
2. 「訥」不是故意不說話，而是自然不輕易說話。這是生命的實存原則，也是道德的實踐動能。

廿五、子曰：「德不孤，必有鄰。」

【翻譯】

孔子說：「有德行的人必不孤立，必定有親近的人。」

【說解】

1. 德若不孤，一定有志同道合的朋友。德之為德，善解包容，令與人同，能真正體貼別人，關愛別人，才是有德，自然會有志同道合的朋友。
2. 德不能孤離地樹立，而要與他人互動交往。所謂「德」便是多做一些，但並非「委曲求全」，求全可以，但不要委屈，要得當。
3. 「有德者」是在「我與你」的情思下生長，不是在「我與它」的計較下過活。因此之故，必有其鄰也。

廿六、子游曰：「事君數，斯辱矣；朋友數，斯疏矣。」

【翻譯】

孔子說：「事奉君上，繁瑣細碎，則會招到羞辱；對待朋友，繁瑣細碎，則必反趨於疏離。」

【說解】

1. 數，言語細碎、喋喋繁瑣也。
2. 君臣以義相合，君待臣以禮，臣事君以忠，所事所行，在天下社稷，所謂公忠體國可也。有職守、有分寸、有節度，才能成事。
3. 朋友以志相交，所謂志同而道合也。共學、適道、與立、與權，因緣不同，依時而進，不可勉強，勉強則離，以是而疏遠矣！

（癸巳年（二〇一三）三月廿二日，安梧於臺中湖水岸元亨居）

〈公冶長〉第五：不罪無過、道器不離

一、子謂公冶長：「可妻也。雖在縲絏之中，非其罪也。」以其子妻之。

【翻譯】

孔子論及公冶長，說：「可把女兒嫁給他。雖然他曾被關在監牢之中，並不是他的罪過。」就把女兒嫁給了他。

【說解】

1.公治長，春秋魯人，孔子弟子，姓公治，名長，因案繫獄，後冤屈得洗，仍不失賢者君子。

2.妻之，妻做動詞，猶言「許配」也。縲絏，捆綁罪犯之繩索，可喻為監獄之義。

3.聖人見得生命的真實，不落世俗之侷限。世俗是習、是勢，而生命是道、是理。

4.一說孔子女兒與公治長談戀愛，孔子許之，是尊重愛情。我說：愛情若及於婚嫁，亦須有個道理，夫子所說的是從「愛情」到「婚姻」的道理。

二、子謂南容：「邦有道，不廢；邦無道，免於刑戮。」以其兄之子妻之。

【翻譯】

孔子論及南容，說：「邦國有道（政治清明），不遭廢黜；邦國無道（政治黑暗），免於刑戮。」就把他哥哥的女兒嫁給了他。

【說解】

1.南容，即南宮适，春秋魯人，孟僖子之子，孟懿子之兄，因居南宮，因以為氏，字子容，簡稱南容。

2.有道之世，能為明君所用，無道之時，能自保其身，修於人倫，此可妻之人也。

3.君子內求於己，自得自修，人倫為尚。外求得治，修己安人，外王是尚。

4.君子是內在充實，而具有光輝的人格；南容如此，公冶長亦如此。

三、子謂子賤：「君子哉若人！魯無君子者，斯焉取斯？」

【翻譯】

孔子論起子賤，說：「君子啊！這個人！魯國沒有君子，他從何取得這樣的教化成就？」

【說解】

1.子賤，姓宓，名不齊，孔子弟子，有德有才，以君子之道，治事教化，頗得賢名。

2.依《呂氏春秋》〈察賢篇〉：「宓子賤治單父，彈鳴琴，身不下堂而單父治。巫馬期以星出，以星入，日夜不居，以身親之，而單父亦治。巫馬期問其故於宓子。宓子曰：『我之謂任人，子之謂任力。任力者故勞，任人者故逸。』宓子則君子矣，逸四肢，全耳目，平心氣，而百官以治義矣，任其數而已矣。巫馬期則不然，弊生事精，勞手足，煩教詔，雖治猶未至也。」

3.子賤能任賢，從人倫的生長處、教化大行，無為而成。此如「為政以德，譬如北辰，居其所而眾星拱之」也。

4.子賤之賢，其為君子而得君子，君子者成人之美、成人之善也。魯國者，周公之邦也，禮樂教化，君子之邦也。

四、子貢問曰：「賜也何如？」子曰：「女，器也。」曰：「何器也？」曰：「瑚璉也。」

【翻譯】

子貢問說：「我端木賜何如？」孔子說：「你啊，可算成器。」子貢問：「什麼器物？」孔子說：「宗廟裏用以盛黍稷祭物的瑚璉。」

【說解】

1.子貢善問善學，趁夫子稱贊子賤以為此問，蓋心嚮往之也。

2.瑚璉者，宗廟祭祀貴重之器，用以承黍稷，夏曰瑚、商曰璉，周則稱為簠簋。

3.說子貢為瑚璉之器，說其可為朝廷重臣，當大任、做大事也。

4.君子必器之，而後進言其「君子不器」。不器者，不為器所限也。蓋成器而不為器所限也。非不成器也。

五、或曰：「雍也仁而不佞。」子曰：「焉用佞？禦人以口給，屢憎於人。不知其仁，焉用佞？」

【翻譯】

有人說：「冉雍啊！仁德卻無口才。」孔子說：「哪裡須用口才？以巧辯銳利的口才來對付人，屢招人憎厭。我不知冉雍果是仁德，但哪裡須用口才？」

【說解】

1.冉雍，字仲弓，伯牛之子。其父社會階層雖低，然夫子許其可以南面為君，其才德在時賢之上，由是可知。
2.「仁」所成的是道德人格，是君子永恆之嚮往，不是既得之成就，故夫子不許之以仁。
3.「佞」是口才巧辯，可以服人之口，不能服人之心，服人之心者，唯德而已。
4.我華夏重「氣之感通」，主「一體之仁」。泰西主「話語的論定」，重「邏輯論辯」。

六、子使漆雕開仕。對曰：「吾斯之未能信。」子說。

【翻譯】

孔子要漆雕開出仕做官。漆雕開說：「我自己對出仕做官這事還沒信心呢」！孔子聽了很是心悅。

【說解】

1.漆雕開，名啟，字子開，或有謂，啟字古作「启」，其形體若「吾」，「启斯之未能信」訛作「吾斯之未能信」。古禮，對師長不以「吾」為稱，如此為說是有道理的。
2.出仕做官，不是為了爵祿，而是責任。漆雕開想到的是責任，此非一般俗常之人也。

3.孔子之悅，悅其謙懷，悅其責任，悅其能自省思，悅其不落世俗也。
4.孔子歿後，儒分為八，有漆雕氏之儒，其學之傳，亦可以知之矣！蓋有得於聖學也。

七、子曰：「道不行，乘桴浮于海。從我者，其由與？」子路聞之喜。子曰：「由也好勇過我，無所取材。」

【翻譯】
孔子說：「大道不行，不如乘著木筏漂游大海，尋找聖境。能跟從我的，大概是仲由吧！」子路（仲由）聽了歡喜。孔子說：「仲由倒是比我勇敢，可惜他不懂裁度事理。」

【說解】
1.此孔子憂道不行，感嘆之言也。乘桴浮於海，所以尋其聖境也。聖人之心志，千古不磨也。
2.桴，竹木所編成的船筏，雖簡陋，而可航行於海上。
3.子路聞之喜，喜夫子之重任也，喜能永伴夫子，參與理想也。
4.大海何在，理想何在，在海外乎！非也。理想即在當下之生活世界，即若乘桴浮於海，亦不出此海，子路有所不知也，好勇無所取裁也。

八、孟武伯問「子路仁乎？」子曰：「不知也。」又問。子曰：「由也，千乘之國，可使治其賦也，不知其仁也。」「求也何如？」子曰：「求也，千室之邑，百乘之家，可使為之宰也，不知其仁也。」「赤也何如？」子曰：「赤也，束帶立於朝，可使與賓客言也，不知其仁也。」

【翻譯】

孟武伯問：「子路是仁人嗎？」孔子說：「不知道。」又問，孔子說：「仲由這人，擁有一千輛兵車的大國，可以讓他統領兵賦。至於他是否是仁人，我不知道。」「那麼冉求呢？」孔子說：「冉求這人，千戶人家的縣邑，百輛兵車的大夫之家，可以讓他做總管。至於是否是仁人，我不知道。」「公西赤怎樣？」孔子說：「公西赤這人，束著大帶，立在朝廷，可以讓他與賓客會談。至於是否是仁人，我不知道。」

【說解】

1.仁人，是道德理想之人格，是做為生命永恆之追求，不能做為既成之事實。

2.子路勇毅果敢，可使治賦。治賦，是治兵賦，整治兵籍，行伍用兵，子路之才，其長若是也。子路是軍事人才。

3.冉求多藝善謀，可使為宰。宰，若今之大總管也，籠而總之，統領其事，冉求之藝，其長若是也。冉求是內政人才。

4.公西華儀容華雅，可治賓客。治賓客，若今之外交官也，威儀容態，英華韻雅，公西華之表，其長若是也。公西華是外交人才。

5.三弟子皆有其才略，可堪成器也。當以仁人為終身之理想目標，但不能許之以仁人也。

九、子謂子貢曰：「女與回也，孰愈？」對曰：「賜也，何敢望回？回也，聞一以知十；賜也，聞一知二。」子曰：「弗如也；吾與女，弗如也。」

【翻譯】

孔子問子貢，說：「你和顏回，誰來得好些？」子貢答道：「我阿賜豈敢高望顏回？顏回『聞一可以知十』，阿賜『聞一可以知二』。」孔子說：「你的確比不上啊，我贊成你，你是比不上他。」

【說解】

1.每讀及此章，總有莫名之感動，孔子、子貢，師生之間，何等明白通達，何等寬廣平易。即此，就是真性情、真教育。

2.「聞一以知十」，這是全體性的思考，根源性的思考，由部分而見全體也，即用顯體也。這是跨過話語，而直接生命，是存在的真實相遇。

3.「聞一以知二」，這是對比性的思考，由此端而見其彼端也，這是就話語之所論，而對比兩端，以成其事也。這重在事理的經驗判斷與論理的邏輯辨析。

4.顏回即用顯體，契於道妙；子貢即事言理，明於事理。

十、宰予晝寢。子曰：「朽木不可雕也，糞土之牆不可杇也。於予與何誅？」子曰：「始吾於人也，聽其言而信其行；今吾於人也，聽其言而觀其行。於予與改是。」

【翻譯】

宰予白晝睡覺。孔子說：「腐朽的木頭無法再雕琢，糞土所做成的牆無法再粉飾。對於宰予這樣的人，又有什麼好責罪他的呢？」孔子說：「以前我對於人，聽他的話語就相信他的行為；如今我對於人，聽他的話還要觀察他的行為。正因宰予，改變了我過去的態度。」

【說解】

1.宰予何以晝寢，此章當有特殊之因緣也。或當前一日夫子與宰予論辯三年之喪，夫子謂予之不仁，宰我難過到睡不著，第二日上課，終熬不過瞌睡，又為夫子所詈罵。

2.有如是之詈罵，方有宰我未來之成就。蓋真詈罵者，有真性情，有真性情者，有真學問。儒門當以此為鑑鏡。

3.宰予，字子我，與子貢同為孔門言語科傑出弟子。子貢善在對比，而宰我則重在對抗。對比多增長，對抗難免戾氣。

4.對辯至極處，一句「於汝安乎」「汝安則為之」，戛然而止，知止而有定矣！夫子之教如此，宰我之學亦自如此。

十一、子曰：「吾未見剛者。」或對曰：「申棖。」子曰：「棖也慾，焉得剛？」

【翻譯】

孔子說：「我未曾見過剛正之人。」有人回答說：「申棖。」孔子說：「申棖多貪慾，怎可說是剛正。」

【說解】

1. 剛者必正，唯正方剛，唯直方剛。孟子所說「其為氣也，至大至剛，以直養而無害」，孔子也說「人之生也直」。所說即此。
2. 「直」是回到生命之根源處，回得生命根源便是通天接地，便得與天地參。
3. 「正」是知止而一，一者，一於道也。知其當止於至善也，知其當志於道也，生命之剛，自覺而來，自然而成，自在而得。
4. 申根多貪慾，一有貪慾，便見俗態；俗者，顧其勢，而順此勢也；略於道，而輕其道也；自也就不是剛正之人了。

十二、子貢曰：「我不欲人之加諸我也，吾亦欲無加諸人。」子曰：「賜也，非爾所及也。」

【翻譯】

子貢說：「我不想要別人強加於我，我也想不要自己強加於人。」孔子說：「賜啊，這不是你所能做到的。」

【說解】

1.夫子之言，直入其中，透湯明達，子貢當俯首矣！

2.子貢所說即是恕道，「恕」者，如心之謂也。子貢好方人，他既好批評人，便失了恕道，故夫子教化之。

3.「夫子之道，忠恕而已矣！」曾子所知，子貢之所不及。本來夫子曾想傳子貢以接班，但其不解「一以貫之」之道，反陷於「多聞而識」之論，其博而無統亦可以知之矣！

4.此章所言即「己所不欲，勿施於人」，此不同於「己所欲，施於人」。前者為王道文化，後者為霸權文化。

十三、子貢曰：「夫子之文章，可得而聞也；夫子之言性與天道，不可得而聞也。」

【翻譯】

子貢說：「夫子講的詩書禮樂典章制度，我們聽得到也懂得；老師講的性命天道，我們聽得到卻不易懂得。」

【說解】

1.文章者，文是文理，文路，可說是典籍教養。章者，从音从十，可說是禮樂典章。文章是彰顯於外者，是可見可知的，故可得而聞。

2.或以為夫子不言性命天道，非也。夫子嘗言之，其贊周易，即此。唯其奧蘊，非一般所知，故不可得而聞。

3.可得而聞者，聞之而可得也。不可得而聞，聞之而不可得也。對比清楚明白，透徹。

4.性命天道，非話語中事，乃生命存在之實存、實踐也，唯格物致知，到了極處，方有豁然貫通之樂也。

十四、子路有聞，未之能行，唯恐有聞。

【翻譯】

子路有所聞，還未能行，只恐怕又有所聞。

【說解】

1. 子路勇於實踐，不宿諾，眾人所知。此章同見此意。
2. 聞者，聞道也，聞人生當行之道也。即知即行，知行不二。
3. 陽明致良知之說，亦見實踐之動能。「知是行之始，行是知之成。」「知而未行，等於未知。」短短數語，可見仁者必有勇也。
4. 著一「恐」字，便見其精進義、戒慎義，難能之至。

十五、子貢問曰：「孔文子何以謂之『文』也？」子曰：「敏而好學，不恥下問，是以謂之『文』也。」

【翻譯】

子貢問說：「孔文子何以諡號為『文』？」孔子說：「他才質聰敏而愛好學習，不以向下屬請教為恥，因此諡號為『文』。」

【說解】

1. 孔文子，衛國大夫，名圉，有好學之行。文者，勤學好問也。
2. 人有幾分才質，往往恃敏而驕，能好學，亦可見其有幾分教養。
3. 人有幾些地位，往往貢高我慢，能不恥下問，亦可見其有幾分文化。

4.人能知文，正所謂知得天地之造化的起點，這是一切文明之起動處。

十六、子謂子產：「有君子之道四焉：其行己也恭，其事上也敬，其養民也惠，其使民也義。」

【翻譯】

孔子談論起子產，說：「他具有四樣君子之道，他自己行事能謙恭，事奉君上能誠敬，教養民眾有恩惠，役使百姓合公義。」

【說解】

1.「謂」：是談論起或評價。子產，鄭國大夫公孫僑，字子產。

2.「恭」是謙恭，這裡重在自己之行事，從內至外，謙恭有節。「敬」是誠敬，這裡重在事奉君上，誠於中，形於外，並能以敬治事。

3.「惠」指的是愛心、恩澤。「義」指的是正義奉公。

4.總的說，是「修己以安人、修己以安百姓」的內聖外王之道，這是儒家最高的管理原則。

十七、子曰：「晏平仲善與人交，久而敬之。」

【翻譯】

孔子說：「晏嬰善於與人交往，時日愈久而人們愈尊敬他。」

【說解】

1.晏嬰，字平仲，齊國大夫。
2.語云：路遙知馬力，日久見人心；久而敬之，一語說盡無餘。
3.與人相交，有禮有敬，禮有仁、敬能親，能長久，就得了天地之量。
4.人物、人物，有的久了，只剩個「物」；若見得真實，便能回得「人」。

十八、子曰：「臧文仲居蔡，山節藻梲，何如其知也？」

【翻譯】

孔子說：「臧文仲居藏神龜，將山形雕在柱頭的斗拱，將水藻繪在樑間短柱。怎可以說他是有智慧呢？」

【說解】

1.臧文仲，魯國大夫，姓臧孫，名辰。時人以為他是智者，孔子非之。

2.居，藏也。蔡，大龜也。居蔡，藏著大龜也。大龜者，神器也，當藏於宗廟，豈可藏於大夫之家。其無禮之甚，無智之甚也。

3.節，柱頭斗拱；梲，樑間短柱。以山形、水藻雕繪其上，這是天子之廟飾。

4.臧文仲以天子廟飾，藏有神龜，無禮無智之甚。人言之智，實為巧智，是工具性的功利之智，非生命性情根源之智。

十九、子張問曰：「令尹子文三仕為令尹，無喜色；三已之，無慍色。舊令尹之政，必以告新令尹。何如？」子曰：「忠矣。」曰：「仁矣乎？」曰：「未知，焉得仁？」「崔子殺齊君，陳文子有馬十乘，棄而違之。至於他邦，則曰，『猶吾大夫崔子也。』違之；之一邦，則又曰：『猶吾大夫崔子也。』違之。何如？」子曰：「清矣。」曰：「仁矣乎？」曰：「未知，焉得仁？」

【翻譯】

子張問說：「楚國的令尹子文三次出仕令尹（首相）一職，並無喜悅之色；三次被罷官免職，也無慍怒之色。他自己當令尹時的情形，一定告訴新來接替令尹職位的人。這人怎樣？」孔子說：「可算是盡忠職守之人。」子張問：「算是仁德之人嗎？」孔子說：「不知道，如何說得上是仁德之人呢？」又問：「崔杼弒殺齊莊公，陳文子拋棄了自家十乘車馬，離開了齊國。到了他國，又說：『猶如我們的大夫崔杼。』於是他又離開了這國度。又到了另一國，則又說：『猶如我們的大夫崔杼。』於是他又離開了那國度。那麼，你說這人何如？」孔子說：「是個清高之人。」子張問：「是仁德之人嗎？」孔子說：「不知道，如何說得上是仁德之人呢？」

【說解】

1.令尹，楚國之行政長官，猶今之首相也。
2.「忠」謂「忠於職守」，此是一「責任倫理」概念。西人有謂中國只有「意圖倫理」，無責任倫理，此說差謬。
3.後世帝皇專制，「忠」逐漸異化為主奴性之忠，此與原先之責任倫理大大不同。如此之「主奴之忠」落為一搖尾乞憐的忠。
4.原始儒家的忠是「忠於職守」之「忠」，這是「忠於其事，忠於其人」之忠。忠於職守，忠於內在本心，此是「責任之忠」；「主奴之忠」往往只是愚忠，不能有恰如其分的忠。

二十、季文子三思而後行。子聞之，曰：「再，斯可矣。」

【翻譯】

季文子思慮謹慎，往往再三考慮才展開行動。孔子聽了，說：「兩次，就行了。」

【說解】

1. 季文子，季孫行父，魯國大夫，行事謹慎，有過甚者，孔子議之。
2. 一思在確認，二思在驗察，三思則紛擾。於事、於人、於己，既當確認，又當驗察，此一而再者也。不必三，三則紛紛然難斷矣！
3. 又一而再，再而三的「三思」，一墮利害，便減殺愛之動能，如：捐款，本欲捐一萬，多想了竟只捐一千。
4. 一思確認，重在直覺，再思驗察，重在反思。

廿一、子曰：「甯武子，邦有道，則知；邦無道，則愚。其知可及也，其愚不可及

也。」

【翻譯】

孔子說：「甯武子這個人，邦國有道、政治清明時，就顯露其聰明才智；而邦國無道，政治昏暗，他就愚誠的努力。他的聰明才智，是可及的，他的愚誠卻是學不來的。」

【說解】

1. 甯武子，衛國大夫，名俞，諡號為武，史稱甯武子。
2. 「邦」是諸侯之邦。家，是大夫之家。「智」與「愚」是對比的，大智若愚。
3. 如朱熹所註「武子仕衛，當文公、成公之時。文公有道，而武子無事可見，此其知之可及也。成公無道，至於失國，而武子周旋其間，盡心竭力，不避艱險。凡其所處，皆智巧之士所深避而不肎為者，而能卒保其身以濟其君，此其愚之不可及也。」
4. 「愚」本非愚，實乃玄默大智也。無玄默大智者，何足以周旋於危亡，而卒成其業也。

廿二、子在陳，曰：「歸與！歸與！吾黨之小子狂簡，斐然成章，不知所以裁之。」

【翻譯】

孔子在陳國，說：「回家去吧，回家去吧。我鄉鄰故里的弟子們志向遠大行事粗簡，他們道德文章學問已斐然有成，卻不知何以裁度！」

【說解】

1. 夫子周流四方，其道不行，思歸之歎也。歸與之歎，當在晚年。
2. 狂者進取，其志向遠大也。簡者粗略，其閱歷猶有未足也。
3. 牟師宗三嘗言，年少比才氣，中年比功力，晚年比境界。此與興於詩、立於禮、成於樂，可同參。年少之才氣，亟待師長裁成也。
4. 或「小子」，或「二三子」，皆夫子所喚眾弟子也。

廿三、子曰：「伯夷、叔齊，不念舊惡，怨是用希。」

【翻譯】

孔子說：「伯夷、叔齊，不念舊惡，怨恨因此也就稀少。」

【說解】

1. 伯夷、叔齊，孤竹君之二子。孟子以其「不立於惡人之朝，不與惡人言。與鄉人立，其冠不正，望望然去之，若將浼焉」，其清介可知。

2. 如此清介，非分別相，非計較相，而是生命之風範。就此風範，能胸懷寬廣，能使頑夫廉，懦夫有立志。

3. 清介如此，其義不食周粟，寧餓死首陽山，後有贊之者，為聯曰：「一根窮骨頭支撐天地，兩個餓肚皮包羅古今」。

4. 《史記》將伯夷列傳居於其首，正顯示此「聖之清者也」之道德人格典型，真所謂支撐天地也。天地支撐，非由大眾民粹也，實乃少數之豪傑聖賢也。不念舊惡，求仁得仁，無怨無悔，所以為聖賢豪傑也。

廿四、子曰：「孰謂微生高直？或乞醯焉，乞諸鄰而與之。」

【翻譯】

孔子說：「誰說微生高正直？有人向他討點醋，他竟向鄰人那裏乞討來給人。」

【說解】

1. 微生高，微生其姓，高乃其名。素有直名，夫子以其日常之事，一眼洞穿，其為不直。

2.「直」，正直，如何直？回到自家生命本源、不扭曲性情，是為直。

3.乞醯，討醋也，此是小事，有則有，無則無，竟去鄰家乞了來，充當自己家的，如此不直，可知也已！

4.直不直，是自家之性情，是自家對得起自家之生命之源，是天地可鑑的，不必狃於世習，要世俗人稱讚。要人稱讚，便難以為直。

廿五、子曰：「巧言、令色、足恭，左丘明恥之，丘亦恥之。匿怨而友其人，左丘明恥之，丘亦恥之。」

【翻譯】

孔子說：「花巧的言語，諂媚的臉色，過分的恭敬，左丘明引以為恥，我孔丘也引以為恥；藏匿怨恨，卻交好這人，左丘明引以為恥，我也引以為恥。」

【說解】

1.左丘明，古之賢者，左丘其姓，明乃其名，據說是《春秋左氏傳》的作者。

2.巧言者，不實。令色者，不真。足恭者，無信。皆乃不仁之人也。夫子以左丘明恥之，丘亦恥之為論。此可見我華夏之重人格風範也，重生命性情也。

3.匿怨者，無誠也。匿怨而竟友其人，實乃巧詐也。夫子恥之。
4.說到底，「人之生也直」，「直」是入於生命之根源，如其生命根源而生長也。

廿六、顏淵、季路侍。子曰：「盍各言爾志？」子路曰：「願車馬、衣輕裘，與朋友共，蔽之而無憾。」顏淵曰：「願無伐善，無施勞。」子路曰：「願聞子之志。」子曰：「老者安之，朋友信之，少者懷之。」

【翻譯】
顏回、子路侍立於旁。孔子說：「何不各自談談自家志向？」子路說：「願將車、馬、衣物，還有輕裘與朋友共同享用，用壞了亦了無遺憾。」顏回說：「願不矜誇善行，不顯耀功勞。」子路說：「願聽聽夫子志向。」孔子說：「願老人得到安養，朋友信實相交，少年得到關懷。」

【說解】
1.觀此章，師弟三人，生命境界，清楚明白，各得其所。真乃「乾道變化，各正性命」也。
2.子路年長，又屬狂者，性急而進取，故爾先答。顏回次之，其為狷者，有所不為，故爾後答。

夫子從容中道，聖之時者也。總結談話，其風範可知。

3.「老者安之，朋友信之，少者懷之」，三句可見《禮記》〈禮運〉「大同」篇之意，「大道之行也，天下為公」。

4.孔子心中理想，要建立一「天下為公」的大同世界，贊周易、修春秋，其旨咸在於此也。由此三句，亦了然明白矣！

廿七、子曰：「已矣乎！吾未見能見其過，而自訟者也。」

【翻譯】

孔子說：「算了吧！我未曾見到能發現自家過錯，而自己深切責罪的人。」

【說解】

1.人習於往外看，此世俗之習也。須知：無鏡不能自照，以人為鏡、以史為鏡，方得照顯。若能自照，實有一內明之鏡也。此難之又難矣！

2.已矣乎！算了吧！此發自內在最深沉而真實的感歎，此可見人性之難也。

3.順而訟之，如此訟人，傷人傷己。自訟者，逆而覺之，反身以訟也，如此自訟，成己成物。

4.這種內明的省察工夫，即是「慎獨」工夫，即是「誠意」工夫，即是聖賢工夫。

廿八、子曰：「十室之邑，必有忠信如丘者焉，不如丘之好學也。」

【翻譯】

孔子說：「十戶人家的小村落，必有與我孔丘一樣忠誠信實的人，只沒有如我孔丘好學罷了。」

【說解】

1.忠信，人性分之所具，本之於天，無分貴賤。推之，人皆可以為堯舜。

2.難的是習氣，以氣成習，因習成性。養移體、居移氣，居之以仁，養之以德，習之既久，本性天成。

3.「學」是習，是覺，由習而覺，習以立乎禮，覺而顯諸仁。禮是規範，仁是感動。禮可確立，仁可生長。

4.「忠信」是人生命中的太陽，「學」是點燃此生命中的太陽，照亮自己，照亮他人，照亮天地。語云：天不生仲尼，萬古如長夜。

（癸巳年五月廿日成稿於臺北象山居）

〈雍也〉第六：南面居敬、文質彬彬

一、子曰：「雍也可使南面。」仲弓問子桑伯子。子曰：「可也簡。」仲弓曰：「居敬而行簡，以臨其民，不亦可乎？居簡而行簡，無乃大簡乎？」子曰：「雍之言然。」

【翻譯】

孔子說：「冉雍啊！可讓他南面為君。」仲弓問起子桑伯子。孔子說：「可以的，就是簡約了些。」仲弓說：「心存敬意，行事簡約，以此接臨人民，不也可以嗎？心存簡約，行事又太簡略，那不就太簡約了嗎？」孔子說：「冉雍啊，你說的是。」

【說解】

1. 冉雍，字仲弓，冉伯牛之子，原籍寒微，夫子稱其可使南面，此正可見「人皆可以為堯舜」之理想義。

2.簡，可以是簡約、簡略、簡脫、簡單，心中有敬意，就有當下之契入，就有歸本之溯源，就不會落入簡單、簡略、簡脫。

3.子桑伯子，魯人，時之賢者。仲弓之問，對比分明，此正是居敬行簡義。

4.雍也可使南面，這話今日聽之，簡易明白，於二千五百多年前，有此一語，真是石破天驚。

二、哀公問：「弟子孰為好學？」孔子對曰：「有顏回者好學，不遷怒，不貳過。不幸短命死矣，今也則亡，未聞好學者也。」

【翻譯】

魯哀公問：「弟子中，誰是好學的？」孔子答說：「有位叫顏回的很好學，他不將怒氣，牽連他人，不再次犯同樣過錯。不幸短命死了。如今啊！就沒這樣的了，不再聽說有好學的了。」

【說解】

1.學是覺，是生命根源的覺醒，能有此覺，當下起念，當念即化，這才是好學。

2.不遷怒，以其能「知止」也。知止而後有定，定而後能靜、靜而後能安。「止」是回到當下，回到自身。「定」是不為所遷。「靜」是不為所擾。能止、定靜隨之，平安易持。

3.學不只是學知識、學問，而是做人。即如「知識」，「識」為了別，「知」為定止，對外在事物，有所了別，攝於其心，有其定止，此是知識，此亦是德行功夫。如此功夫，行之既久，自可不貳過也。

4.顏回為「復聖」，「復，其見天地之心乎」，能不遷怒、能不貳過，生命當下契入、當下定止，卻也當下實踐，即寂即感。

三、子華使於齊，冉子為其母請粟。子曰：「與之釜。」請益。曰：「與之庾。」冉子與之粟五秉。子曰：「赤之適齊也，乘肥馬，衣輕裘。吾聞之也：君子周急不繼富。」原思為之宰，與之粟九百，辭。子曰：「毋！以與爾鄰里鄉黨乎！」

【翻譯】

子華（公西赤）出使齊國，冉有為他母親請領粟米。孔子說：「給一釜。」（一釜為六斗四升）冉有請求增加。孔子說：「給一庚。」（一庚為十六斗）冉有卻給了五秉。（五秉為八十斛，十斗為一斛。）孔子說：「公西赤此去齊國，乘座肥壯的馬，穿著華貴的輕裘。如我聽聞，君子當救助急難而不應濟助已富之人。」原思給孔子當管家，孔子給他粟米九百斗，他辭而不受。孔子說：「不可推卻，多了可以給你的鄰里鄉親啊！」

【說解】

1.取予之間，俱是智慧，原思仁厚恭謹，冉求錦上添花。兩人情性不同，夫子各有所裁成。
2.生命真切者，可以賙急；其為世俗者，多為繼富。人言：錦上添花者多，雪中送炭者少。
3.冉求急於功名，是科技型、技術型的官僚，實際性的腦袋，卻無中正之價值取向，他做季氏宰，夫子要學生們「鳴鼓而攻之」，如此可見一斑。
4.原思，字子憲，夫子為魯司寇時，以原思為宰。夫子點撥，當取須取，可予則予，取予之間、清楚明白。

四、子謂仲弓，曰：「犁牛之子騂且角，雖欲勿用，山川其舍諸？」

【翻譯】

孔子談起仲弓，說：「他的父親像是皮毛色雜的犁牛，生下的小牛卻是毛色赤紅，犄角端正，（人不用它祭祀），山川之神豈肯捨棄牠呢？」

【說解】

1. 朱子說「仲弓之父賤而行惡」，言之過矣！仲弓之父，伯牛同列德行科有成之弟子。此應說其層級微賤，而工作粗重，不是說其道德行為上有何缺失。

2. 犁牛毛色花雜，喻其微賤也。騂且角，毛色赤紅，犄角端正，以喻其稟性之高貴也。種族、貴賤，皆不可定命的看。人性之根源是通透而明白的，眾生平等。

3. 人沒有天生的種族貴賤之別，孔子點出君子之為君子，當向神聖理想負責。孔子發現足以當家的仲弓，竟然來自於最低階級的家庭，因此，我們不能從一個人的出生家庭來判斷其將來的成就。

4. 孔子比西方早有「平等」、「世界大同」的觀念，因為華人提出「仁」的觀念時，比希臘提出「公民」還要早，而且西方的公民觀念，仍有階級意識在，公民不包括奴隸，而孔子終其一生都沒有提及奴隸的概念。清代當官者，自稱「奴才」，國家用奴才，難怪要亡國。

五、子曰：「回也，其心三月不違仁，其餘則日月至焉而已矣。」

【翻譯】

孔子說：「顏回啊，他的心思，可以三月不離仁義；其餘學生，也就某日某月偶一達到罷了。」

【說解】

1.「違」，離也。「日月」，有二說，一是晝夜；二是頂多一個月。「實踐」靠持續，否則難成為你自己的。

2.心思之、身行之，體之於心，驗之於行，上通於道，這樣一來，「身心靈」也就如如自在了。

3.顏回是果真有「修行」的人，修者，恆久持之，力之行之。

4.仁者，人之安宅也。義者，人之正路也。仁為居所，義為行路，果真行此，則居處必安，行事必順，顏回所樂在此也。

六、季康子問：「仲由可使從政也與？」子曰：「由也果，於從政乎何有？」曰：「賜也可使從政也與？」曰：「賜也達，於從政乎何有？」曰：「求也可使從政也與？」曰：「求也藝，於從政乎何有？」

【翻譯】

季康子問：「仲由（子路）可使之從政嗎？」孔子說：「仲由果敢決斷，其於從政，何難之有？」又問：「端木賜（子貢）可使之從政嗎？」答：「端木賜通情達理，其於從政，何難之有？」又問：「冉求可使之從政嗎？」答：「冉求多才多藝，其於從政，何難之有？」

【說解】

1.「果」是「果敢決斷」，「達」是「通情達理」，「藝」是多才多藝，此三者皆乃從政之資。各於其資，各有成就也。

2.孔子提出從政的三條件，「果」居先，「達」次之，「藝」則在末。果者，入於其理，抓住要處。達者，通識全局，曲成其事。藝者，多才多藝，政多瑣細，此又次之。

3.政治須要意志的決斷，須要通達的智慧，也須要曲成其事。總的說來，政者，正也。能契入根源的正直還是最重要的。

4.儒學是講實踐的，是在歷史社會總體中實踐的；儒學雖亦講心性修養，但心性修養為的是力行實踐，並不是心靈境界而已。內聖與外王是交與為一體的。

七、季氏使閔子騫為費宰。閔子騫曰：「善為我辭焉！如有復我者，則吾必在汶上矣。」

【翻譯】

季孫氏有意要閔子騫去做費城（季氏領地）的總管。閔子騫說：「好好為我辭謝這事吧！要是他又派人來找我，那我一定是逃到汶水北岸了。」

【說解】

1. 閔子騫，孔門德行科著名弟子，名損。費，季孫氏之封邑領地。宰者，冢宰，相當於今之總裁、總管。
2. 閔子騫列為德行科，僅次於顏回，孝名聞於天下。德行科不同於政事科，德行科重在求自我生命之完善，政事科重在外在功利之實現。
3. 此章與「求也為季氏宰」一章可合看，便見閔子與冉求氣象之異。此亦可見夫子門下之盛，真乃濟濟多士也。
4. 「善為我辭焉」，著一「善」字便見閔子騫之氣象，溫潤如玉也。

八、伯牛有疾，子問之，自牖執其手，曰：「亡之，命矣夫！斯人也有斯疾也！斯人也有斯疾也！」

【翻譯】

伯牛得了重病，夫子前去探問他，從窗口伸手進去握著他的手。說：「就這樣走了，這可是命啊！這樣的好人竟害了這樣的病啊！這樣的好人竟害了這樣的病啊！」

【說解】

1.「疾」者，重疾、重病。可能是有傳染性的疾病，故移至置於南窗之下。

2.「亡之，命矣夫」，「就這樣走了，這可是命啊！」，亦有另作解者，「這沒道理啊，這可真是命運捉弄」。

3.冉耕，字伯牛，亦是孔門四科中，德行科之著名弟子。「斯人也，而有斯疾也」，可見德福之不一致也。夫子慨嘆之。

4.「命運」只能認它，而放下它；「德行」則是認他，而要挑起他。命運歸給天命，這是知其無可奈何而安之。德行歸給天命，天命之謂性，率性之謂道，修道之謂教，這是參贊天地化育，這是化成天下。

九、子曰：「賢哉，回也！一簞食，一瓢飲，在陋巷，人不堪其憂，回也不改其樂。賢哉，回也！」

【翻譯】

孔子說：「賢德啊！顏回呀！食一筐飯，飲一瓢水，居在陋巷，人受不了這樣的憂苦，顏回卻不改其樂。賢德啊！顏回呀！」

【說解】

1. 顏回，孔門德行科大弟子，字子淵，世以顏淵為稱。「回」乃水之漩渦處，深水處。其為淵也，故以為字。古來「名、字」相為表裡。

2. 「一簞食，一瓢飲，在陋巷，人不堪其憂，回也不改其樂」，就物質面來說，身體是健康的，就精神面來說是充實而有光輝的。

3. 顏回能安貧，但不是願意只做貧賤者，而是雖貧而猶安也，其志向是昂揚的。孟子說「禹、稷、顏回易地則皆然」，真乃的論也。平實而真切。

4. 安貧，雖貧猶安也。何以安，以其樂道，故能安也。安之若素也。《中庸》有言「君子素其位而行，不願乎其外。素富貴，行乎富貴；素貧賤，行乎貧賤；素夷狄，行乎夷狄；素患難，行乎患難。君子無入而不自得焉」。

十、冉求曰：「非不說子之道，力不足也。」子曰：「力不足者，中道而廢。今女畫。」

【翻譯】

冉求說：「不是我不喜歡夫子之道，而是我氣力不足呀。」孔子說：「氣力不足，是路行了一半，接不上才中斷。現在呢？是你畫地自限！」

【說解】

1. 說，此作「悅」解。夫子告之以常理，力若不足，中道而廢，蓋人易自欺，有權有利，於斯猶甚。孔子責其「畫地字限」。

2. 冉求為季氏家臣，極有才幹，但價值之定向不清。他是技術型官僚，是帶有工具性意義的「具臣」，而不是能曠觀全局，契入根源的「大臣」。

3. 子路果決堅毅，果行所以育德也。冉求多藝纖巧，此所以紛紛然而多心思，多心思，則分別記較，陷於功利之途矣。

4. 行果所以長其氣力也，繁細所以消弭志氣也。志氣、志氣，沒了志，也就沒氣，沒氣也就沒力。此所以畫地自限也。

十一、子謂子夏曰：「女為君子儒！無為小人儒！」

【翻譯】

孔子告訴子夏：「你當做君子之儒，不可做小人之儒。」

【說解】

1.《說文》「儒者，柔也。術士之稱」。儒，從人，需聲。又古來形聲多兼會意，「需」，从雨从而，遇雨以止，此潤澤而化之意。柔，有揉雜、錯雜之義，亦有檃括之義，檃括所以使木彎曲也。儒主教化，惇序人倫，可說是以教育為業者。

2.子夏，姓卜名商，孔門四科，與子游同列文學科高第，曾為魏文侯師，其才幹可知。然子游、子夏，氣象不同，子夏多為近功之思，子游則多高遠之想。

3.夫子禮運大同篇，大道之行也，天下為公，何等氣象，其伴問而宣者，子游也。相對於子夏，夫子諄諄誥勉，良有以也。子夏門人有吳起、李克，皆乃戰國前期之法家人物，子夏之學，亦由斯可見矣！

4.君子重在普遍之理想，重在總體之根源；小人則侷限於私己之利害，重在末節之爭執。

十二、子游為武城宰。子曰：「女得人焉爾乎？」曰：「有澹臺滅明者，行不由

徑，非公事，未嘗至於偃之室也。」

【翻譯】

子游做了武城總管。孔子說：「你在那裡得到了什麼人才呢？」子游說：「有個叫澹臺滅明的，行路不偏插小路，要不是公事，從不到我言偃的居所來。」

【說解】

1. 澹臺滅明，澹臺其姓，滅明其名，字子羽，因子游，後亦為孔子學生。
2. 行不由徑，謂行路不偏插小路。周代是井田，部落方正，依之而行，自然方正。徑者，斜曲之小路也。行不由徑，斯為中正也。
3. 政者，正也，得其正人，斯有正治矣！有正人、正治，天下得其為公也，此大道之所以行也。夫子「大道之行也，天下為公」，禮運大同篇之論，子游事之於旁，良有以也。
4. 《尚書》有云「無偏無黨，王道蕩蕩；無黨無偏，王道平平；無反無側，王道正直。會其有極，歸其有極。」其精神氣脈，通而為一。

十三、子曰：「孟之反不伐，奔而殿，將入門，策其馬，曰：『非敢後也，馬不進

也！』」

【翻譯】

孔子說：「孟之反不誇自己的功勞。兵敗撤奔，他拒敵殿後，將入城門，他鞭策坐騎，說：『不是我敢殿後，而是馬不肯快進。』」

【說解】

1.孟之反，春秋魯大夫，名側。哀公十一年，齊魯戰，魯敗奔北，孟之反殿後拒敵，甚為英勇，不誇功勞，真乃讓德之賢也。

2.伐，張揚功勞。奔，狂走。殿，最後。策，鞭策，摧馬而行也。

3.「非敢後也，馬不進也」，何等通達，何等明白，又何等溫潤，其意蘊何其悠長也。

4.能讓，便有餘地，有餘地而後有餘情，有餘情而後有餘心，有餘心而後有餘力。有餘，便有天地，有天地，便見天地生物氣象。

（癸巳之夏六月十九日晨二時三刻　於花蓮元亨居）

十四、子曰：「不有祝鮀之佞，而有宋朝之美，難乎免於今之世矣。」

【翻譯】

孔子說：「倘若沒有大祭司祝鮀的口才，也要有美男子宋朝的容貌，要不然，就很難免於當今世道之禍了。」

【說解】

1.「祝鮀之佞，宋朝之美」以為對比，沒有其二，也要有其一，謂當時世人好諛悅色。

2.《論語》〈學而〉「巧言令色鮮矣仁」，一章可與此相參。

3.巧言令色，專制時代，是做給君上看的；民主時代，嘩眾取寵，對象雖異，本質卻是相同的。

4.人能免於巧言令色，能免於好諛悅色，契於道理，此豪傑君子也。

十五、子曰：「誰能出不由戶？何莫由斯道也？」

【翻譯】

孔子說：「誰能外出不經由門戶？何不依著大道行去呢？」

【說解】

1.雙片為門、單扇為戶。門戶，人之所必由。這是說人實踐的必然途徑。

2.人之所行，必經門戶，就像人間倫常，必經由禮門義路。

3.人皆知出必由戶，卻未必盡知行必由道。很多人出怪招，走捷徑。

4.居有宅，宅有戶，宅心仁厚，禮門義路，何事不與也。

十六、子曰：「質勝文則野，文勝質則史。文質彬彬，然後君子。」

【翻譯】

孔子說：「質樸勝過文采，就像個粗鄙的野人；文采多過質樸，就像好華彩的文書小吏。質樸和文采調和勻稱，如此才算是君子。」

【說解】

1.「質」說的是內裡，「文」講的是外表，表裡勻稱，調合勻當，方為君子。

2.「質」要返歸自然無為，「文」則依此而有禮文教化；「質」要範圍天地，「文」要曲成萬物，如此方可也。

3.此可與〈顏淵篇〉所說：棘子成曰：「君子質而已矣，何以文為？」子貢曰：「惜乎！夫子之說君子也，駟不及舌。文猶質也，質猶文也。虎豹之鞹猶犬羊之鞹。」君子文質彬彬，方可化民成俗也。

4.夫子欲以「殷質」而救「周文」之弊，而另啟一新周文也。舊周文是宗法封建，世襲罔替；新周文是上及於堯舜，大道之行，天下為公。

十七、子曰：「人之生也直，罔之生也幸而免。」

【翻譯】

孔子說：「人活著要正直，不正直的活著，只是苟且倖免而已。」

【說解】

1.「十目所視」為「直」，从直从心，謂之為「悳」，此乃「德」字由來。

2.道德有其公共性、普遍性、根源性，「直」之一字三面皆含，宋明理學常強調心性之根源性，而較忽略公共性。

3.人活著就要正直，「以直養而無害」，「持其志，勿暴其氣」，要「志於道」，要有社會的共同意志，要「以志帥氣」。

4.「直」有心性修養義、有社會實踐義，有道德神聖義，三者是通而為一的。

5.人是在生活世界、歷史社會總的脈絡中活著的。舉例來說，你按時繳費，水龍頭一開，就有水，不過先決條件是背後有一個自來水的供給系統。儒家的修養工夫不可能只有一個人在那兒體悟，一定是如同供水系統一樣。儒家有三個向度：天道論（宗教）、道統論（文化傳統）、心性論（修養工夫），而一切教養當與祭祀活動密切關聯，祭祀才能拾回天道論、道統論。

十八、子曰：「知之者不如好之者，好之者不如樂之者。」

【翻譯】

孔子說：「認知者不如喜愛者。喜愛者不如陶樂其中者。」

【說解】

1.「知之」是頭腦認知，「好之」是心理喜歡，「樂之」是通體舒泰。

2.「知之」只在意識之了別，「好之」則在情志之啟動，而「樂之」則上契於造化之源也，此志於道，而樂道也。

3.「其為人也，發憤忘食，樂以忘憂，不知老之將至」，夫子之樂，其在斯也。

4.今之學者，多在「知之」層次較量，而不知學問自有其可好、可樂者。可好者美味意韻也。可樂者，陶然忘機也。

白樸於《沉醉東風・漁夫》有云「黃蘆岸，白蘋渡口；綠楊堤，紅蓼灘頭。雖無刎頸交，卻有忘機友；點秋江白鷺沙鷗。傲殺人間萬戶侯，不識字煙波釣叟」。此雖未及樂道，但樂遊而已，樂遊亦可見其忘機也。

十九、子曰：「中人以上，可以語上也；中人以下，不可以語上也。」

【翻譯】

孔子說：「資質中等以上者，可以與他講得高深些；資質中等以下者，不可與他講得太高深。」

【說解】

1. 孔子雖重義理之性，亦正視氣質之性。中人以上，其氣明朗；中人以下，其氣昏昧。明朗者可上及於道也，故可以語上也。昏昧者，只能隨順禮儀規範，做就對了。
2. 上者，安邦治國，契於造化之源也。安邦治國，其在《春秋》；契於造化之源，其在《易經》。夫子贊周易，而修春秋，有在於斯者。
3. 或有言，「中人以上」「中人以下」是社會階層之劃分也。社會階層在上者，可以告知治國大道，社會階層在下者，不可以語其大也。此說有社會史意義，但不合孔子之義。
4. 孔子開啟的平民教育，是「雍也可使南面」，是「冉雍啊！可讓他南面為君。」冉雍是伯牛之子。伯牛是當時的賤民階層，賤民之子，可南面為君，夫子襟懷，於此可見。

二十、樊遲問知。子曰：「務民之義，敬鬼神而遠之，可謂知矣。」問仁。曰：

「仁者先難而後獲，可謂仁矣。」

【翻譯】

樊遲向夫子請教如何是智者。孔子說：「致力於人道公義，尊敬鬼神而遠離它，這可說是智者。」又請教如何是仁者。孔子說：「仁者，遇著艱難，爭先去作，其後，自有所獲，這可說是仁者。」

【說解】

1.「敬鬼神而遠之」，非無鬼無神也。儒家之於鬼神信仰，視之為道德人間之事也。荀子所謂「君子以為文，百姓以為神也。」

2.鬼神信仰、人間禮文、道德教化，通而為一，今之學者有誤以為儒家只是人文，而不事鬼神，此大謬也。巫史信仰、鬼神宗教，道德理性，人間律法，在華夏族群來說，是一存在的連續，不是分別之斷裂。

3.務民之義，其義在利，眾人之利即公義也。《易傳》有言「利者，義之和也」，云然。

4.先行者為難，知難而進也；先難而後獲也。先知覺後知，先覺覺後覺，此仁者之所為也。

廿一、子曰：「知者樂水，仁者樂山。知者動，仁者靜。知者樂，仁者壽。」

【翻譯】

孔子說：「智者喜愛水，仁者喜愛山。智者健動，仁者寧靜。智者悅樂，仁者長壽。」

【說解】

1. 水為流動，源泉滾滾，沛然莫之能禦，有著創造的動能；山為靜止，莊嚴穩健，定然而莫之能移，有著恆定的極則。水為智慧之律動，山為性情之依止。
2. 智慧之律動，健而生生，是始條理者；性情之依止，寧靜所以致遠，是終條理者。
3. 智者之樂，樂其律動生生；仁者之壽，壽在寧靜悠長。
4. 《孟子》〈離婁〉：徐子曰：「仲尼亟稱於水曰：『水哉！水哉！』何取於水也？」孟子曰：「源泉混混，不舍晝夜，盈科而後進，放乎四海；有本者如是，是之取爾。苟為無本，七、八月之間雨集，溝澮皆盈；其涸也，可立而待也。故聲聞過情，君子恥之。」可參看。

廿二、子曰：「齊一變，至於魯；魯一變，至於道。」

【翻譯】

孔子說：「齊國政治，重在功利，當須有變，變至於魯；魯國政治，重在文教，當須有變，至於王道。」

【說解】

1.齊尚功明利，任賢使之。魯尚人倫尊親，文教主之。一偏在養民、治民，一重在教民、化民。如此偏重，強弱有別，然強而篡竊，弱而衰竭。當有所變，變而有所濟矣！

2.依《淮南子》〈齊俗訓〉所言：「昔太公望、周公旦受封而相見，太公問周公曰：『何以治魯？』周公曰：『尊尊親親』，太公曰：『魯從此弱矣。』周公問太公曰：『何以治齊？』太公曰：『舉賢而尚功。』周公曰：『後世必有劫殺之君。』」。

3.治國三大端是「足食、足兵、民信之矣」。齊重功好利，得其前兩者，魯重教主化，得其後第三者。三者備，可以王天下也。

4.「變」是轉化、是創造，是轉化之創造，是創造之轉化。創造必有所源，轉化必有所歸，其源其歸皆在於道也。

廿三、子曰：「觚不觚，觚哉！觚哉！」

【翻譯】

孔子說：「盛酒的酒觚，沒有了稜角，不像個酒觚，怎可叫做酒觚呢？怎可叫做酒觚呢？」

【說解】

1.借酒觚以為喻，觚不觚，說的是時代失去了節度分寸，失去了儀則風範。時當禮壞樂崩，如何重建禮樂，是夫子的核心論題。

2.觚之無棱角，猶諸侯、大夫之無禮樂，文化之衰頹、人心之墮落，與器物之變遷是相應為一體的。

3.此可與夫子正名思想同參，蓋「名不正則言不順，言不順則事不成，事不成則禮樂不興，禮樂不興則刑罰不中，刑罰不中則民無所措手足。」

4.又此用借喻為法，這是一種詩興的思考，如李澤厚所言「以美啟真」，實亦可說以美啟善也。真善美本然一體，無有分別。

廿四、宰我問曰：「仁者，雖告之曰，『井有仁焉。』其從之也？」子曰：「何為其然也？君子可逝也，不可陷也；可欺也，不可罔也。」

【翻譯】

宰我問道：「仁德之人，有人告訴他，井裏掉下去一個仁人，他也跟著下去嗎？」孔子說：「怎麼這樣呢？君子可馳而往救，但不可使自己陷溺其中，它可能欺之以方，但不能惘之以理。」

【說解】

1.仁德之人，不可為愚所蔽，當想辦法救人。

2.「逝」，迅急往救，這是真性情。「不可陷」，這是冷靜智慧。君子之仁，當有性情，亦當有智慧。

3.此可參看《孟子》〈離婁〉：

淳于髡曰：「男女授受不親，禮與？」孟子曰：「禮也。」曰：「嫂溺則援之以手乎？」曰：「嫂溺不援，是豺狼也。男女授受不親，禮也。嫂溺援之以手者，權也。」曰：「今天下溺矣，夫子之不援，何也？」曰：「天下溺，援之以道；嫂溺，援之以手。子欲手援天下乎？」

4.可以比較一下兩者，男女授受不親，嫂溺援之以手，這是權變。天下無道，不能援之以手，當援之以道。君子可欺，不可罔。誠然。

廿五、子曰：「君子博學於文，約之以禮，亦可以弗畔矣夫！」

【翻譯】

孔子說：「君子廣博學習文章典籍，再用禮儀節度來統約行事，也就可以不悖離正道了。」

【說解】

1.《荀子》〈勸學篇〉「學惡乎始？惡乎終？曰：其數則始乎誦經，終乎讀禮；其義則始乎為士，終乎為聖人。真積力久則入，學至乎沒而後止也。」此可同參。

2.生命要通過文化教養來學習，由博返約，通過禮儀，才能讓生命秩序回到正位。

3.博文是教養，在涵蓄中長成，約禮是實踐，在勠力中培育。「博文」是「知」的事，「約禮」是「行」的事。

4.博學於文，是由平鋪而當走向綜攝，約之以禮，則由綜攝而當走向落實。博者求其通，通而達；約者得其要，要而簡。居敬而行簡，乃得。

廿六、子見南子，子路不說。夫子矢之曰：「予所否者，天厭之！天厭之！」

【翻譯】

孔子去見南子，子路不悅。孔子指天發誓說：「我所行若不合禮，上天當厭棄我！上天當厭棄我！」

【說解】

1.南子，衛靈公夫人，有美色，有綺行，人多有議者，夫子見之，引發了爭端。我說這是《論語》中有記載的一次學生運動。子路帶頭，質疑夫子。

2.南子遣使者來訪，夫子當往見，難以推辭。此章可見夫子與弟子關係極為親近，弟子也很愛護夫子。以其愛護也，故有此疑也。

3.子路不悅，「不悅」兩字，正見其性情也，見其剛烈也，見其真誠也。夫子矢之，「矢之」兩字，正見其嚴正也，見其莊重也，惻怛見乎其仁也。

4.天厭之，天厭之，真乃對越在天也。其神聖義、道德義、人倫義，俱在其中矣！夫子形容，由斯可見矣！

廿七、子曰：「中庸之為德也，其至矣乎！民鮮久矣。」

【翻譯】

孔子說：「中庸作為德行，那是至高無上的，世人少有這德行，這可好久了。」

【說解】

1. 中者，本也，體也。庸者，常也，用也。中庸者，本體常用也。如其本體，發而為用也。承體達用也。只人倫之正，只自然之常，就是中庸。四時行、百物生，就是中庸。夫婦之愚，人倫之貞，就是中庸。
2. 《中庸》「喜、怒、哀、樂之未發，謂之中。發而皆中節，謂之和。中也者，天下之大本也。和也者，天下之達道也。致中和，天地位焉，萬物育焉。」「中」為未發，此是入於無分別之本源，「和」是已發，發而中節，此是曲成萬物，此是人文化成處。
3. 「中」可為「兩端之中」，可為「內裡核心」，「中」是大本，是宇宙造化根源處，是乾坤萬有之基。吾華夏傳統，所說之「中」，當回溯造化之源。
4. 佛教亦言中道，非空、非假，即空、即假，這是從「緣起性空」說「真空妙有」，這是落在般若智所說的「中道」，此不能及於造化根源處。佛主「虛無寂靜」也，儒主「實有生動」也。

廿八、子貢曰：「如有博施於民而能濟眾，何如？可謂仁乎？」子曰：「何事於仁！必也聖乎！堯舜其猶病諸！夫仁者，己欲立而立人，己欲達而達人。能近取譬，可謂仁之方也已。」

【翻譯】

子貢說：「如果有人博施恩惠於人民，而且能廣濟眾生，這怎麼樣？可以稱為仁德了吧！」孔子說：「何止是仁德啊，那必定就是聖人，堯舜他們恐怕都難以做到呢！所謂仁德，自己想要確立，也確立了人；自己想要通達，也通達了人。能就近取譬作例，便可說是行仁的方子。」

【說解】

1. 博施濟眾，正乃夫子之理想也。子貢知之，其志向高遠，可嘉也矣。唯夫子告之，當以踐履之功實之，如此方可。
2. 己欲立而立人，己欲達而達人，人己不二，一體之仁，這是從近處的人倫工夫做去。須知：仁者，不在外在事功之大小，而在內在修養之奧蘊。
3. 能近取譬，這是實踐仁的方法，重在切於己的做工夫。實踐不離生活、不離世界，不離當下，不離自身，是之謂「近」。取之以為「譬」，譬之為喻，喻之而明，有了事例，就知該怎麼著，這是「即事言理」的老傳統。
4. 儒者之學是「為己之學」，不可拿個「博施濟眾」做幌子。若拿來做幌子，會變成事功利祿之學。但不是不要博施濟眾，而是要己欲立而立人，己欲達而達人。人人皆有士君子之行，也就天下太平了。

〈述而〉第七：述作默識、志道據德

一、子曰：「述而不作，信而好古，竊比於我老彭。」

【翻譯】

孔子說：「傳述而不創作，深信而篤好遠古理想。私底裏自比我那商朝的賢大夫彭咸。」

【說解】

1.述，傳述，非只傳述舊聞，而進一步詮釋轉化，於轉化中有所創作也。

2.作者曰聖，述者曰明，孔子謙懷，說自己「述而不作」，其實是「以述為作」。因以述為作，而為「集大成」者。

3.通天接地，上契於道，下宣之於人，如此為「聖」。古往來今，繼志述事，生生不息，如此為「明」。若孔子者，明而聖，聖而明，聖明之人也。

4.信，心中有所確立，是為信心。能志於道，如此之信，是為信仰。落實信念，發為行動，斯為信行矣！

5.信而好古，是經由歷史之溯源，而強化內在之信念，堅固信仰，發為信行。老彭，商朝之賢大夫，彭咸，著一「老」字，自生境界，蓋親之、敬之也。

6.華夏文明是經由歷史的連續性來強化超越的神聖性。司馬遷所說「通古今之變，究天人之際」，實本乎此。真乃大史家，大哲人也，真乃孔子之徒也。

二、子曰：「默而識之，學而不厭，誨人不倦，何有於我哉？」

【翻譯】

孔子說：「渾默而分明，學習而不厭倦，教導別人永不懈怠，於我何難之有？」

【說解】

1.默者，非言說，超言說，非分別，而無分別。渾默之智，上契於道，所謂默契道妙也。

2.「識」為分別，「默」是無分別。識者，了別於物。默者，妙契於道。妙契於道，範圍天地之化而不過也。了別於物，曲成萬物而不遺也。默而識之，其有深義也。

3.「學」者，效也、覺也。學而能「覺」，溫故知新，生生不息。這充滿著創生力，何厭之有。

4.「誨」者，教之、導之。誨而能傳，繩繩繼述，永不停歇。這裡有著道統的永續經營，何倦之有。

5.首句重在天道之體認，二句重在教養之學習，三句重在人生之實踐。

三、子曰：「德之不修，學之不講，聞義不能徙，不善不能改，是吾憂也。」

【翻譯】

孔子說：「不修養德行，不講習學問，聽聞正義之理，不能遷從，做不好不能改正，這是我所憂心的。」

【說解】

1.「德」為本性，「道」為根源，承於道，而著於德也。修是修此德，修德所以志於道，而上契於道也。

2.「學」重在傳承，以其傳承所以能彰顯其「覺」也。學是遙接古道，遠追堯舜也。

3.「義」者，宜也，宜於理也。落實人間、社會，合其倫常，如其公義，自當遵從。

4.「善」者，行之於己，修身、齊家，所以治國、平天下也。內修外行，成己成物，而成己為先也。成己所以成物也。

5.首句可為心性論，上契於道說，二句可為教化論，中接於人說，三句可為實踐論，下落於事說，四句修養論，總持於己說。

四、子之燕居，申申如也，夭夭如也。

【翻譯】

孔子閒居，容貌舒展，神情和悅。

【說解】

1.「申申」，氣息通暢。「夭夭」：容色溫潤。氣息通暢，所以容貌舒展也。容色溫潤，所以神情和悅也。

2.前一章，講夫子之憂，這是夫子之志業。此章，則說其燕居，燕居是平常事，是生活事。志業當有其堅毅，而生活貴在從容。

3.從容而悠游，悠游而放鬆，放鬆但卻不放縱。放鬆是道法自然，放縱則為欲力所牽引。前者自然而自由，後者反為欲望束縛，百般不自由。

4.偉大的志業，須有寬大的襟懷，須用從容的心態，步步行去，生生不息，綿綿若存，用之不竭。

五、子曰：「甚矣吾衰也！久矣吾不復夢見周公！」

【翻譯】

孔子說：「太嚴重啦！我衰老了。好久囉！我不再夢見周公了。」

【說解】

1. 甚矣！久矣！提到前面說，這倒裝句是強調用法。前句講衰老之甚，感人生之行休也。後句講志業之未酬，盛世之不再也。
2. 周公，武王之弟，成王之叔，制禮作樂，政教風行，為周朝奠立不拔之基。
3. 夢為念想、想望、希望、志向，日有所思，夜有所夢。夢是心靈之寄託，是永恆之理想。周公所行是現實，而孔子之夢，是即於此現實，而上提至一理想上說。
4. 周公所成者「宗法」、「封建」、「井田」，孔子即此宗法之人倫，而開啟「仁義」，即此封建之小康，而上溯堯舜之理想，即此井田之均平，而轉為王道之大同。
5. 現實功業，孔子不若周公，其於理想道業，夫子賢於堯舜遠矣！

六、子曰：「志於道，據於德，依於仁，游於藝。」

【翻譯】

孔子說：「立志向道，據守德行，依持仁義，游習六藝。」

【說解】

1.「道」有根源義、總體義、普遍義、理想義。志者，心有存主、有所定向。志於道，說的是，那心有存主、有所定向，朝向那根源的、總體的、普遍的理想。

2.「德」有內具義、個殊義、具體義、現實義。據者，有所居、有所守。「德」重在本性說，此是由「道」之根源之生長落實，其為本性來說，蓋承於道、著於德也。據於德，說的是，順道之根源落實，成就那內具之個殊，與具體之現實。

3.「仁」有感通義、交融義，說的是那存在的真實感通。依者，有所循、有所持。承於道、著於德，感通於仁也。就此交融、互動、感通，依持而達乎一體也。陽明所謂「一體之仁」也。

4.「藝」可說為「六藝」，亦可說為技藝，凡生活世界之所及，綠樹青山、鳶飛魚躍，百工事物，泛應曲當，莫非藝也。游者，悠游涵泳、潤化自然也。人之生，當悠游於六藝，於此生活世界，而自成造化也。

5.此章和《老子》「道生之，德蓄之，物形之，勢成之」一章可相比對而觀。其差異在，道家自道體處說，承體達用，重在自然；儒家自人文處說，即用顯體，重在自覺。

七、子曰：「自行束脩以上，吾未嘗無誨焉。」

【翻譯】

孔子說：「只要自己送上十條肉乾當拜師之禮的，我還從未有過不教他的。」

【說解】

1. 此章講明「有教無類」，說其於教育，眾生平等，自主自由，當下主動，即此是學。
2. 「自行」之「自」，自由、自主、主動之義。「童蒙求我，匪我求童蒙」，如是之謂也。求學當主動、自由而自主。
3. 束脩，十脡乾肉，束以為脩，此敬師、拜師之禮也。或有云，束者整飭義、脩者，修正義。說其行為之整飭修正也。前者義理為勝。
4. 師生是平等、平常關係，亦即師友關係；君主專制後，變成君臣、父子關係，是服從的關係。師生關係本對列之局為多，秦帝制之後，反成了隸屬之局，這是陷溺。

八、子曰：「不憤不啓，不悱不發。舉一隅不以三隅反，則不復也。」

【翻譯】

孔子說：「不到他心裡想求而不得時，不去啟示他，不到他想說出來卻說不出時，不去開導他。如同四方形的東西，提示他一角，他無法推想其他三角，就不再教導他。」

【說解】

1.此章顯示孔子教學之實況，重視啟發教育法。學習重在自我學習，若任何事皆由老師來打點，那就很難進步與突破。

2.舉一反三，此是脈絡性的思考。相應於此，聞一以知二，此為對比性的思考。聞一以知十，此為根源性的思考。一言以蔽之，此為概括性的思考。一以貫之，此為融貫性思考。此皆調適而上遂於「道」，為一「本體詮釋學」。

3.憤，心想知道，而未知。啟，開示彰顯，令其明白。憤而啟之，強化其覺，此蓋本體之溯源也。

4.悱，心想表述，而未能。發，發為言語，令其通達。悱而發之，宣達其理，此乃話語表述之清楚也。

九、子食於有喪者之側，未嘗飽也。子於是日哭，則不歌。

【翻譯】

孔子在居喪人家旁吃飯，從不吃飽。這日弔喪哭過，就不再歌唱。

【說解】

1.聖人情性只是自然，只是真實，弔喪盡哀，是為敬也。
2.居喪必戚，助其葬也；執其所事，必得有食，未嘗飽也，所以顯其惻隱。
3.弔而哭之，一日之內，餘哀猶存，自不能歌、不應歌，此純粹其性情也。
4.生死之際，人心至靈，當如其本性而教養之，此厚德民風之所為也。

十、子謂顏淵曰：「用之則行，舍之則藏，惟我與爾有是夫！」子路曰：「子行三軍，則誰與？」子曰：「暴虎馮河，死而不悔者，吾不與也。必也臨事而懼，好謀而成者也。」

【翻譯】

孔子對顏回說：「受任用事，則行其大道；捨置未用，則修藏自家德性。只有我與你有這般工夫！」子路說：「夫子領三軍而行，那誰參與共事？」孔子說：「空手搏虎，泅水渡河，死而無悔，這樣的人，我不與他共事。一定要是，臨事而戒懼小心，好好事先謀畫，必其成功，這樣的人，我才與他共事。」

【說解】

1.用之則行，行其大道也，推己及人也。捨之則藏，藏身修德也；修己以立人也。此內聖外王，相與通貫，融而為一，夫子顏回，志同道合。

2.行軍用兵，子路之所長也。子路率氣，常不如理，亦未契於道，夫子憂之。蓋用兵，用志而非率氣也。持志所以養氣也，暴其氣，所以亂其命也。

3.暴虎，徒手搏虎。馮河，徒步渡河。至險至險，如此之為，濫用氣力，其勇力是魯莽的，斯為不當。

4.臨事而懼，說的是敬畏，由懼生畏，由畏生敬，敬以養德。好謀而成，說的是用心，用心發志，落實其事，發揮良才，謀畫以成。

5.夫子如實，子路爭競；夫子是如其「性情」，子路則「情性」使然。「性情」是真實的、本真的，是真如。「情性」則屬氣性，雖亦真實，然不免為業力、習氣所遷。

十一、子曰：「富而可求也，雖執鞭之士，吾亦為之。如不可求，從吾所好。」

【翻譯】

孔子說：「財富若可以求得來，即使執鞭開道的差役，我也去做。若不可以求得來，就依從我自己的本性所好。」

【說解】

1. 財富者，生存之必須、生活之資具、生命之文采，其為必要也。雖為必要，但可求而求之有道。此道甚寬廣，只要是正道得之，皆為可求也。
2. 執鞭之事，開道之小差役，階位甚低，但卻有其莊嚴在，其為莊嚴，故可以為之也。
3. 從吾所好，其好者，本性之好也。天命之謂性，如其天命、如其天理，如其本源之性也。
4. 「本性」是天理之本真，不是業力習氣之所為。儒家之人倫不離本性，本性亦不離人倫。

十二、子之所慎：齊，戰，疾。

【翻譯】

孔子所慎重的，有三件事：齋戒，戰爭，疾病。

【說解】

1.「齊」古「齋」字，「齋」者齋戒，齋戒所以齊整、端正也。齋戒所以養其敬畏，致禮神明、祖先、天地也。

2.「戰」者，所以禦敵保民也。戰爭是不得已的，故當慎之又慎。當為可戰，而不怯戰，但又不喜戰、不好戰。華夏為一和平主義者。

3.「疾」有心疾、有身疾，身疾固當慎之畏之，心疾更當慎之畏之。身求康健，心求寧靜，身心安泰，國治天下平矣！

4.「慎」者，懼而畏之，畏而敬之，敬以治事，無有不成者。

5.齋、戰、疾，此三事為當時最重要的三件事，且皆與生命有關。齋戒以祭祀祖先，暢達生命之本源。戰爭以維護族群生命。治病以維持個人生命。

十三、子在齊聞韶，三月不知肉味，曰：「不圖為樂之至於斯也。」

【翻譯】

孔子在齊國聽到《韶樂》，好幾個月來，吃肉竟不知其味。說：「沒想到音樂竟可以到這般感人境地！」

【說解】

1.「子在齊聞韶三月不知肉味」，有讀作「子在齊，聞韶三月，不知肉味」者，有讀作「子在齊聞韶，三月不知肉味」者。皆可通，今從眾以後者為主。

2.「韶」為舜時音樂，舜之後，封於陳。陳完奔齊，遂有韶樂。夫子在齊，得聞韶樂，學而習之，有盡美盡善之嘆。

3.韶樂和平寬厚，中正明達，大道之行也，天下為公。此王道盛世之音也。孔子讚嘆沒想到舜的音樂，能至此神妙。神也者，妙萬物而為言者也。

4.有云「詩言志、歌詠言，樂和聲」，「大禮者，與天地同節也」。「大樂者，與天地同和也」。

十四、冉有曰：「夫子為衛君乎？」子貢曰：「諾；吾將問之。」入，曰：「伯夷、叔齊何人也？」曰：「古之賢人也。」曰：「怨乎？」曰：「求仁而得仁，又何怨？」出，曰：「夫子不為也。」

【翻譯】

冉有說：「夫子會輔佐衛國國君嗎？」子貢說：「好的，我這就去問問。」子貢進了門，問：「伯夷、叔齊是怎樣的人？」夫子說：「古代賢明之人。」問：「（相傳他們餓死於首陽山），他們心裡有怨嗎？」夫子說：「求仁，而得了仁，又有什麼可怨的呢？」子貢出來，說：「夫子不會輔佐衛國國君的。」

【說解】

1.此章可與《論語》〈子路篇〉「衛君待子而為政」一章，比對而論。

子路曰：「衛君待子而為政，子將奚先？」子曰：「必也正名乎！」子路曰：「有是哉，子之迂也！奚其正？」子曰：「野哉由也！君子於其所不知，蓋闕如也。名不正，則言不順；言不順，則事不成；事不成，則禮樂不興；禮樂不興，則刑罰不中；刑罰不中，則民無所措手足。故君子名之必可言也，言之必可行也。君子於其言，無所苟而已矣。」

2.此章及上述所記，其歷史背景同，衛靈公歿，輒與其父聵，爭奪君位，夫子先斥之以「名不正言不順」，後又告之以「求仁而得仁，又何怨」。前者是就「事」之當為與不當為說。後者是就「人」內在自家之修為而說。前者是外王邊事，後者是內聖邊事，兩者是通貫為一的。

3.伯夷、叔齊，孤竹君之子，武王伐紂，扣馬而諫，毋令以暴易暴。武王伐紂，血流漂杵，慘烈極矣！伯夷、叔齊，義不食周粟。後隱於首陽山，採蕨而食，竟爾餓死。子貢以是有「怨乎」之問。太史公列〈伯夷列傳〉為第一，為人之手標，顯示一道德理體。孟子稱其「聖之清者也」。後人有聯曰：「一根窮骨頭支撐天地，兩個餓肚皮包羅古今」，「養得一團春意思，撐起兩根窮骨頭」，此亦可見我華夏之重人格、重道德。

4. 論其內聖，君子修身，無怨為尚，求仁而得仁，又何怨。論其外王，君子治事，正名為主，名正言順、禮樂大興；又修己安人，內聖與外王本為一體。夫子之道，忠恕而已矣！「求仁而得仁，又何怨」，就是最真實、最篤切的恕道。

十五、子曰：「飯疏食飲水，曲肱而枕之，樂亦在其中矣。不義而富且貴，於我如浮雲。」

【翻譯】

孔子說：「食粗糧，飲白水，彎曲手臂而做為枕頭，樂趣就在其中。以不正當方法取得的財富與地位，於我就像浮雲一般。」

【說解】

1. 疏食，粗糙之糧食也。肱，手臂也。曲肱，彎曲手臂也。「飯疏食飲水，曲肱而枕之」，自然純樸，與世無爭，安貧樂道，此樂何極。
2. 「樂」是樂此學，學是學此樂，「樂」是生命真實之感通，相與合和，融而為一。一個「樂」字，通古往今來，通生死幽明，上下與天地同流。
3. 富可助人、養人，「富有之謂大業」，然必須有「日新之謂盛德」以為基底，富而好禮，如斯之謂也。貴可教人、育人，貴不只是現實的「勢位」，尤應為理想之「德位」。富貴者，財富而位尊也，當以其義而得之，不義則不可得，不應得。

4.真正的富有是內在的充實，所謂「知足者富」，如是之謂也。真正的尊貴是德性的養成，所謂「自尊者貴」，如是之謂也。

十六、子曰：「加我數年，五十以學易，可以無大過矣。」

【翻譯】

孔子說：「添加我幾年壽數，五十歲時（識得天命），好好再學習《易經》，如此而來，便可以不再有什麼太大的過錯了。」

【說解】

1.此章又有作如是之言者，「加」改為「假」，「五」「十」，二字連書，似成一「卒」字。「假我數年，卒以學易，可以無大過矣」，其意亦可通。

2.夫子自謂其生命歷程，「吾十有五而志於學，三十而立，四十而不惑，五十而知天命，六十而耳順，七十從心所欲不踰矩」。「五十」，知天命之年也。易者，天人性命之書也，五十以學易，有深義也。

3.夫子習易，韋編三絕，其所來自，當在青年，即已學易，此所謂「五十以學易」，「學」當為重學、再學、又學、復學，年近五十，禱之於天之謂也。青年學易，盡在理解，晚年學易，參究天人，境界有別。

4.夫子之學，深於天人性命之學也。夫子之學，下學而上達，踐仁而知天矣。夫子之學，即用顯體，承體達用，體用一如也。夫子「逝者如斯夫，不舍晝夜」之嘆，「天何言哉，四時行焉，百物生焉」之教，皆可見夫子深於易教也。

十七、子所雅言，《詩》、《書》、執禮，皆雅言也。

【翻譯】

孔子說話，有時採用周室雅正音韻，頌詩經、讀尚書、行禮儀，都用周室雅正音韻。

【說解】

1.雅言：正音之言語，即周朝通用的官話，與諸侯國的地方話相對。或有以「雅言」為書面語、文言文者，此與日常之用語相對，日常為白話，為方言。

2.文言者，文其言也，故雅。白話者，白其話也，故俗。文言多來自白話，然不限於白話，它自為一體系也。白話則多以文言為依，然自有其生命之草根動能。

3.「俗」而能「雅」，這是一教養提昇之過程，其重在「文」；「雅」而能「俗」，這是一普及教化之過程，其重在「化」。雅俗融通，斯為文化，文化者，人文化成也。

4.詩言志，書道事，禮和樂。詩重興發，溫柔敦厚，詩之教也。書重實事，疏通知遠，書之教也。禮在節度，恭儉莊敬，禮之教也。禮必得行，著一「執」字，切要切要。執者，守也。守之勿失，持之以成也。

十八、葉公問孔子於子路，子路不對。子曰：「女奚不曰，其為人也，發憤忘食，樂以忘憂，不知老之將至云爾。」

【翻譯】

楚國葉縣縣令（葉公）向子路問孔子是何人也，子路不知如何回答。孔子說：「你何不說，這個人啊！發憤起來，連吃飯都忘了，快樂起來，連憂慮都忘了，也不知自己年紀都老到頭了啊！就這麼說吧！」

【說解】

1.憤者，心求其通也。發憤者，專心致志也。發憤忘食，此不僅是知之，更且好之，進而又樂之也，故言「樂以忘憂」也。樂者，感通銷融，如如無礙也。

2.夫子有「知之者，不如好之者；好之者，不如樂之者」之言，可與此合參。知之，理解中事。好之，性情中事。樂之，全體大用也。

3.夫子全體大用，即用顯體，體用一如，生生不息，故不知老之將至也。

4.道德是生長，不是限制；道德是育成，不是控制；夫子之教，不離生活，就在當下，即此當下，上達天理。即此便是通古今、徹幽明、上下與天地同流。

（癸巳年秋八月十九日晨）

十九、子曰：「我非生而知之者，好古，敏以求之者也。」

【翻譯】

孔子說：「我不是天賦異稟，生來就知道理；我是衷好古道，用勤敏求學得來的。」

【說解】

1.「生而知之」，是就天生異稟說，是就超越之神聖降於世上說，孔子非也。孔子是人，是就勤敏學習而得，這是就歷史之傳承延續說，是就具體之生長，上達於天際說。

2.基督宗教之耶穌，是一「神而人」者，是上帝（God，友人孟東籬譯為「高特」，以對應於伊斯蘭教之至上神「安拉」（Anla），吾以為甚妥當，不過，今人多已譯為上帝，暫從之，以通用故也）之獨生子，降臨於世而說。這是「道成肉身」。

3.孔老夫子則是「肉身成道」，此不同於「道成肉身」。肉身成道，重在即其有限而上於無限，因人之作為一「有限者」便與「無限者」連續為一整體，重在人之修為而已。重在下學而上達，踐仁而知天。

4.「道成肉身」重在無限者之落實於有限者，有限與無限，世俗與神聖，分而為二，唯此「道成肉身」為兩者之溝通管道。重在奉主耶穌基督的名，重在依循著上帝的誡命。

5.儒教文化重在歷史的延續與傳承，即此延續與傳承，而契於高明與神聖也。司馬遷之「通古今之變，究天人之際」，亦可以見其為存有之連續觀也。基督宗教重在神聖的超越與誡命，並強調揀擇與預定，並指出人之有罪，唯耶穌基督能以其寶血，洗盡人間之罪。

6.儒教重在性善而成就聖賢君子之人格，基督宗教則重在原罪而強調罪之救贖。儒教重在「聽」，所謂「朝聞道，夕死可矣」，基督宗教重在「說」，所謂「上帝說有光，就有了光」。

二十、子不語怪，力，亂，神。

【翻譯】

孔子不談論怪異、強力、悖亂、鬼神的事情。

【說解】

1.「怪異」有違「經常」，孔子強調的是經常之道。「強力」有害「生德」，天地有好生之德。「悖亂」則「逆理」，天地次序，如其韻律，四時行，百物生。「鬼神」可懼也，可畏也，當敬之以養其德，不可宣說也，不可胡言也，尤不可親狎而恃之也。敬鬼神而遠之，理之至當也。

2.人文精神，觀乎天文，以察時變，觀乎人文，以化成天下。人文是「絕地天之通」所開啟者，人文是人以其「文」，而開啟「明」，是之謂「文明」。人文是民神異業，敬而不瀆，塵歸塵，土歸土。

3.此章可見儒教重在「經常、道理、次序、人文」，可以說就是「人倫」，就是「性情」，就是「天命之謂性」，是「率性之謂道」，「修道之謂教」。

4.荀子有言「君子以為文，百姓以為神」，神道設教，重在「教」，不重在「神」。蓋神道，所以設教也。神依其道，而為神道也。道也者，一陰一陽，天地宇宙萬有總體根源之律動也。

廿一、子曰：「三人行，必有我師焉：擇其善者而從之，其不善者而改之。」

【翻譯】

孔子說：「三人同行，其中必有我可師法學習的。當選擇善來跟從，見其不善，而改正自己。」

【說解】

1. 三人成眾（众），或做三人解，皆可通。「善」與「不善」，相待而舉，知善而從，知不善而改，是一件事，莫做兩件事看。俗諺有云「正面是教材，反面亦是教材」。正者、善者，可以為典範也。反者，不善者，可以為借鏡也。
2. 師，師法、學習，人不學，不知義，學習是不休止的，是永續不息的。韓愈《師說》有言「師不必賢於弟子，弟子不必不如師，聞道有先後，術業有專攻，如是而已」。
3. 「擇善」，「擇」者自擇、自取也。「滄浪之水清兮，可以濯我纓；滄浪之水濁兮，可以濯我足。清斯濯纓，濁斯濯足，蓋自取之也」。擇善而固執之也。固有堅固義，執有執守義。蓋選擇了善，而堅固執守之也。
4. 師者，學也，學者，覺也。擇者，自取也。自由而自律，自律而自擇也。如此之自律自擇是依乎天地、祖先、聖賢者。

廿二、子曰：「天生德於予，桓魋其如予何？」

【翻譯】

孔子說：「上天賜我德行，桓魋他能把我怎樣？」

【說解】

1.桓魋，宋國司馬。孔子於宋，習禮於大樹下。桓魋欲害孔子，派人將大樹連根拔去。當此，弟子勸孔子逃離，孔子說了上面這番話，可見夫子內在有一神聖之使命感。

2.德者，承於天道也，天有以命之，此之謂使命、天命也。有如是之天命、使命，世間俗事，豈能干擾壞亂，這是發自內在不可自已的信心。

3.天生德於予，非道成肉身也，蓋踐仁知天，下學上達也。此人之遙契於天道性命也。

4.使命、天命會讓人的能量充實而不可以已。

廿三、子曰：「二三子以我為隱乎？吾無隱乎爾。吾無行而不與二三子者，是丘也。」

【翻譯】

孔子說：「各位學生，你們以為我會隱瞞嗎？我從不隱瞞你們。我沒有什麼不對你們公開的，這就是孔丘的為人啊！」

【說解】

1.二三子，猶言各位同學，各位學生。夫子明理洞達，無所隱慝，只是個天理昭昭而已。

2.子不語，怪力亂神，夫子只是篤實於人間禮文教化而已。只此篤實，就是學。只此篤實就有樂處，此樂是通天地自然，通人倫孝悌的。學是學此樂，樂是樂此學。

3.此章可見「隱、顯」二教之異，隱而秘，秘而神，神而權；顯而宣，宣而暢，暢而達，達於天下萬民也。

4.隱秘之教，必上極於神權，顯宣之教，必落實於人文也。耶穌之教，神權之教也；吾華夏孔子，人文之教也。

廿四、子以四教：文，行，忠，信。

【翻譯】

孔子以四個向度來教導人：典籍教養、道德實踐、存心忠誠、與人信實。

【說解】

1.「文」，凡詩書禮樂，莫非文也。廣義說之，典籍教養，此所以長其教養也。

2.「行」，凡倫常日用，莫非行也。廣義說之，道德實踐，內以成己，外以成物，皆屬之。

3.「文」、「行」就其外延之範圍說。「忠」、「信」則就其內容之確立說。「忠」重在「盡己」，此是回溯生命根源之確立。「信」在「信諾」，此是就社會之相與確立而說。「忠」之所涉重在「心性論、存有論」，「信」之所涉重在「社會實踐論」說。

4.此可見「內聖」「外王」之道，通而為一也。這是人倫的、道德的、社會的、天地的，也是心性的、根源的、宇宙的。

廿五、子曰：「聖人，吾不得而見之矣；得見君子者，斯可矣。」子曰：「善人，吾不得而見之矣；得見有恆者，斯可矣。亡而為有，虛而為盈，約而為泰，難乎有恆矣。」

【翻譯】

孔子說：「聖人，我是見不到了；能見到君子，那也就可以了。」孔子又說：「善人，我是見不到了；若能見到有恆的人，那也就可以了。沒有裝成有，虛空裝成滿盈，窮約裝成奢泰，這就難以有恆了。」

【說解】

1.「聖」，通天地人之為聖，耳聽於天，口宣之於人，力之於行，達於極致，此之謂聖人。聖者，道德理想人格之謂也。依孟子之言「有諸己之謂信，充實之謂美，充實而有光輝之謂大，大而化之之謂聖，聖而不可知之之謂神」。

2.依「信、美、大、聖、神」五階為論，前二為君子，後三為聖人、神人。君子者，生命確立，而充實之人也。能盡人倫、敦美社會正義之人也。或者說，聖人通達於道，君子篤行於義。

3.依張橫渠之言「有恆者，不貳其心；善人者，志於仁而無惡」。有恆者，身心安定，意志恆常。善人者，以仁為志，行道天下。

4.「有恆」乃入德之門，恆者，必在知止，知止而能定，定而能靜，靜而能安，安而能慮，慮而能得。

5.有恆者，志於道，始為善人。善人者，篤行於義，可為君子。君子自強不息，厚德載物，如其乾坤，大化流行，可為聖人矣。

廿六、子釣而不綱，弋不射宿。

【翻譯】

孔子單鉤垂釣，卻不撒網取魚；用繫繒絲的箭射鳥，卻不射栖宿之鳥。

【說解】

1.釣者，單鉤取魚；綱者，以網絕流。釣者，願則上鉤，不願者回頭。有所逃，而得其生意。綱者，既以網絕流，難以逃，而多有殺氣。夫子生命渾是一團生意，主生不主殺。

2.箭繫繒絲，以為射，謂之弋。弋者，知其標的物之所落地處，不妄殺、不濫射；弋者，不濫射，取之以為溫飽也。

3.宿為栖宿。栖宿之鳥，不可射也。射之無義。宿鳥當寂，如其寂而得其生意，歸本自然也。不可射也。鳥飛而棲，合當有覺，覺而受於箭下，其為命也，順受其正也。

4.取予生殺，皆有道，道在生生，不廢其仁、不悖其義也。仁者，自有一番生意在，所以參贊天地之化育也。

廿七、子曰：「蓋有不知而作之者，我無是也。多聞，擇其善者而從之；多見而識之；知之次也。」

【翻譯】

孔子說：「或有人，自己無知，卻又妄作，我絕不如此。多聽聞，擇取優善，從道而行；多細察，記取教訓，事理分明。算是次於上智之人了。」

【說解】

1.「作者之謂聖，述者之謂明」，孔子述而不作，以述為作也。聖者，何其難也。夫子謹慎之至，不敢無知而妄作也。

2.多聞，所以擇善，擇善所以從道而行也。多聞未必擇善，擇善當力之以行，如斯方可也。多聞在耳，擇之在心，力之在行。

3.多見，所以能識，所謂見識也。識者，其於事理，分明了別也。

4.「見」在當下，是經驗的，感知的，心行如瀑流，未可定也。「識」在揀別，是理性的抉擇，是事理的確認。

5.知有生而知之者，有學而知之者，有困而知之者，依分如理，各行其道也。

廿八、互鄉難與言，童子見，門人惑。子曰：「與其進也，不與其退也，唯何甚？人潔己以進，與其潔也，不保其往也。」

【翻譯】

互鄉這地方的人，很難與他們講明道理。互鄉童子前來求見，孔子居然接見了他。門人很是疑惑。孔子說：「應當讚許人往前進取，而不應促成人退守，不可做得太過分呢？他潔身自好以求進取，便應讚許他潔身自好上進的精神，而不該老拿著過去的成見不放。」

【說解】

1. 互鄉難與言，這是地方風氣，此教化所不足故也。當有悲心以臨之，臨之教之，所以長其義也。
2. 童子見，此可見童子之資質非一般也。能求見夫子，憤之悱之也，當啟之發之也。來求學者，當教之，此教師之義也。
3. 教者，不可有成見，當如其生命之理而教育之也。教育是當下的，是切身的，是生命之在其自己，不可為外物習染所遷也。
4. 教育重在長之育之，這是生命之稱許，如其生生也。稱許會長育出許多力量。
5. 「不保其往也」，可解釋為「不該老拿著人的過去不放」，或是「不擔保他以後的行為」，以前者為勝，故取之。

廿九、子曰：「仁遠乎哉？我欲仁，斯仁至矣。」

【翻譯】

孔子說：「仁德距離遠嗎？我要仁德，仁德就來到了。」

【說解】

1.仁者，人之安宅也。「仁」是人安居的宅第，這宅第就在心中。仁是心中所本有的，當下呈現，何遠之有。

2.此章可與「士不可弘毅，任重而道遠」對比而參。「我欲仁，斯仁至矣」，此是當下語、呈現語，進而可說其為圓頓語。「任重而道遠」，此是持續語、恆定語，此重在生命之歷程義。

3.又此章可與「克己復禮，天下歸仁」對比而參。「我欲仁，斯仁至矣」，其旨重在當下之呈現，在圓頓之境界。「克己復禮，天下歸仁」，「克己復禮」此是工夫，「天下歸仁」則是究竟。以其究竟，責其工夫也。如其工夫，達其究竟也。

4.「仁」是當下實存之感通，就此來說關懷與愛，這是跨過時空、跨過分別，是當下之如實。孟子所言「今人乍見孺子將入於井，必有怵惕惻隱之心」，如是之謂也。

三十、陳司敗問昭公知禮乎，孔子曰：「知禮。」孔子退，揖巫馬期而進之，曰：

「吾聞君子不黨，君子亦黨乎？君取於吳，為同姓，謂之吳孟子。君而知禮，孰不知禮？」巫馬期以告。子曰：「丘也幸，苟有過，人必知之。」

【翻譯】

陳國司寇問魯昭公是否知禮。孔子說：「知禮。」孔子告退，司寇作揖，把巫馬期請了進去，說：「我聽說君子不阿黨偏私，君子難道也阿黨偏私嗎？魯君娶吳女為夫人，是為同姓，還稱夫人為『吳孟子』。要說魯君知禮，還有誰不知禮呢？」巫馬期拿這話告訴孔子。孔子說：「孔丘深感慶幸，倘若有了過失，人家一定曉得。」

【說解】

1. 孔子至陳，陳國之司敗（司敗猶魯之司寇也，掌內政之官），問「昭公知禮乎」，蓋疑而問之也。魯昭公，周公之後，姬姓也。吳，泰伯之後，泰伯乃周公伯祖，亦姬姓也。依禮，同姓不婚，昭公娶於吳，非禮也。
2. 昭公娶女於吳，非禮也。又稱之為吳孟子，是為了避諱。如此不合於禮之事，孔子竟不責備，陳司敗因以為問，有見責之義。
3. 或有謂「孔子疏略不知者」，亦有說「夫子為君諱，而不言其悖禮也」。應以前說為是。聖人猶有不察處，此人之常情也。然錯畢竟為錯，當坦然受之，改之為是。

4. 黨，阿黨偏私。君子群而不黨，周而不比，孔子不察，非為阿黨偏私也。

5. 此章可見孔子的坦然，誠懇、實在，不硬講理由。

卅一、子與人歌而善，必使反之，而後和之。

【翻譯】

孔子與人唱歌，若唱得好，一定要這人再來一遍，而後跟著唱和。

【說解】

1. 古者，詩禮樂合一，詩言志，歌詠言，所以宣暢情意，調理其氣也。

2. 「與人歌而善，必使反之」，與人唱歌，若唱得好，一定要這人再來一遍，此即是鼓勵，亦是尊重，亦是謙懷學習。

3. 「而後和之」，而後跟著唱和，此所以同流而悅樂之也。生命因之有一相與和合之感，一體之仁，就如是長育而生。

4. 只聽歌，再多次，還是不會唱，和者唱，一而再，再而三，久了就會唱。

卅二、子曰：「文，莫吾猶人也。躬行君子，則吾未之有得。」

【翻譯】

孔子說：「若說典籍教養，勉強我還比得上人；至於身體力行君子之道，我還未曾做得。」

【說解】

1.或有斷句為「文莫，吾猶人也」，亦可，然不甚通順，故不取。

2.子以四教：文行忠信，此章可參。文，博學於文；行，約之以禮。文，典籍教養，有跡可尋，尋之以澈其源。行，體之身心，持之以恆為是。

3.文，仍在知解上說；躬行君子，則是踐乎倫常日用，並求其上達天道天理也。

卅三、子曰：「若聖與仁，則吾豈敢？抑為之不厭，誨人不倦，則可謂云爾已矣。」公西華曰：「正唯弟子不能學也。」

【翻譯】

孔子說：「若說我是聖者仁人。我怎敢擔當？我只不過勠力而為，心無厭煩，教誨學生，身不倦怠，那可以這麼說吧！」公西華說：「這正是弟子們學不來的啊。」

【說解】

1.「聖」，通天地人之為聖，耳聽於天，口宣之於人，力之於行，達於極致，此之謂聖人。聖者，道德理想人格之謂也。

2.「仁」者，心德之全，通乎宇宙，上下四方，古往來今，有一究極之關懷，真實愛之相與，如是之謂也。仁者，道德理想落實人間之典型也。

3.「聖」與「仁」是人間之極則，亦是生命終極之召喚，有此召喚，便有實踐之動能，故能為之不厭，誨人不倦也。

4.苟日新，日日新，又日新，何厭之有。正德、利用、厚生，唯和，何倦之有。生命之充實而不可以已，信、美、大、聖、神也。

卅四、子疾病，子路請禱。子曰：「有諸？」子路對曰：「有之；《誄》曰：『禱爾於上下神祇。』」子曰：「丘之禱久矣。」

【翻譯】

孔子患病嚴重，子路請壇，禱於鬼神。孔子說：「有這回事嗎？」子路回答說：「有這回事。祈禱文上說『虔誠祝禱，上天下地，諸眾神明。』」孔子說：「我孔丘的虔誠祝禱那可久了。」

【說解】

1.此章可與「敬鬼神而遠之」、「未知生，焉知死」等章合參。

2.人居天地之間，與大自然搏鬥，或有所懼怕者，然由懼而畏，由畏而敬，敬以養德。懼↓畏↓敬↓德，此是人類文明發展四個階段歷程。

3.畏懼是一切知行之起點，《易經》〈蒙卦〉，見險知止，山下出泉，前所以知畏懼也，後則以敬養德也。此可見教化之精義、切義。

4.百姓以為神，君子以為文，文之以禮樂，禮樂所以養其仁義之道也。仁義所以上達天道天理也。

5.夫子之禱，非求庇於鬼神也，蓋敬畏天命也。即此敬畏便得入於造化之源，此所以踐仁知天，下學上達，默契道妙也。

6.夫子之禱已達「敬德」之境，從此章可看到從巫祝信仰到儒家教化禮敬之痕跡。

卅五、子曰：「奢則不孫，儉則固。與其不孫也，寧固。」

【翻譯】

孔子說：「奢華太過則逾越禮節，而不謙遜，儉約太過則不及禮，而固陋。與其不謙遜，寧可固陋。」

【說解】

1.禮不只在外表之型制，而重在內裡之意義與精神。

2.禮有儀、有則、有制、有度；禮之用，和為貴，禮之體，敬為主，禮之本，仁為根。禮，是生命性情之真實體現的途逕、方法、步驟、程序。

3.禮儀三百，威儀三千，皆本乎性情，禮樂之教，即是性情之教，是通乎天地人之教。

4.禮樂之教，必歸於天地，大禮者，與天地同節也；大樂者，與天地同和也。儉固所以養其性情也，所以敦美人倫，充實教化也。

卅六、子曰：「君子坦蕩蕩，小人長戚戚。」

【翻譯】

孔子說：「君子心地平坦寬闊，小人心地常憂戚不安。」

【說解】

1.君子依道而行，故平坦寬闊，小人計較利害，故憂戚不安。

2.君子內求諸己，外信於人，行於義，明其理，此上達之路，寬廣平易，能得吞吐，自有包容量。

3.小人外求諸人，不信於己，較其利，計其功，此下達之路，侷促難安，疑惑相生，戚戚難解。

卅七、子溫而厲，威而不猛，恭而安。

【翻譯】

孔子，溫潤而嚴正，有威儀卻不猛烈，恭敬而安詳。

【說解】

1.此章描繪夫子之人格，表現聖者仁人之氣象。

2.「溫而厲」，溫潤而嚴正，低眉菩薩，卻有怒目金剛之莊嚴。

3.「威而不猛」，有威儀卻不猛烈。威儀可以生敬畏，猛烈則生懼怕，兩者自有分別。

4.「恭而安」，恭敬而安詳。恭而無禮則葸，恭在敬，敬如禮，禮所以安人安己也。

癸巳年（二〇一三）中秋後兩日，於臺中元亨居

〈泰伯〉第八：禮讓為國、民可使由

一、子曰：「泰伯其可謂至德也已矣！三以天下讓，民無得而稱焉。」

【翻譯】

孔子說：「周太王長子泰伯，那真可說是一德行極高的人，再三謙讓天下。人民不知拿什麼來稱讚他好呢？」

【說解】

1. 周代宗法，實施嫡長子繼承制，太王自豳而遷至岐山之西，其勢漸盛。泰伯，周太王之長子，為成全父親傳位於三弟季歷，再傳於姬昌（文王）的願望，與二弟仲雍奔荊楚，而建立吳國。
2. 「讓」為中國文明的特色，其內涵隱含「仁、義、禮、智」諸德，「讓」是道德之生長。
3. 法治與禮治之不同，法治以限制為據，禮治則以謙讓為據。儒家宗法中講求孝弟等德行，「讓」是高度文明的表現，是出自內心真誠的行為。

4.「讓」是一種成全，他可使雙方共存、共榮、共生、共長。如鮑叔之讓於管仲，廉頗之讓於藺相如，虯髯客之讓於李世民，留名千古、膾炙人口。

二、子曰：「恭而無禮則勞，慎而無禮則葸，勇而無禮則亂，直而無禮則絞。君子篤於親，則民興於仁；故舊不遺，則民不偷。」

【翻譯】

孔子說：「恭敬而不合乎禮則煩擾徒勞，謹慎而不合乎禮則畏怯多懼，勇力而不合乎禮則犯上作亂，正直而不合乎禮則操切責人。在上位的君子篤厚待其親屬，那人民便興起仁愛的風氣；不棄故舊，那民風也就不會澆薄。」

【說解】

1.「恭（恭敬）、慎（謹慎）、勇（勇力）、直（正直）」皆須經由禮之適當節度，才能行其所當行。

2.禮者，履也，體也，是人們實踐所依循的分寸節度、具體儀則，是體現德行必須經由的途逕。

3.儒家教養，須經由具體人格楷模學習，居上位之君子頗為重要，又當以人倫孝悌為要。

4. 篤於親，篤厚其親情人倫，生命之實存感動自然孕育而生，仁愛風氣，由是而生也。不遺故舊，所以厚其情義也，風俗淳厚，何偷之有？

5. 儒家之治，重在禮讓、重在教化、重在道德之生長，重在良知之喚醒，此既是外王之事，亦是內聖之事。內聖外王交與為一體。

三、曾子有疾，召門弟子曰：「啓予足！啓予手！《詩》云：『戰戰兢兢，如臨深淵，如履薄冰。』而今而後，吾知免夫！小子！」

【翻譯】

曾子重病，召見門弟子，說：「揭開被來，看看我的腳！看看我的手！《詩經》上說『戰戰兢兢，恐懼戒慎呀！好像面臨著深潭邊沿，好像行履在薄冰上面。』從今往後，我知道身體可以免於毀傷了！弟子們！」

【說解】

1. 曾子之學重在省察，經由省察而涵養心性本體也，又經由心性本體發為實踐也。這都得從生命的敬畏與尊重做起。此章所說即此。

2.人之生命，上事父母，下養兒女，有源有流、有本有末，有過去、有未來。這是一生生不息的綿延，此儒家生生之德之教也。

3.「戰戰兢兢，如臨深淵，如履薄冰」，曾子引《詩經》小旻之篇，「恐懼戒慎呀！好像面臨著深潭邊沿，好像行履在薄冰上面」。說其對生命的戒慎恐懼，說其對生命的敬畏尊重。

4.懼以生畏、畏以生敬，敬以養德，此儒學之要也。曾子得之，傳於子思、孟子，此內聖之要也。

四、曾子有疾，孟敬子問之。曾子曰：「鳥之將死，其鳴也哀；人之將死，其言也善。君子所貴乎道者三：動容貌，斯遠暴慢矣；正顏色，斯近信矣；出辭氣，斯遠鄙倍矣。籩豆之事，則有司存。」

【翻譯】

曾子重病，魯大夫孟敬子來探問。曾子說：「鳥之將死，鳴叫的聲音很是悲哀；人之將死，說的話卻要回歸良善。君子所重視的道有三：容貌動靜，依禮而行，則遠離粗暴怠慢；顏色端莊雅正，依禮而行，則合於信實；所出言辭聲氣，依禮而行，則遠離鄙薄悖逆。儀則器用，依禮而行，則自有專司，由其執掌。」

【說解】

1.生命特質不同，臨死表現亦有不同。人能觸及生命的根源，在生命終結時會放下，所以是「善」的。鳥感受到生命的斷絕，所以是「哀」的。

2.人的生命可不朽，其生命意義，精神不朽；動物死了則回歸自然。因人是「自覺」之存在，動物是「自然」之存在。人有覺性，動物只有生物之本能。

3.依船山言，動物有「天明」無「己明」，而人則有「天明」，更有「己明」。人能「竭天成能」、「持權成能」，此動物之所不及也。

4.人之覺性當經由組織結構、生存脈絡去成就，而如此之成就須由領導者領頭引導；「動容貌、正言色、出辭氣」，皆以禮養仁也，皆為修身之事。有此修身，方能齊家、治國、平天下。

5.籩豆，祭祀禮器。有司，專有職司。國之大事，唯祀與戎，皆不離籩豆有司，此外王之事也，齊家、治國、平天下之所必備也。

五、曾子曰：「以能問於不能，以多問於寡；有若無，實若虛，犯而不校。昔者吾友，嘗從事於斯矣。」

【翻譯】

曾子說：「有才能卻下問才能比他低的人，見聞多卻下問見聞比他少的人；有像是無，實像是虛，冒犯他，他也不計較。以前，我的朋友顏回，就曾這樣做過。」

【說解】

1.「以能問於不能，以多問於寡」，此下問也。下問者，非虛偽，乃謙虛也。如牛頓言，彼只是面對知識之汪洋，於岸邊拾貝殼之小孩，此真謙虛、真見地之言也。

2.「有若無」、「實若虛」，「有」重在「分別」，「分別」當入於「無分別」，故「有若無」。「實」乃「為學日益」，「虛」乃「為道日損」，為學日益、為道日損，一體兩面，和合為一，故「實若虛」。

3.「犯而不校」，冒犯他，他也不計較，真忍辱行、慈悲行也。唯寬懷者能之、唯有大愛者能之。

4.曾子魯直，忠恕以之，下學上達；顏子靈慧，通體是道，踐仁知天。

六、曾子曰：「可以託六尺之孤，可以寄百里之命，臨大節，而不可奪也。君子人與？君子人也。」

【翻譯】

曾子說：「可以把輔佐幼主之事託付給他，可以把百里國度的政事交付給他，遇到生死存亡的大節，不奪其操守。這人稱得上君子嗎？這人可真是個君子啊！」

【說解】

1. 喪父為孤，六尺之孤，言喪父失怙年幼之君也。百里，小國也；命猶令也，政令也；此言小國政事也。大節者，死生之際，見其偉大節操也，操持而不可奪也。
2. 能託六尺之孤者，忠誠之貞也。能寄百里之命者，事能之至也。有德、有能，斯為君子。
3. 有德有能，已為不易；臨大節，而不可奪，其尤難也。有德有能，此有「修」也。「臨大節，而不可奪」，此有「持」也。此真修持也。真修持，才能成為真君子。
4. 「修」在學，學為「覺」；「持」在久，久成「性」。修持、修持，是因覺而性，因性而覺，覺、性不二，本為一如。

七、曾子曰：「士不可以不弘毅，任重而道遠。仁以為己任，不亦重乎？死而後已，不亦遠乎？」

【翻譯】

曾子說：「讀書人不可以不恢弘而剛毅，他責任重大而道途遙遠。把實踐仁道做為自己的責任，這豈不重大嗎？努力實踐，至死不渝，這豈不遙遠嗎？」

【說解】

1. 士者，从一从十，蓋十一為士也。十分之一的人，可以為「士」。「士」猶今之言「精英」、「秀異分子」，或「讀書人」。
2. 「不可以不」，否定之否定，加重其辭，言必當如此也，確然不可疑也。
3. 「弘」在胸襟、見識、器量。「毅」在意志、膽略、持續。實踐「仁」，當有胸襟、見識、器量，更當有意志、膽略、持續。
4. 近人梁啟超論人物之大者，有理想、有熱誠、有膽氣，此可為「士不可以不弘毅」之註腳也。能如此者，其為國士、其為天下士也。
5. 依此論之，今之所謂士者何在，拘拘小儒而已，其能不為偽儒、俗儒者幾希。

八、子曰：「興於詩。立於禮。成於樂。」

【翻譯】

孔子說：「詩讓人感發興起，禮讓人卓然自立，樂讓人和合而成。」

【說解】

1.詩可以鼓舞人的意志，使人興起向善之心，禮可以端正人的行為，使人德業卓然有所自立，樂可以涵養人的性情，使人養成完美的人格。

2.「興於詩，立於禮，成於樂」，可說其乃人生三階段，年少興發志氣，在於詩，中年卓然而立，在於禮；到得晚年，金聲玉振，和合而成。

3.或有謂「年少比才氣，中年比功力，晚年比境界」，或可為對比之闡釋啟發也。

4.「詩」可以說是「心靈的聲音」，「禮」則是「社會的節度」，「樂」是「宇宙的大和諧」。

5.心靈的聲音當清越而悠揚，社會的節度當謹嚴而有度，宇宙的和諧則從眾竅怒號，到「厲風濟」還歸於「虛」。

九、子曰：「民可使由之，不可使知之。」

【翻譯】

孔子說：「人民百姓，可以告訴他們照著實行，不可能使他們了解為何這樣作的道理。」

【說解】

1.古者，議政在朝，施政於民。議政者，公、卿、大夫、士也。民不與議政，民只依政令而行。

2.「政本難知」，公卿大夫士當知之，知之、議之、修改之、訂定之，施行之；行之者民，民不必知之。民為眾、眾當行，不必知。士有德有能，其為希也，當周全思之、仔細察之，知之而後可行也。

3.今之所謂民主者，則令使選之，選賢舉能，斯為常道。又令其知之、議之、修改之、訂定之，施行之，此代議之政治也。與此「民可使由之，不可使知之」之理亦通。

4.或有作「民可，使由之；不可，使知之」，此義頗殊特，亦通達，也可採用。蓋文本並無一定點式之原義也，但卻有一定範圍之恰當意義也。萬變不離其宗，斯為可也。

十、子曰：「好勇疾貧，亂也。人而不仁，疾之已甚，亂也。」

【翻譯】

孔子說：「喜好勇力而厭惡自己貧賤，將生逆亂；那人如若不仁，你厭惡他太過了頭，也必致逆亂。」

【說解】

1.「好勇疾貧，亂也」，喜好勇力而厭惡自己貧賤，將生逆亂，此自然之勢也。只能防之，不能禁之。防之，不若導之，使之能脫貧，使之有教養，則可以免亂，而有恥也。

2.儒、道兩家主張不同，道家重自然恩慈，主張回歸天地，小國寡民；不鼓勵生產報國，主天生天養。儒家則置於人文立說，以人倫來建構社會。

3.「人而不仁，疾之已甚，亂也。」那人如若不仁，你厭惡他太過了頭，也必致逆亂。不仁，不可詈之、不可疾之，只能循循善誘之，引導之。

4.須知：惡惡太甚，必喪其德。道德是生長，道德不是限制，道德更不能是懲罰，更不能是強迫。強迫必遭來動亂。

十一、子曰：「如有周公之才之美，使驕且吝，其餘不足觀也已。」

【翻譯】

孔子說：「即使有周公的才華和美善，但他卻驕矜而又鄙吝，那其餘也就不值一提了。」

【說解】

1.周公，姓姬名旦，武王之弟，制禮作樂，輔政成王，大公無私，其於華夏文化之宏謨，貢獻極大。最為可貴的是，他治事精勤，律己嚴謹，有才能、有美德。仲尼夫子以文王、周公繼承人居之。

2.驕者，有所倚恃，傲慢待人也。驕慢之人，多無平等心。吝者，有所不捨，吝嗇而不欲予人。鄙吝之人，多無公正心。無公正心、無平等心，何才美之有。

3.人立於世，才能是次要的，重要的是美德，更重要的是要有平等心、公正心。有了平等心、公正心，就能回到常道，就能知常曰明；就只明明白白，就只平平常常。

4.世俗人看名利、看成就，平常人看人格、看風範。名利成就是一時的，人格風範卻是永恆的。

（癸巳之秋，十月十八日，於福德街元亨居）

十二、子曰：「三年學，不至於穀，不易得也。」

【翻譯】

孔子說：「學習三年，卻不存官祿的意圖，這可真是難得啊。」

【說解】

1.穀，古時以穀、以薪為俸祿；不至於穀，意不以官祿為學問之目的。

2.學問於孔子言，是安身立命事，不是出人頭地事。

3.《大學》有云「大學之道，在明明德，在新民、在止於至善」，此大學之要道也。「明明德」，明其明德之本心也。「新民」，日新又新其社群之民也。「止於至善」，以最高善（圓善）為依止也。

4.相較而論，今之進大學者，大體皆以「得利」為務？真乃今不如昔也。當知，學問不是追求俸祿，而是自我完善。

十三、子曰：「篤信好學，守死善道。危邦不入，亂邦不居，天下有道則見，無道則隱。邦有道，貧且賤焉，恥也，邦無道，富且貴焉，恥也。」

【翻譯】

孔子說：「誠篤信實，愛好學問；揚善大道，持守至死。危疑之邦，不入仕為官。動亂之邦，不尸居其位。普天之下，大道昌明，必可見用；大道廢弛，則當隱居修身。邦國之治，大道昌明，你竟仍然貧寒低賤，真乃可恥。邦國之治，大道廢弛，你反而富有權貴，實更可恥。」

【說解】

1. 道者，宇宙人生萬有一切總體之根源也。道有如太陽之亮光，有道則有太陽之亮光，無道則黑天暗地也。

2. 「不入」謂不入仕為官也，非不進入此國家之謂也。「不居」謂不尸居其位也，非不住其國也。不入、不居，蓋不趁機撈黑財，擁權位也。

3. 「道」是總體之根源，「德」是個體之本性，天地有道，人間有德，此之謂大道昌明，有道有德，此人生之大富貴也。

4. 富者，自足之謂也。貴者，自尊之謂也。「富」是內外的自足與充實，從心靈的自足與充實，到身家、到國族天下的自足與充實。「貴」是德位的崇隆，因德位的崇隆，而教化大行，普於天下。

十四、子曰：「不在其位，不謀其政。」

【翻譯】

孔子說：「不居在那職位上，就不謀算推行其政務。」

【說解】

1. 此可與夫子之「正名」思想同參。君君、臣臣、父父、子子，此是從禮份上說。

2.因其禮份，而有其使命，有此使命，依位行權，造福大眾，生生不息。

3.依其所位，是為當位。切當其位，推展政務。如此為「忠」，這是「忠於職守」，這「忠」就是責任倫理。「忠」是職務之配當，與行事之忠誠，非主奴般之巧言佞色也。

4.夫子所重者禮，禮在人倫之位份，推而擴之，禮在職守之本份。此雖與今所謂之「權利」與「義務」之配當相通，但精神裡子，卻是上通天地之道，下貫人間之德。此禮治與法治之大別也。

5.禮治是德治、仁治，具體落實而有分寸，其所重者人性情之生長與完善。法治是權治、利治，重在切實而嚴格，此權利義務之配當也，以事物之功利效益為主。

十五、子曰：「師摯之始，〈關雎〉之亂，洋洋乎盈耳哉！」

【翻譯】

孔子說：「典禮時，樂官師摯，就其所位，起始升歌；直至〈關雎〉之章，合奏而終，樂音壯闊悠揚，有如大海汪洋，充盈於耳！」

【說解】

1.夫子追憶禮樂盛況，而今只靡靡之音，真乃可惜了。

2. 古者典禮，誦詩、行禮、奏樂，雖有次第，其為一體也。詩發其志，禮如其分，樂和其同也。

3. 「始」，樂章之始，發聲為志。「亂」，樂章之末，合聲為結。「始」，起始之謂也。「亂」，合結之謂也。

4. 〈關雎〉之篇，男女情感，真實自然，成其夫婦，人倫悠長。此是由愛情轉而為人倫。〈關雎〉非僅愛情也，其為人倫也。愛情為美，人倫為善。美始善終，真乃極致也。

5. 「愛情」者，當下感通，如如自然，當須知止而悅。「人倫」者，成其夫婦，養育教導，則是生生不息。

十六、子曰：「狂而不直，侗而不愿，悾悾而不信，吾不知之矣。」

【翻譯】

孔子說：「狂妄而不正直，無知而不謹厚，無能而不守信。如此之人，我不知其能如何也。」

【說解】

1. 「狂」者，氣旺而欲有所為也；狂者進取。「侗」者，氣和而思其有所同也；侗者憨厚。「悾」者，氣昏而執其有所信也；悾者愚愨。

2. 狂者多粗，粗而直，今說其狂而不直，此不只粗狂也，乃狂妄也。侗者多愍，愍而厚，今說其侗而不愿，此不只愍厚也，乃無知也。悾者多愚，愚而信實，今說其悾悾而不信，此不只愚愨也，蓋不信實也。
3. 人若為其氣質所蔽，尚可救；若為世俗風氣所敗，恐難處理。
4. 愚者蔽於人欲，人欲可銷融於天地之間。賢者蔽於意見，意見紛雜，社會危亂。今也民粹之亂，皆乃賢者蔽於意見也。

十七、子曰：「學如不及，猶恐失之。」

【翻譯】

孔子說：「努力學習，如有不及；既已學得，又怕丟失。」

【說解】

1. 夫子於學問之謹嚴努力，於斯可見。學習要心存戒懼，畏之敬之，勤之勞之，好之樂之。
2. 「學如不及」，此見好學之熱力；「猶恐失之」，此見誠篤之不已。此聞之思之、修之持之也。學問之態度要積極，信守要堅持。
3. 學問者，學其問也，有問有學，有學有問，兩兩相生，相續不已也。

4.熊十力先生強調其學為「思修交盡」之學，學問貴在見體，誠然也。夫子之學，正乃如此也。

十八、子曰：「巍巍乎，舜禹之有天下也，而不與焉。」

【翻譯】

孔子說：「巍巍尊崇啊！舜、禹二帝，領有天下，卻不執著己有。」

【說解】

1.巍巍，高大貌。高其德，大其量也。德高上及於天道也，量宏下及於萬民也。

2.舜敷五教，建立人倫。大禹治水，富厚民生。此華夏生生不息，其所由也。

3.「有天下也，而不與焉」，領有天下，卻不執著己有。天下者，天下人之天下也，天下為公。

4.天地無心，以成自然化育，君子有德，以贊人倫孝悌，此儒家內聖外王之學也。

十九、子曰：「大哉堯之為君也！巍巍乎，唯天為大，唯堯則之。蕩蕩乎，民無能名焉。巍巍乎，其有成功也，煥乎，其有文章。」

【翻譯】

孔子說：「偉大啊！堯帝之做為人間君王；巍巍尊崇呀，唯此上天，其為至大；唯此堯帝，與天同則。廣蕩無邊啊！廣土眾民，對其德業，無法名狀。巍巍尊崇呀，他所成的事功志業；煥然光明呀！他所成的文制典章。」

【說解】

1. 孔子對堯帝，極其稱讚，堯可謂崇高的道德理想人格典型。孟子對舜帝，亦多讚譽，舜是那崇高的道德理想人格的具體落實。堯位如天，舜則承此天命，敦序人倫，落實孝悌之教也。
2. 史稱堯舜「禪讓」，實者，禪讓乃部落社會，推選領導，責多而權少，事眾而利乏，非德能兼備者，不能為也。正因如此，而有推舉禪讓之制也。
3. 儒家託古改制，以堯舜禪讓，而說其天下為公也，並由是建立其「大道之行」的政治理想。
4. 巍巍其德，蕩蕩其量，煥乎文章，這可見夫子春秋之志，其為道德理想王國也，其為大道之行也，其為世界之和平也！

二十、舜有臣五人，而天下治。武王曰：「予有亂臣十人。」孔子曰：「才難，不其然乎？唐虞之際，於斯為盛，有婦人焉，九人而已。三分天下有其二，以服事殷，周之德，其可謂至德也已矣。」

【翻譯】

舜帝有大臣五人，因而天下大治。武王說：「我有治亂之臣十人。」孔子說：「人才難得，不就這樣嗎？唐堯虞舜之際以至周朝初年，人才最興盛。十位治臣，一位婦人，其餘九人。三分天下，周文王領有其二，即使這樣，仍服事於殷商。周文王的德行，真可謂是極至之德了。」

【說解】

1.五人者，禹、稷、契、皋陶、伯益也。大禹治水、稷播五穀、契掌五倫、皋陶司法，伯益興水利。這可見舜時之人間共同體，燦然大備也。

2.十人者，周公旦、召公奭、太公望、畢公、榮公、太顛、閎夭、散宜生、南宮适，此九人。另一人，邑姜也，蓋武王之妻也。

3.人才為重，得之不易，竟爾為盛，此唐虞周初，盛世之由也。堯舜五帝，人倫之確立，周初則推此人倫為宗法、為封建，成其禮樂教化也。

4.周有天下，重在禮樂教化，是人文時代的來臨。經過長久時間來累積，由太王遷徙，泰伯讓國，其發展過程，值得反省。有畏、有敬、敬以養德。有讓、有謙、讓以修道。修道養德，方可領有天下。

廿一、子曰：「禹吾無間然矣。菲飲食，而致孝乎鬼神，惡衣服，而致美乎黻冕，卑宮室，而盡力乎溝洫。禹吾無間然矣。」

【翻譯】

孔子說：「大禹，我找不出缺縫批評了。他的飲食菲薄儉約，卻盡力致孝於鬼神；衣服粗惡，而盡力致美於黼冕祭服；宮室卑陋，卻竭盡心力以修治溝洫水道。大禹，我找不出缺縫批評了。」

【說解】

1. 儒家所論，堯舜是禪讓的典型，湯武是革命的典型，周公是禮樂教化的典型，文王是道德教的典型。大禹是勤政的典型。
2. 法先王者，常以堯舜為典型，法後王者，常以大禹為典型。法先王者，重在道德之理想；法後王者，重在民生之落實。法先王者多為理想主義，法後王者多為現實主義，孟子法先王，荀子法後王。
3. 先王、後王，是連續為一體的，不是斷裂為二的，堯、舜、禹，本是通貫為一的。
4. 致孝乎鬼神，所以畏之、敬之也。致美乎黻冕，所以崇之、隆之也。盡力乎溝洫，所以生民、利民也。敬畏以德，崇隆以禮，有德有禮，生民利民，此大禹之有其天下也。禹，吾無間然矣！夫子之言深矣切矣！

（甲午二〇一四之春，三月十八日凌晨，寫於臺北象山居）

〈子罕〉第九：承命立統、歲寒後凋

一、子罕言利，與命與仁。

【翻譯】

夫子很少談論利益，但卻讚許天命和仁德。

【說解】

1.「利」為世俗事，無恆準，故夫子不言。

2.「天命」猶言天道也。「仁」者，仁愛之謂也。天道就其生生化化之源說。仁愛則就人之安宅處說。夫子所重視者，天道之生生、人間之安宅也。

3.「命」有「命限義」，有「創生義」，夫子自承「五十而知天命」，既知自然之命限，更知天道創生之無窮也。

4.「與」，讚許之義，亦可有參贊之義。

5.古來有作「子罕言利與命與仁」，說：夫子很少論及「利、命、仁」三者，此不確。蓋夫子論仁與命，多矣夥矣，罕言利而已。此亦可見古註糊塗者有之。

二、達巷黨人曰，「大哉孔子！博學而無所成名。」子聞之，謂門弟子曰：「吾何執？執御乎，執射乎？吾執御矣。」

【翻譯】

達巷地方的人說：「真是偉大啊！孔子，他的學問廣博，但卻沒有成就專技功名。」孔子聽見之後，對門下眾弟子說：「我該專執哪種技藝呢？駕車呢？還是射藝？我專執駕車吧！」

【說解】

1.達巷黨人，達者，通達。黨者，鄉鄰。此不知何處，借喻以言，說其為通達之人也。或有以為此即孔子所師之項橐，「達巷黨」音同於「大項橐」之謂也。亦可通。

2.夫子博學而通達乎道，於專技無所成名也。雖無所成名，但夫子精通六藝，世所知也。

3.夫子笑言，執御乎、執射乎！「御」為駕車，可以說是「掌握方向」，「射」為射箭，可以說是「追求目標」。

4.掌握方向，操之在我；追求目標，則外於我也。故夫子說其為執御，非執射也。

5.執御、執射，夫子笑談，自有一番境界，自有一番機趣，境界機趣，自然合度，自然中理。

三、子曰：「麻冕，禮也；今也純；儉，吾從眾。拜下，禮也；今拜乎上，泰也。雖違眾，吾從下。」

【翻譯】

夫子說：「以麻織冠，是古來禮制；如今大多改用絲料，更為節儉，我依從大眾。臣子見君上，拜於堂下，這是古禮。但如今一般臣子見君上，直接拜於堂上，這驕慢太過。儘管可能違逆了大眾。但我還是主張拜於堂下。」

【說解】

1.「禮」為具體的規範，「義」為確定的形式，「禮」必當以義為斷，而義當本乎「仁」。仁者，不外於性情之真實也。

2.禮當以儉約為準。古時績麻為冠，以其儉約也；今時以純絲為冠，純絲比績麻還儉約，故從今人。

3. 禮當以謙敬為尚，拜乎下為謙敬，拜乎上則為驕慢也。大眾雖拜乎上，這是錯的，故夫子堅持當拜乎下。

4. 古時有階、有陛，昇階而拜，為拜乎下，昇陛而拜，為拜乎上。昇階而拜，拜乎下，其所拜者，職階也；昇陛而拜者，拜乎上，其所拜者，個人也。

5. 拜者，敬拜也。依其職而敬拜之也，非個人之崇拜也，非為身家利害之拜也。

四、子絕四，毋意，毋必，毋固，毋我。

【翻譯】

夫子禁絕四件事：不憑空臆測、不期必專斷、不拘泥固執、不偏私自我。

【說解】

1. 「絕」有絕棄、禁絕、阻絕、絕斷諸義。絕者，禁絕，有持戒之義。「戒」者所以生「定」，由「定」而發「慧」也。

2. 意者，臆測。必者，期必。固者，固執。我者，私我。

3. 無意而意，則化之於寂。無必而必，則體之於神。無固而固，則持之於理。無我之我，則契之於道也。

4.夫子所絕者四，毋意、毋必、毋固、毋我，能此四毋，則戒之以成定也，定之以發慧也。

5.禁絕了臆測心、期必心、固執心、私我心，進而化解之、銷融之，則入乎神化之境，契入道理之域。

五、子畏於匡，曰：「文王既沒，文不在茲乎？天之將喪斯文也，後死者不得與於斯文也；天之未喪斯文也，匡人其如予何？」

【翻譯】

孔子被圍困於匡地，說：「文王已經故去了，文化道統豈不就在我這兒麼？若上天要毀喪這文化道統，我這後死的人，就不得參與這文化傳統；而若上天不想毀喪這文化傳統，匡人他們又能把我怎樣？」

【說解】

1.子畏於匡，相傳陽虎曾對匡人施暴，匡人厭之。孔子至匡，時由顏剋駕車，夫子貌似陽虎，且顏剋曾為陽虎駕車，匡人錯將孔子誤為陽虎，以是之故，夫子被圍困於匡地。

2. 沒，同歿，故去、逝世之謂也。文王，文德之王也，文化道統所由興也。文王既沒，夫子肯認道統之傳，就在於茲。此夫子領受天命之言也。

3. 夫子之領受天命，此如佛陀之受記於燃燈古佛也。此可以理解為立志、發願，然有進於立志發願者。

4. 夫子有真信仰，便有真天命，有真天命，便能跨越宿命，契於造化之源也，成其德業也。吾輩踵繼夫子，契接道統，領受天命，斯文自任，不敢不勉！

六、太宰問於子貢曰：「夫子聖者與？何其多能也？」子貢曰：「固天縱之將聖，又多能也。」子聞之曰：「太宰知我乎？吾少也賤，故多能鄙事。君子多乎哉？不多也！」牢曰：「子云：吾不試，故藝。」

【翻譯】

太宰向子貢請問說：「夫子是聖人嗎？為什麼如此多才多藝？」子貢說：「這本是天意造就他做聖人，又使他多才多藝。」孔子聽了說：「太宰豈真知道我嗎！我少時貧賤，因此學了許多鄙俗技事。君子須有那麼多才藝嗎？不須要的。」琴張說：「夫子說：我不為明王所用，因此學了許多技藝。」

【說解】

1.孔子之時，宋魯陳吳，皆設有太宰之職，或有以左傳說苑，證此即為吳國之太宰嚭。

2.聖者，耳聽於天，口宣之於人，通天接地，天人合德，道德理想之人格也。

3.春秋時以聖人為多才多藝之人，孔子消而解之，說此實理實事，平平常常。就此平平常常，看出夫子氣象。

4.孟子有言「有諸己之謂信，充實之謂美，充實而有光輝之謂大，大而化之之謂聖，聖而不可知之之謂神」，是真知聖人境界也。

5.牢，夫子弟子琴張也。不試，不為當局大用。

七、子曰：「吾有知乎哉？無知也。有鄙夫問於我，空空如也；我叩其兩端而竭焉。」

【翻譯】

孔子說：「我有智慧嗎？沒什麼智慧啊！有個鄉下人向我提問，我只是空空，一無成見罷了。我叩究問題的首尾兩端，而窮盡其中道理罷了。」

【說解】

1.「吾有知乎哉？無知也。」這是面對真知的態度。唯有承認自己之無知，才可能邁向真知之門。

2.鄙夫之問，可見夫子有教無類也。空空如也，更見夫子之謙懷，亦可見其一無成見也。

3.空空如也，此空卻一切，如其本然，如其現象而顯現之也。蓋如佛教所言「實相一相，所謂無相，即是如相」也。

4.先著一「空」字，是空其表象，再著一「空」字，又做遮遣，則歸於如，蓋空空所以妙有也。

5.「叩其兩端」，蓋凡事物，皆有兩端，兩端一體；叩其兩端，所以明其一體也。此經一交談辯證之歷程，竭盡此歷程，真理方得彰顯也。著一「竭」字，見其敬業，生生不息也。

八、子曰：「鳳鳥不至，河不出圖，吾已矣乎！」

【翻譯】

孔子說：「鳳鳥不再飛來，黃河的龍馬不再負圖而出，今世恐不會再有聖明的君主，我想行道看是沒希望了吧！」

【說解】

1.相傳舜時，鳳鳥來儀，文王時，鳴於岐山，祥瑞之兆，謂有聖明君王出現。

2.又相傳伏羲時，河中龍馬負圖，由此天啟，為作易之始也。

3.伏羲開天一畫，自然之文，如斯而現也。舜始興孝悌，造為人倫。文王重卦，曲成萬物，人文以建，文德以興。

4.夫子踵三聖，繼道統，廣其仁義，行於禮樂，安宅正路，由是而成。

九、子見齊衰者、冕衣裳者，與瞽者，見之雖少必作；過之必趨。

【翻譯】

孔子見到帶孝服喪的人，或穿戴禮服禮冠的人，或是失明的盲人，見面時即使比自己年少，也必定起身站立；從他們面前經過，也總是趨步快速通過。

【說解】

1.齊衰，讀為「ㄗ ㄘㄨㄟ」（漢語拼音：Zī Cuī），次於斬衰，其喪服由熟麻布做成，縫邊整齊，故名齊衰。古來喪禮有五等：斬衰、齊衰、大功、小功、緦麻，依其遠近親疏，各自有別，所以彰顯人倫之等差也。

2.齊衰者，服喪之人也，服喪為哀，當以禮敬之。

3.冕衣裳者，冕為禮冠，上衣下裳，指的是穿戴禮服禮冠的人。冕衣裳者，行禮威儀，臨此，當以禮敬之。

4.瞽者，失明之人也，臨之，當輔之、佐之，亦不離「禮敬」二字。

5.作，起身站立之謂也。趨，細步快速之謂也。皆表禮敬之行也。

十、顏淵喟然歎曰：「仰之彌高，鑽之彌堅，瞻之在前，忽焉在後！夫子循循然善誘人：博我以文，約我以禮。欲罷不能，既竭吾才，如有所立，卓爾；雖欲從之，末由也已！」

【翻譯】

顏淵喟然深歎，讚說：「夫子之學，越仰望他，越顯其高明；越鑽研他，越覺其堅實。瞻望之就在前面，忽然又到後面去了。夫子循循善誘地引導我，先教我博學文章典籍，然後教我禮節約束。我真欲罷不能（想停止學習，也停不住），已經竭盡才力，我好似見到夫子那卓然超群的身影，即使想追隨於他，到頭來總是無從跟得上。」

【說解】

1.喟然，深深長歎貌，有讚歎之意。《禮記》〈禮運・大同〉篇，夫子之歎，亦是此歎。夫子之歎，歎出了一段世界大同。顏回此歎，則歎出一番境界。

2.「仰之彌高，鑽之彌堅，瞻之在前，忽焉在後」做一段看，「仰之彌高」言夫子之人格、理念也。「鑽之彌堅」言夫子之學問、意志也。「瞻之在前，忽焉在後」，言其充滿於生活周遭，無所不在也。

3.「循循然善誘人，博我以文，約我以禮」做一段看。循循然，條理次序貌。「誘」為引導，夫子教學，如其條理、次序，善於引導也。「博我以文」，所以廣其見識、開拓胸襟也。「約我以禮」，所以收拾精神、自作主宰也。

4.立其理念、尊其人格、堅其意志、篤其性情、博文約禮，未有不成其學者也。顏回者，可謂好學而善學者也。

十一、子疾病，子路使門人為臣，病閒，曰：「久矣哉，由之行詐也！無臣而為有臣，吾誰欺？欺天乎？且予與其死於臣之手也，無寧死於二三子之手乎！且予縱不得大葬，予死於道路乎？」

【翻譯】

夫子病重，子路要門弟子以家臣身份侍候夫子。過了陣，夫子的病有些起色，說：「很久了吧！仲由你如此作為簡直是欺騙。我現在已沒有家臣，你卻偽裝有家臣！我欺騙誰？欺騙上天嗎？再說，我與其死在家臣手裏，不如死在諸位弟子們手上。再說，我即使得不到卿大夫那般尊榮的大葬，難道我竟真就死在路上不成？」

【說解】

1. 春秋時，宗法封建，身份等級，世俗極為重視。夫子曾為魯國司寇，後雖不在職，子路仍想依卿大夫之禮行之，夫子不許。
2. 以家臣身份侍候夫子，此只是現實之尊榮而已。以學生身份侍候夫子，此則見師生傳承之義。
3. 夫子寄望的是德業的傳承，而不是現實浮面的尊榮。以子路之賢猶不能免俗，可見時代風氣影響之大。
4. 「吾誰欺，欺天乎！」一語，簡潔坦蕩，夫子光輝之人格於焉可見。聖人之學本之在天，非僅立之於人爾矣。

十二、子貢曰：「有美玉於斯，韞匵而藏諸？求善賈而沽諸？」子曰：「沽之哉！沽之哉！我待賈者也！」

【翻譯】

子貢說：「有美玉在此，放到櫃子裏藏起來，還是尋個識貨的買家賣掉呢？」孔子說：「賣掉啊！賣掉啊！我正等待那個識貨的買家呢！」

【說解】

1. 賈，可以是商賈之賈，做商人解。賈，亦猶價，善賈，猶言好價錢也。此處比喻為「明主」。夫子才德兼備，待明主任其大用也。
2. 美玉，古來以玉潤澤之德比喻君子，美玉猶言美德君子也。
3. 韞，藏也。匵，猶言匱也。韞匵，猶言藏之於匱中也。
4. 才德不用，雖有之，其猶無也。君子當修己以安人，內聖外王，通之為一。

十三、子欲居九夷。或曰：「陋，如之何？」子曰：「君子居之，何陋之有！」

【翻譯】

孔子想遷居到九夷之地。有人說：「那地方鄙陋得很，怎麼住得？」夫子說：「君子居住的地方，自然要普及教化，怎會有什麼鄙陋呢？」

【說解】

1. 九夷，化外之地，相傳為今之朝鮮，或有以之為東方之海上仙山也。此為夫子未能得明王之用，故感慨嘆息也。

2. 陋，鄙陋。君子居之，自成教化，君子參贊天地之化育，曲成萬物而不遺，何陋之有。

3. 莊嚴佛淨土，是人去莊嚴了它，使它成為佛淨土，不是它已成為莊嚴淨土，你才去那兒。君子不是撿便宜，而是去讓那個地方成為便利又合宜的地方。

4. 九夷之居，是夫子的概嘆，此章可見君子對理想國的嚮往，人皆可以為堯舜，人人皆有士君子之行，大道之行也，天下為公。

十四、子曰：「吾自衛反魯，然後樂正，雅頌，各得其所。」

【翻譯】

夫子說：「我自衛國返回魯國，才訂正了音樂，使〈雅〉、〈頌〉恢復，各得其所。」

【說解】

1.儒者之教，人倫之教，孝悌而已。儒者之政，德化之政，禮樂而已。

2.反，返之古字。夫子自衛反魯，當在魯哀公十一年，時已六十八歲，見大道難行，歸而刪詩書、訂禮樂、贊周易、修春秋也。

3.古者，「詩、禮、樂」和合為一體，「詩」所以興發其志意也，「禮」所以整齊其威儀也，「樂」所以和同相與為一體也。

4.雅、頌，詩之體裁也，「雅」為朝廷宴享所用，「頌」則為宗廟祭祀所用。雅頌各得其所，則禮樂教化如其本分而行也。蓋教化之基，政治之本也。

十五、子曰：「出則事公卿，入則事父兄，喪事不敢不勉，不為酒困，何有於我哉！」

【翻譯】

孔子說：「出外在朝為官，奉事公卿；回到家裡，奉事父兄；遇逢喪葬大事，不敢不用心努力；飲酒適量，不為它所困擾；這對我又有什麼難的呢？」

【說解】

1.「出入」猶言在外與居家也。「入」為人倫領域，「出」為政治領域。入為內聖、出為外王，出入不二，內外合一。
2.出則事公卿，此政治領域，所重者在次序、在理性、在法律。入則事父兄，此人倫領域，所重者在親情、在恩義、在德性。
3.喪事，人倫之終也。善其終，所以善其始也。「慎終追遠，民德歸厚矣」。喪事不敢不勉，這可見對生命之莊嚴與尊重。
4.酒，所以成其久也，君子以文會友，以友輔仁，酒所以興發志意也，善用之，其如詩耶，一言以蔽之，曰：思無邪。誤用之，為其所困，至為可惜也。

（癸巳年二〇一三年十二月十七日晨於臺北象山居）

十六、子在川上曰：「逝者如斯夫！不舍晝夜。」

【翻譯】

孔子立在河岸上說：「光陰流逝，就像這河一般！日夜不停，望前奔去！」

【說解】

1.夫子借喻，嘆惋光陰，倏忽其已。又返照道體之生生不息也。
2.逝者，往而不復也。其如晝夜，相繼不已。舍者，止也。不舍者，不止也。不舍晝夜，晝夜不止也。
3.當下剎那，生生滅滅，往而不復，就其現象說。若識得本體，生生之德，一陰一陽，翕闢成變，繼之者善，成之者性。
4.人參贊天地之化育，便有了生機活力，有傳承、有繼述，光陰便起了大變化，它從「相乘之機」，尋找到了「貞一之理」。
5.時間從剎那生滅的流轉，到永恆不易的還滅，雖是晝夜不停，卻是生生之德。

十七、子曰：「吾未見好德，如好色者也。」

【翻譯】

孔子說：「我從沒見過那愛好德行，就如愛好美色一樣真切的人。」

【說解】

1.德須陶養，色本天成。「好德」須教養、須學習；「好色」則任天然、習本能。
2.教養學習，積思慮、習偽故，必其知通統類，這是荀子一路。主涵養、重省察，必其能達乎一體之仁，這是孟子一路。前者重「禮」，後者重「仁」。

3.由禮習之，進而為仁，自覺既深，契於妙理，入於造化，天人合德。如此，良知、良能就成了本知、本能，此心即是天理，鳶飛魚躍、花開花落，無非自然生機，儘是造化之德。

4.善善惡惡，如好好色、如惡惡臭，道德實踐、美學欣趣，通而為一，此我華夏即道德即美學之極致也。

5.好色是自然，有此自然，才有生機；有了生機，才有道德。行道德，而制之以色，行其禁欲，往往落得虛假境地、偽裝人格。

6.夫子此章不在「存天理、去人欲」，而是在「存天欲、成人倫」，成人倫，終而歸於天理也。天理不外人欲也，船山哲學、理欲合一，其論深矣遠矣、良有以也。

十八、子曰：「譬如為山，未成一簣；止，吾止也！譬如平地，雖覆一簣；進，吾往也！」

【翻譯】

孔子說：「做個比喻，就像造山一樣，還沒成，就差一筐土；就這樣停止了，那是我自己願意停止的啊！再做個比喻，就像是平地要堆一座山，即使只倒了一筐土，繼續往前邁進，那是我自己願意往前邁進的啊！」

【說解】

1.造山快成了，就差一簣土，說成，還是沒成。《書經》有言「為山九仞，功虧一簣」，夫子之言，本之於此，繼之有所發揮也。

2.持續力不足，縱有許多意願，這意願仍是虛的。陽明先生有言「知是行之始，行是知之成」，「知而未行，等於未知」。進言之，「行之未成」，亦未竟其功也，未成其德也。

3.「止，吾止也」「進，吾往也」，願不願，就看你立志沒，只一個「志」，進而往之，可以造成一座大山。

4.或有以「平地」為「填平窪地」者，如此「為山」「平地」對比，句法整然，日人竹添光鴻氏即做此說，亦可通。於文義綜論之，原說為勝。

5.有志、有願，覺性既發，發而行之，行之力之，終底於成。就在當下一念，這念能覺，就能參贊天地之化育，能與天地參。

十九、子曰：「語之而不惰者，其回也與！」

【翻譯】

孔子說：「告訴他道理而能行之不惰的，那大概就只顏回一人吧！」

【說解】

1.夫子論道，顏回聞之，不違如愚。何以不違？默識心通，即知即行，無所罣礙。

2.顏回是「安而行之」，其餘則「利而行之、勉強而行之」者也。

3.顏回天資高，若子路者，天資雖不若顏回，但其「無宿諾」、「聞過則喜」，勇猛精進，亦真豪傑丈夫也。

4.顏回「聞一以知十」，「一」是部分，「十」是「整體」，「一」是「起點」，「十」是「終點」。顏回當下契入，直接本體之源。

5.子貢「聞一以知二」，「一」是「此面」，「二」是「彼面」，此重在對比性的思考。契入在德行，對比由乎語言。顏回是德行科高足，子貢是言語科高足。

二十、子謂顏淵曰：「惜乎！吾見其進也，吾未見其止也！」

【翻譯】

孔子談起顏淵，說：「可惜啊！我只見到他日求精進，我未見到他終底於成啊！」

【說解】

1.夫子歎惜顏回，正像旭日東昇，精進不已，中道凋零，寧不可嘆。顏回過世，夫子哭之，痛矣慟矣！

2.進，猶前述所謂平地為山，方覆數簣，進，吾往也。止，止於至善也，如前所喻，是覆上最後一簣土，九仞之山，方得以成也。

3.生命像是一首樂章一樣，也像日出日落一樣，顏回才開始起了頭，卻沒完成。

4.生命要有日出的光亮，卻也要有日落的餘暉。日出的光亮，讓人看到啟動的歡欣；日落的餘暉，讓人體會到完成的喜悅。

5.夫子看到顏回啟動的歡欣，卻沒看到他生命完成的喜悅，當然是遺憾的。思之，令人低迴不已。

廿一、子曰：「苗而不秀者，有矣夫！秀而不實者，有矣夫！」

【翻譯】

孔子說：「發了苗而不吐穗開花的，這是有的啊！吐穗開花而沒結成果實的，這也是有的啊。」

【說解】

1. 生命三階段：「苗」、「秀」、「實」。穀始生曰苗，成穗曰秀，穀成曰實。
2. 這三階段可比擬於「興於詩、立於禮、成於樂」，「苗、秀、實」，說的是植物的生長；「詩、禮、樂」，說的是人文的育成。
3. 老子亦有言「出生入死，生之徒，十有三；死之徒，十有三；人之生，動之于死地，亦十有三」，生命真有其難處。正因如此，故當虔誠以對。
4. 要敬畏生命，「苗」時要敬畏，「秀」時要敬畏，「實」時尤要敬畏。曾子於此，體會至深，曾子有言「士不可以不弘毅，任重而道遠，仁以為己任，不亦重乎，死而後已，不亦遠乎！」如是之謂也。

廿二、子曰：「後生可畏，焉知來者之不如今也？四十、五十而無聞焉，斯亦不足畏也已！」

【翻譯】

孔子說：「年青後生是可敬畏的，怎知後來者的成就不如現在這一輩人呢？人活到四十、五十，若還未聞大道，那也就不足敬畏了。」

【說解】

1.好個「後生可畏」，能敬畏後生，正可見其敬畏生命也。生命是傳續的，正因其傳續所以生生不息也。

2.四十而不惑，五十而知天命，於社會上來說，應聞達於鄉里，於自家性命，當通達於天道。

3.「不惑」者，不惑於心，是內在之確認。「知天命」者，既知自然之命限，又知造化之無窮也。四十當行道於天下，五十則上契於天道。

4.敬畏後生，何以故？因年青之生命是純粹的、清明的、奮進的，也是自然的、無瑕的。

廿三、子曰：「法語之言，能無從乎？改之為貴！巽與之言，能無說乎？繹之為貴！說而不繹，從而不改，吾末如之何也已矣！」

【翻譯】

孔子說：「嚴正訓誡的話，能不聽從嗎？能改正自己行為，這才可貴。委婉相勸的話，能不愉悅嗎？能尋繹話裡義涵，這才可貴。若只愉悅，卻不細心尋繹，或只聽從，卻不改正，那我對他也就沒辦法了。」

【說解】

1. 法語之言，嚴正訓誡之言也。巽與之言，委婉相勸之言也。
2. 改過遷善，必得有一主體能動性，若只順從，只聽聽，那也就無什作用。
3. 聖賢之貴，不貴在無過，過所不免也；貴在知過能改，知過能改，善莫大焉！
4. 「從」是從個什麼，不是因其法語厲言，隨順其氣而從；從是從其事理，從其道理，從其天理也。如此之從，必當能改。
5. 「悅」是悅個什麼，不是喜其辭氣，而是知其尊重，因其尊重而自重；以其自重，故能深入其中，尋繹其理。

廿四、子曰：「主忠信。毋友不如己者。過，則勿憚改。」

【翻譯】

孔子說：「為人處事主要在忠誠信實。交往朋友不要學習他不好的。有了過錯，不要怕改。」

【說解】

1. 「忠」在職責，此是責任倫理。「信」在話語，此是社群之公義。夫子既重責任倫理，又重社群公義。

2.「主忠信」之「主」有重視義、主持義、主宰義、主體義。儒家所重在胸中有主，其主是自主，是來自於天道及本心的自主。

3.「三人行，必有我師焉，擇其善者而從之，擇其不善者而改之」，交友當學其優，不當學其劣。

4.文過飾非，烏雲密布，認錯改過，雨過天青。「認錯」可徹底放下，是改過的起點。

5.改過須有勇，一個憚字，叫你心思煩亂，一個勇字，讓你大步向前。

廿五、子曰：「三軍可奪帥也，匹夫不可奪志也。」

【翻譯】

孔子說：「統率三軍，何等威風，其帥可奪；匹夫一人，何等單薄，其志卻不可奪。」

【說解】

1.將帥治軍，依法依制，這是由外在的權力而促成的；匹夫立志，自裁自覺，這是由內在的心性決定的。

2. 權力是別人給的，與奪與取，決之在人。志向是自己立的，定之在心，誰都拿不去。
3. 帥在權，權無經則不成其權，有了經常之道，才有權變，才有裁制之權、才有統領之權。
4. 志在道，通於經常之道，契於造化之源，自能生生不息。

廿六、子曰：「衣敝緼袍，與衣狐貉者立，而不恥者，其由也與？『不忮不求，何用不臧？』」子路終身誦之。子曰：「是道也，何足以臧！」

【翻譯】

孔子說：「身著破舊棉緼袍子，和那披戴狐皮貉裘的人站在一塊，而不覺得羞愧的，這只有仲由才做得到。《詩經》上說『不因嫉妒而起加害心，不因羞愧而起貪求心，那隨意怎麼做都不會不好的啊！』」子路聽了，終身誦詠這詩句。孔子說：「這是為人基本道理，怎能稱得上善呢？」

【說解】

1. 衣敝緼袍，身著破舊棉緼袍子，這是平民階層。衣狐貉，那披戴狐皮貉裘的人，此是貴族階層。

2.古時，極重階層，貴族平民，難與平階而立，子路以其生命之豪傑氣、丈夫氣，故能如此，真乃勇者。

3.「不忮不求、何用不臧」是詩經衛風雄鴙篇句子，「忮」有忌刻、加害之義。「臧」有稱善、稱揚之義。

4.「子路終身誦之」一句，見其真篤力行也。「是道也，何足以臧」一句，夫子終只是平常心而已。須知：平常心就是道。

廿七、子曰：「歲寒，然後知松柏之後凋也。」

【翻譯】

孔子說：「歲暮天寒，方才知道松柏長青，永不凋零！」

【說解】

1.歲寒，比喻亂世；松柏，以喻君子；處亂世，小人為權、為利，而變節，君子則不改仁義節操。

2.《莊子．讓王篇》有言「孔子悅，天寒既至，霜雪既降，吾是以知松柏之茂也。陳蔡之隘，於丘其幸乎」。艱難，所以厲其堅貞也。

3.松柏本不凋零，這裡說「後凋」，這是修辭的一種方式。漢文習於以經驗體察，含蓄溫婉來表達意思，如以「微」說「無」，以「即」說「同」，以「遠近」說「同異」，以「晚」說「免」。

4.漢文重視的是生命意韻的生長，此不同於西文重的是論理之結構。此與我們之為一圖像式文字，因其文字之圖像而表象之，有密切關係。

5.我們重視的是氣的感通與存在的彰顯，此不同於拼音文字，重視的是話語的精確掌握與邏輯的嚴整結構。

廿八、子曰：「知者不惑；仁者不憂；勇者不懼。」

【翻譯】

孔子說：「智慧的人不迷惑，仁德的人不憂心，勇敢的人不懼怕。」

【說解】

1.智者，腦袋清明，明事理，由對象的清楚了別，到心靈主體堅定的確立；因此可以不惑。

2.仁者，心靈柔軟，有愛心，由自己的心去體會別人的心，將心比心，一體之仁；因此可以不憂。

3. 勇者，意志堅定，能力行，自己的生命通於造化之源，源泉滾滾，沛然莫之能禦；因此可以不懼。

4. 孔子說「仁者必有勇」，老子說「慈故能勇」，真正的關懷與愛，定能生出無比的勇氣，大愛是實踐的良方。

5. 懼怕之反思，轉而為畏，再向內轉化而為敬，敬而可以養其勇。憂心之反思，轉而為關懷，關懷內化而為大愛，大愛可以養其仁。迷惑起疑情，疑情之反思轉而為了別，了別上提而為識知，再內向轉化足以養其智慧。

廿九、子曰：「可與共學，未可與適道；可與適道，未可與立；可與立，未可與權。」

【翻譯】

孔子說：「可以相與共同學習的，未必可以相與邁向正道；可以相與邁向正道的，未必可以相與立定腳跟，可以相與立定腳跟的，未必可以相與通權達變。」

【說解】

1. 「共學」是共同學習，「適道」是邁向正道，「立」是立定腳跟，「權」是通權達變。「與」

是相與，是一起、是共同，有相扶持之義。

2.共學、適道、與立、與權，這是人生相與之道的四個境界，層次分明，可緩可急，可寬可緊，可遠可近。

3.共學易，適道難；與立不易，與權更難。

4.「共學」是緣，「適道」則須識得「分」，如此才能成個「緣分」。「緣」只是機遇，「分」則須人的覺性去成全。不只覺性，由覺性來了定性，此事才能成。

5.有了定性，才能立，立在天地間，這是常道。人世間多有變化，須得通權達變，無常道亦不足以通權。蓋有貞一之理，相乘之機，方能了然洞達。

三十、「唐棣之華，偏其反而。豈不爾思？室是遠而。」子曰：「未之思也，何遠之有？」

【翻譯】

古逸詩有云「郁李樹上的花開了，翩翩搖曳，翻而翻的。我心隨之，豈能不想念你呢？只因居處相距遙遠，天各一方。」孔子說：「只怕他未真正思念吧，若真正思念，何遠之有？」

【說解】

1. 唐棣，郁李，其花開時，看似相反，終而合併，偏其反而，有做如是說者。說其初開時，翩翩搖曳，「反」即「返」，去之又回，往復循環，左右翩翩也。
2. 詩人由「唐棣之華，偏其反而」起興，借花之搖曳以喻我心之搖曳，以是思想起遠方之友人。友人在遠方，心思在當下，雖遠而不遠，當下即是也。只此當下，生出大力量、大願力，真乃何遠之有。
3. 「唐棣之華」言其所觀之現象也。「偏其反而」的「偏其」是「念」，「反而」則返歸於「意」也，化念歸意也。
4. 「豈不爾思」者，心也；轉意迴心者也。「室是遠而」，其心既回，當下一覺，忽覺其遠也。果能思也，何遠之有。「思」而能慮，慮而能抉，抉而能擇，擇而行之，何遠之有。

（夏曆　癸巳歲末，已入二〇一四年之一月十七日，安梧寫於臺北象山居）

〈鄉黨〉第十：鄉黨宗廟、時處以禮

一、孔子於鄉黨，恂恂如也，似不能言者。其在宗廟朝廷，便便言；唯謹爾。

【翻譯】

孔子在自己的家鄉本地，容貌恭順信實，看似不善言辭的樣子。若在宗廟或朝廷，則是能辯善言；只是舉止動容都很嚴謹啊！

【說解】

1. 恂恂如也，容貌恭順信實的樣子。便便言，能辯善言的樣子。
2. 鄉黨，是家鄉本地，是生活天地。宗廟，祭祀上帝先祖所在，是神聖處所。朝廷，政令所出，乃議政機構。
3. 生活天地要溫情相與，此所以恂恂如也。祭祀上天先祖要莊嚴虔敬，此所以唯謹爾。議政發令要清楚分明，此所以便便言也。

4.人在天地間、在處境中、在場域中，循順其境，如如自然，依其性情，自成禮分。須知：禮，是生命性情的真實體現，是如其宇宙造化根源、源泉滾滾，沛然莫之能禦，是循順而合其宜的行止。

5.禮是如此，樂亦是如此，蓋大禮者與天地同節也，大樂者，與天地同和也，皆本乎性情也。

二、朝與下大夫言，侃侃如也；與上大夫言，誾誾如也。君在，踧踖如也，與與如也。

【翻譯】

孔子上朝，與下大夫說話，態度和藹、從容不迫；與上大夫說話，中正適度、論理分明。當國君視朝時，則心生恭敬、戒慎莊重，威儀中肯、如禮允當。

【說解】

1.侃侃如也，態度和藹、從容不迫的樣子。誾誾如也，中正適度、論理分明的樣子。踧踖如也，心生恭敬、戒慎莊重的樣子。與與如也，威儀中肯、如禮允當的樣子。

2.對同輩要和藹，對晚輩要牽教，對前輩要敬重，對國君（老闆）要聽命。這就叫各如其份，各行其禮。

3. 我曾有人間三階論之說：老一輩要有溫情關懷、年輕一輩要有理想志氣、中年一輩則要有胸襟器量。

4. 夫子所說「興於詩、立於禮、成於樂」，又說「老者安之，朋友信之，少者懷之」，這道理說的寬些、高些，其實與本章所論是可通而同之的。

三、君召使擯，色勃如也。足躩如也。揖所與立，左右手，衣前後，襜如也。趨進，翼如也。賓退，必復命，曰：「賓不顧矣。」

【翻譯】

國君召夫子要他去接待外賓，他一奉命令，便面色莊敬端重，腳步戒慎加快。向那侍立兩邊的人拱手作揖，向左邊拱手，又向右邊拱手。其間衣帶，隨順前後、齊整飄動有致。趨步快行，往前邁進，兩臂張開，如鳥舒翼。外賓告辭回去之後，必向國君覆命，說：「客人去遠了，不再回頭了。」

【說解】

1. 擯，接待外賓。色勃如也，面色莊敬端重，腳步戒慎加快的樣子。左右手，先左後右，順其尊卑也。襜如也，嚴整而有條理的樣子。

2.趨進，趨步快行，往前邁進，表達其尊敬誠意。翼如也，兩臂張開，如鳥舒翼，神氣暢達，自然中節也。

3.賓退，必復命，曰：「賓不顧矣。」，外賓告辭回去之後，必向國君覆命，說：「客人去遠了，不再回頭了。」此送客之道也。如其禮，而達其情，暢其心意也，使通極於道也。

4.接待賓客，必莊敬恭謹，依其名位，如其禮分，又當本乎性情，達乎天理，如此方可也。

四、入公門，鞠躬如也，如不容。立不中門，行不履閾。過位，色勃如也，足躩如也，其言似不足者。攝齊升堂，鞠躬如也，屏氣似不息者。出降一等，逞顏色，怡怡如也；沒階趨進，翼如也；復其位，踧踖如也。

【翻譯】

孔子進朝廷公門，必曲身鞠躬，恭敬謹慎，像是公門容不下似的。立不佇在門中間，行不踏在門限上。行過國君之位，面色莊敬端重，腳步戒慎加快，出言輕柔，謙恭不自滿。手攝握著長衫，整然有序，升階入堂，必曲身鞠躬，恭敬謹慎，屏氣無聲，似若無息。退出後，下一級臺階，才舒氣解顏，怡然和悅自在。下完臺階，趨前邁進，張開雙臂，如鳥舒翼。回復其位，心生恭敬、戒慎莊重。

【說解】

1.鞠躬如也，曲身鞠躬，恭敬謹慎貌。如不容，像是公門容不下似的。斂身自持，戒慎恐懼，如此可見。

2.立不中門，行不履閾。立不佇在門中間，行不踏在門限上。門中為尊，不可立於此也，敬畏之也；閾者，門限也，行不履閾，行不踏在門限上，尊重之也。

3.過位，色勃如也，足躩如也。行過國君之位，面色莊敬端重，腳步戒慎加快。禮之所然也，臣於君應有之尊敬也。

4.其言似不足者，出言輕柔，謙恭不自滿。事理之當，應如其然，不可強為之說，應謙懷相與，仔細傾聽。

5.攝齊升堂，鞠躬如也，屏氣似不息者。手攝握長衫，整然有序，升階入堂，曲身鞠躬，恭敬謹慎，屏氣無聲，似若無息。此描述升堂見君的莊重禮敬，肅然端然，顯其中正也。

6.出降一等，逞顏色，怡怡如也；退出後，下一級臺階，才舒氣解顏，怡然和悅自在。敬畏生自覺，自覺既生，如禮而罷，返乎自然矣！

7.沒階趨進，翼如也；下完臺階，趨前邁進，張開雙臂，如鳥舒翼。復其位，踧踖如也；回復其位，心生恭敬、戒慎莊重。返乎自然，又如其所如，止於敬也，蓋禮無不敬也。禮之用，和為貴也。鄉黨篇中，在在可見。

五、執圭，鞠躬如也；如不勝。上如揖，下如授，勃如戰色，足蹜蹜如有循。享禮，有容色；私覿，愉愉如也。

【翻譯】

孔子執國君命圭，出使鄰國，曲身鞠躬，恭敬謹慎，像是不勝其重的樣子。舉圭向上，好似向人作揖；舉圭朝下，好似向人授物，戰戰兢兢，面色莊重，縮小腳步，如循線而行。交獻禮聘，容色莊嚴；之後，以個人身分，各自往來，則現出愉悅和樂的樣子。

【說解】

1. 此章大抵寫出使之禮節、儀式。執圭，執國君命圭，出使鄰國之謂也。如不勝，像是不勝其重的樣子，言對其任務之莊重，蓋敬其責也。

2. 上如揖，下如授，舉圭向上，好似向人作揖；舉圭朝下，好似向人授物。古者，執圭與心齊，上不過揖，下不過授。

3. 勃如戰色，足蹜蹜如有循。戰戰兢兢，面色莊重，縮小腳步，如循線而行。蓋示其用心莊重也。禮，無不敬也。

4. 享禮，有容色。交獻禮聘，容色莊嚴。私覿，愉愉如也。之後，以個人身分，各自往來，則現出愉悅和樂的樣子。此言公私有別，先公後私，公在莊嚴，私則和悅！公，強調其形式、儀則，故以莊嚴為尚；私，強調其具體、存在，故以和悅為尚。

六、君子不以紺緅飾，紅紫不以為褻服；當暑，袗絺綌，必表而出之。緇衣羔裘，素衣麑裘，黃衣狐裘。褻裘長，短右袂。必有寢衣，長一身有半。狐貉厚以居。去喪無所不佩。非帷裳，必殺之。羔裘玄冠，不以弔。吉月，必朝服而朝。

【翻譯】

君子平時衣服，不用深青色、絳青色鑲邊，家居私服不用紅紫色。當夏值暑，用細葛布或粗葛布做成的單衣，裡面必穿內衣，再把單衣加在外面。黑衣配上羔羊皮的裘，白衣配上小鹿裘，黃衣配上小狐裘。家居的皮裘要長些，右邊袖子得短些。寢臥的睡衣，長度一身有半。狐貉的皮毛較厚，可作為墊褥。除了弔喪，無不佩飾玉器。除了朝中祭穿的正幅帷裳外，一定得斜裁縫製。不穿羊羔皮裘，不戴黑色禮帽去弔喪。每月初一，必身穿朝服去上朝會朔。

【說解】

1.此章所以言夫子之衣服禮制也。紺緅飾，用深青色、絳青色鑲邊。紺飾為齋祭之服，緅飾為喪祭之服，喪祭、齋祭之服，其色調有其神聖性、特殊性，不宜作為家居之服也。故孔子不以紺緅飾。

2.褻服，家居私服也。不以紅紫，言其非正色，故不用也。家居當用正色，服得其正，心性得其正，身家得其安矣！

3.當暑，袗絺綌，必表而出之。當夏值暑，用細葛布或粗葛布做成的單衣，裡面必穿內衣，再把單衣加在外面。此乃文明之象徵也。

4.緇衣羔裘，素衣麑裘，黃衣狐裘。黑衣配上羔羊皮的裘，白衣配上小鹿裘，黃衣配上小狐裘。皮裘所以暖其身也，外罩之以衣，顏色必相似，其內之皮裘，方可隱而不顯，此所以隱其獸皮，揚其人性也。

5. 褻裘長，短右袂。家居的皮裘要長些，右邊袖子得短些。前者，所以保其暖也；後者，所以方便行動作為也。

6. 必有寢衣，長一身有半。可以保暖，不露其體，是為文明也。狐貉厚以居。狐貉的皮毛較厚，可作為墊褥。言其保暖實用也。

7. 去喪無所不佩。去除治喪，無一天不佩飾玉器。蓋君子不離玉器，所以彰顯其潤澤教化之德也。

8. 非帷裳，必殺之。除了朝祭穿的正幅帷裳外，一定得斜裁縫製。殺之，斜裁縫製，此所以顯其文明之為也。

9. 羔裘玄冠，羊羔皮裘，黑色禮帽，此用之於喜事，不可用之以弔喪也。

10. 吉月，必朝服而朝。每月初一，必身穿朝服去上朝會朔。此典禮所以議政、教養也。

七、齊，必有明衣，布；齊必變食，居必遷坐。

【翻譯】

齋戒時，必換明潔的衣服，是用布作的。齋戒，必得變更飲食。平居所座，也必得遷動。

【說解】

1.此章言齋戒之禮，必沐浴更衣，必變換飲食，必遷動其居。蓋齋者，所以齊也，整飭齊整，收拾身心也。

2.齋戒表示對過去的斷裂、告別，以及未來的生起，及因之而有生生不息的嶄新動能。

3.明衣，所以整飭其外表也。變食，所以清理其內裡也。遷坐，所以示其轉化、創造與發展也。

4.「齋戒」隱含著生命歷程的斷裂與連續的辯證性。

八、食不厭精，膾不厭細。食饐而餲，魚餒而肉敗，不食。色惡不食，臭惡不食。失飪不食，不時不食。割不正不食，不得其醬不食。肉雖多，不使勝食氣；唯酒無量，不及亂。沽酒，市脯，不食。不撤薑食，不多食。祭於公，不宿肉。祭肉，不出三日；出三日，不食之矣。食不語，寢不言。雖疏食菜羹瓜，祭，必齊如也。

【翻譯】

所喫飯食不嫌精美，所切魚肉不嫌細碎。飯食糜爛而有餿味，魚爛肉腐，不吃；色調壞惡，不吃；嗅味臭惡，不吃；烹飪失當，不吃；不合時令，不吃；肉切割不正，不吃；調料不對，不吃。肉再多，不能超過飯食。飲酒並無限量，以不及於亂為準。市面上零買的酒、出售的酒肉，不吃。不撤去薑食。飲食定量，不多吃。助祭於公廟，所分祭肉，不留到隔夜。家中祭祀用肉，不出三日。超過三日，就不吃了。吃飯時，不與人交談，睡臥時，不講話。雖然用粗的飯食、菜湯、瓜果，來祭祝，也一定得齋戒整飭。

【說解】

1. 此章言夫子之飲食，重衛生、節制、儀節，有內修、有外持，內外所以交相養也。
2. 「食不厭精，膾不厭細」是總持的說，食，此處指的是飯食或五穀雜糧之主食也。精者，米之嘉善者也。膾，肉類，特別是須經由切煮之肉類也。細者，所以助其消化也。其餘所說，蓋順此而衍申以為論也。
3. 食饐而餲，魚餒而肉敗，不食。色惡不食，臭惡不食。飯食糜爛而有餿味，魚爛肉腐，不吃；色調壞惡，不吃；嗅味臭惡，不吃。此言壞了的食物，不可食用，食了，會引發疾病。
4. 失飪不食，不時不食。烹飪失當，不吃；不合時令，不吃。烹飪得當，此所以為教養也。如時而食，此所以合其天道也。

5.割不正不食，肉切割不正，不吃，此所以順其肌理，如其倫常也。不得其醬不食，調料不對，不吃，言飲食當得其和合之道也。

6.肉雖多，不使勝食氣。肉再多，不能超過飯食。飯食所以為基底也，言當如其本末，不可倒置也。

7.唯酒無量，不及亂。飲酒並無限量，以不及於亂為準。此尊個自之自由也，所以相敬無礙也。

8.沽酒，市脯，不食。市面上零買的酒、出售的酒肉，不吃。此所以護衛其生，尊禮其法，敬重其義也。

9.不撤薑食，蓋薑食所以清理內外之氣也，使之清明也。不多食，飲食定量，不多吃，此所以有餘心、有餘力也。

10.祭於公，不宿肉。祭肉，不出三日；出三日，不食之矣。助祭於公廟，所分祭肉，不留到隔夜。家中祭祀用肉，不出三日。超過三日，就不吃了。肉當求其鮮，不可久也。

11.食不語，寢不言。此有衛生之理，亦有倫理之理，蓋衛生之理與倫常之理，通而為一，不二也。

12.雖疏食菜羹瓜，祭，必齊如也。雖然用粗的飯食、菜湯、瓜果，來祭祀，也一定得齋戒整飭。雖為平常百姓，但莊敬是一樣的，虔誠是一樣的。

九、席不正不坐。

【翻譯】

坐席沒擺正，不坐。

【說解】

1.正席而後坐，不正不坐，正之而後坐也。此所以收拾精神，端正身心也。

（甲午之春，二月十七日凌晨，安梧　寫於臺北象山居）

十、鄉人飲酒，杖者出，斯出矣。鄉人儺，朝服而立於阼階。

【翻譯】

孔子和鄉里之人舉行鄉飲酒禮時，席散之際，拄杖的老人出行返家，他才出行返家。孔子和鄉里之人舉行儺祭之禮，驅鬼逐疫，孔子必著朝廷禮服，立在家廟東階上恭迎，盡其誠敬。

【說解】

1.鄉人飲酒之禮，所以盡其歡也。賓主同歡，通同於道也。杖者，拄杖之老人，當坐於上首，既飽以酒，既醉以德，杖者出，方可隨之而出矣！

2.杖者既出，則可放懷飲酒，所以盡其歡樂也。蓋禮所以節其欲、達其情、通其理，上遂於道也。蓋欲不可禁，而可節，可節而上遂於道也。禮者，理欲合一也。

3.儺者，儺祭之禮也，儺者，以戲扮之，所以驅逐鬼疫也。此蓋先民鬼神祭祀之風俗也，不可禁，亦不必禁也；然孔子盛裝朝服，所以彰顯其威儀也，所以顯道德理性之莊嚴也。

4.阼階者，居於東也，此蓋生生之位也，朝服而立，所以謹其生也，所以敬其人，所以儼其祇敬也。

5.此處可看出孔子對於習俗之尊重，並可見他所做德行之轉化與成全。

十一、問人於他邦，再拜而送之。康子饋藥，拜而受之，曰：「丘未達，不敢嘗。」

【翻譯】

孔子派人去探訪他邦友人，再而拜之，送他上路。季康子餽贈藥品，孔子一拜稱謝，收而受之，說：「丘也不通藥性，不敢嚐用。」

【說解】

1.問者，聘問，古時有聘問之禮。聘問，是請人代為問候。再拜，所以致其誠也。

2.面晤，一拜即可，請人問候，再而拜之，禮遠而使之近也。

3.古者，有饋贈飲食者，當面而嚐之，示其誠敬以受也，此蓋禮也。唯藥物則不可任意親嚐，當問之於醫者，方可進之也。

4.孔子雖亦通醫術，此處用了「未達」兩字，所以示其禮讓為德也，並以此保其身也。「未達」二字，言雅致曲折，所以彰顯其禮文教化也。

十二、廄焚，子退朝，曰：「傷人乎？」不問馬。

【翻譯】

馬廄失火了。孔子退朝回來，說：「傷人了沒？」不及問馬。

【說解】

1.廄，馬廄，養馬之所。廄焚，馬廄失火，養馬者人，人可能就在其中，問人於先，此仁愛之德也。

2.不問馬，不及問馬，蓋緊急之故也。非刻意不問馬也，亦非貴人賤畜也。此只是自然之理而已。

3.若先問馬，不問人，此不仁之至也。馬為財富，人是工人，這是視財富猶勝於養馬之工人，不仁之至也。

4.人有靈覺，其自為目的，不能只是工具也。其餘動植飛潛，其天生天養，有本能而無良能也，不能自為目的，而為人役使之工具也。人之異於禽獸者幾希，如是之謂也。

十三、君賜食，必正席先嘗之。君賜腥，必熟而薦之。君賜生，必畜之。侍食於君；君祭，先飯。疾，君視之，東首加朝服拖紳。君命召，不俟駕行矣。

【翻譯】

國君賞賜食物，必當正席而坐，率先以嘗；國君賞賜生肉，必當烹煮以熟，率先敬祖；國君賞賜生物，必當畜養起來。侍奉國君進食，國君祭祖時，則為先行用飯，為君嚐食。患了病，國君前來探視，身臥於床，頭必朝東，身子加披朝服，還要拖著大夫所繫的紳帶。國君有命來召，不待僕者駕車，就徒步先行去了。

【說解】

1.事君之禮，惟其敬之而已矣。國家者，非今之權力組織結構也，蓋禮樂教養，教化所成之人倫天地也。家者，士大夫之家也，國者，諸侯之國也，由此人倫天地所成之家國，人人親其親，長其長，而天下平也。

2.君臣之禮，所以彰顯其義也，此五倫之總也。有夫婦而後有父子，有父子而後有君臣。君臣有義，父子有親，夫婦有別，長幼有序，朋友有信，皆由此敬而德也。

3.君賜食，必正席先嘗之。正席，所以端其禮也。先嘗，所以表其敬也。君賜腥，必熟而薦之。熟者，所以溫潤其情也。薦於其祖，所以表其恩澤之及於其先，彰其榮寵也。君賜生，必畜之，此所以長其涵養蘊蓄也。

4.侍食於君，君祭先飯。國君先祭，所以彰其孝敬也；人臣先飯，所以彰其忠義也。

5.疾，君視之，東首，加朝服拖紳。疾者，病厲也。不能起身行禮，首臥於東，其臥如躬，則面北，面北加朝服拖紳，所以為朝覲，盡人臣之禮也。

6.君命召，不俟駕而行，此所以彰國君之威嚴，人臣之謹慎也，嚴其忠誠也。

十四、入大廟，每事問。

【翻譯】

孔子進到太廟，遇逢其事，每件必問。

【說解】

1. 此章部分重出，見〈八佾〉第十五章，然亦有其不同處；於〈八佾〉篇前有一「子」字，後又有「或曰：「孰謂鄹人之子知禮乎？入大廟，每事問。」子聞之，曰：「是禮也。」」此有反詰之語氣，蓋夫子反問今人之不如禮也。

2. 此章只言「入大廟，每事問」，蓋敬謹之至也。

十五、朋友死，無所歸，曰：「於我殯。」朋友之饋，雖車馬，非祭肉，不拜。

【翻譯】

朋友去世了，沒有親族料理歸葬，孔子說：「在我處停殯吧！」朋友所饋贈品，即使車馬，只要不是祭肉，接受時必不敬拜。

【說解】

1. 朋友道義，相互扶持，來我舍，當安之於館舍，其逝也，當殯其柩，以待之，歸其葬也。殯是停殯，暫停之，使之歸葬也，歸葬返其鄉里，斯可以安也。

2. 朋友道義，通其有無，達其情志也，故子路有云，願車馬衣輕裘，與朋友共，蔽之而無憾。以其平輩論交，故受之不必拜也。

3. 祭肉者，薦之於祖考也。饋祭肉，其必當拜者，禮敬之也，敬其祖考，如若己之親也。

4. 朋友有信，此五倫之終也。夫婦、父子、兄弟，家庭人倫也。君臣，政治之倫也。朋友，人文社會之倫也。人文教養、社會育成，朋友之倫，至為重要也。

十六、寢不尸，居不容。

【翻譯】

內寢不可行止如尸，平居不必拘謹容儀。

【說解】

1. 寢不尸，或有云，內寢不舒布其四體，偃臥如死人者。蓋將尸解釋做屍，此不的當。尸者，古者祭祀，擇其幼者，端服如先祖，以為尸也。不尸者，不端坐如神也。寢不尸者，內寢不可行止如尸也。

2. 居不容，或有做「居不客」者，謂不必莊敬若客人也。此亦通。若依原文，居不容者，平居不必拘謹容儀也。其義較勝。

3.寢不尸，居不容，此所謂燕居者，當申申如也，夭夭如也。蓋所以從容自適也。

十七、見齊衰者，雖狎必變。見冕者與瞽者，雖褻必以貌。凶服者式之，式負版者。有盛饌，必變色而作。迅雷、風烈必變。

【翻譯】

見了服重喪之人，即使日常親狎，亦當變色，顯其莊謹。見著戴禮冠或盲瞽之人，即使私下常見，亦當正貌，以禮相待。路遇凶服者，當憑軾行禮。對那持邦國圖籍的人，亦當憑軾行禮。遇有豐膳盛饌，必當變動容色，起身致敬。遇著迅雷狂風，必當變其容色，以示警戒。

【說解】

1.齊衰者，服重喪之人也。見面當如其禮也。重喪，當哀禮以戚也，故雖狎必變。必變者，顯其莊謹之至也。

2.冕者，朝服禮帽也，見之，如面其君也，如若國家之莊嚴也。瞽者，盲而不能視也，當憫之、愛之、懷之也。見冕者與瞽者，雖褻必以貌，即使私下常見，亦當正貌，以禮相待也。

3.凶服者式之，式負版者。路遇凶服者，當憑軾行禮。對那負持邦國圖籍者，當憑軾行禮。式者，軾也，雖乘車，亦當憑軾行禮也。

4.有盛饌，必變色而作。盛饌者，主人待之甚厚也，變色而作，起身致敬也。賓主之敬，所以各盡其禮也。

5.迅雷、風烈必變。迅雷者，動其氣也，風烈者，驚其暴也，必當變其容色，以警戒之，蓋養天地之畏敬也。

十八、升車，必正立，執綏。車中不內顧，不疾言，不親指。

【翻譯】

升車而上，必當正面而立，手執車繩。在車中，不回頭反顧其內，不高聲疾言，不指東指西。

【說解】

1.此乘車之禮也。升車，登車也。正立，正面而立，執綏，手執車繩，莊謹而注意安全也。

2.在車中，不回頭反顧其內，不高聲疾言，不指東指西。車中不內顧，所以瞻望其遠也。不疾言，所以安其身也。不親指，所以舒其氣也。此所以從容中道，自在自得也。

十九、色斯舉矣，翔而後集。曰：「山梁雌雉，時哉時哉！」子路共之，三嗅而作。

【翻譯】

一見異色，舉翅高飛，飛翔盤旋，然後落下，棲息於樹。孔子說：「山中小橋，橋上雌雉，時時驚覺，驚覺時時。」子路聽著，雙手環拱，卻看那雌雉，驚視再三，起身飛去。

【說解】

1.「色斯舉矣」，一見異色，舉翅高飛。此才念即覺，才覺即化，震翅以飛也。

2.「翔而後集」，飛翔盤旋，然後落下，棲息於樹。翔者，飛翔盤旋，所以慎重其事也。集者，鳥棲於樹，慎重其事，所以安身立命也。

3.「山梁雌雉，時哉時哉！」，山梁，山中小橋，橋上雌雉，時時驚覺，驚覺時時」。雖在山梁，仍當有所覺也，造次必於是，顛沛必於是。時哉時哉，剎那生、剎那滅，生滅滅生，參贊化育，當念即覺也。

4.子路共之，所以示其誠篤也。嗅，或訛作「臭」，實則應作「狊」，若犬之警視也。

5.三嗅而作。子路聽著，雙手環拱，卻那雌雉，驚視再三，起身飛去。三臭，所以審視再三也。荀子所言，積思慮，習偽故，偽起所以生禮義也。

（甲午二〇一四之春，三月十八日凌晨，寫於臺北象山居）

〈先進〉第十一：先進質樸、禮樂可成

一、子曰：「先進於禮樂，野人也；後進於禮樂，君子也。如用之，則吾從先進。」

【翻譯】

孔子說：「先進一輩，依持禮樂，端莊實在，倒像是自然樸野之人。後進一輩，大彰禮樂，文過其實，反被誤認為是文質彬彬的君子。若有所用，那我寧可依從先進一輩。」

【說解】

1.《論語》〈先進〉篇，評論弟子之言甚多，文本提及閔子騫言行者有四，其中一次逕稱為閔子，因此或有以為此篇閔子弟子所記為多。

2.先進、後進，猶言前輩、後輩也。此是拿古今作為對比。前輩古人，他們之於禮樂，是文質合宜，彬彬君子，今人反以之為「質勝文」，而視之為「野」。後輩今人，他們之於禮樂，是「文勝質」，今人反以之為君子。

3.「如用之，則吾從先進」，清淡言之，自有莊重，自成風範。

4.《論語》〈子罕〉有言「拜下，禮也；今拜乎上，泰也。雖違眾，吾從下。」（臣子見君上，拜於堂下，這是古禮。但如今一般臣子見君上，直接拜於堂上，這驕慢太過。儘管可能違逆了大眾。但我還是主張拜於堂下。）可與此同參。

5.禮，重分寸節度。樂，重和合同一。大禮者，與天地同節也；大樂者，與天地同和也。禮樂者，本乎性情、合乎天理之真實踐履也。

二、子曰：「從我於陳、蔡者，皆不及門也。」德行：顏淵、閔子騫、冉伯牛、仲弓；言語：宰我、子貢；政事：冉有、季路；文學：子游、子夏。

【翻譯】

孔子說：「跟隨我在陳、蔡間共患難的學生們，如今都不在門下了。」德行科：顏淵，閔子騫，冉伯牛，仲弓。言語科：宰我，子貢。政事科：冉有，子路。文學科：

子游，子夏。

【說解】

1.孔子周遊列國，曾困於陳、蔡之間，師生共患難，情義篤切；孔子感慨而嘆，發抒其懷，蓋思之深矣。

2.曾子、有子未列入，或有謂兩人「兼有四德」，故於此不另列。

3.「德行」重在自身之生長，「言語」重在彼此之互動；而「政事」則重在經世與濟民，「文學」則重在教養與傳承。

4.此四科，或可與「正德、利用、厚生、惟和」同參，亦可與「仁、義、禮、智」「元亨利貞」等相比而視。

三、子曰：「回也，非助我者也！於吾言，無所不說。」

【翻譯】

孔子說：「顏回啊！並不能給我什麼幫助，對於我說的話，他無不悅然而解。」

【說解】

1. 顏回「聞一以知十」，其存在之證悟力特強，其話語不多，論辯亦少，於教學而言，罕有助益也。教學須得分辯，有分辯，才得分明。
2. 說，悅也。悅然而解也。能於其所言，證入義理底蘊，存在相與，無不悅樂也。
3. 顏回「聞一以知十」，其所重為根源性的思考，子貢「聞一以知二」，其所重為對比性的思考。
4. 「言外有知，知外有思，思外有在」，話語之外有認知，認知之外有思考，思考之外有存在。子貢者，其所重在「話語、認知、思考」也，而不及於「存在」也。顏回則契入存在，是真悟道者也。

四、子曰：「孝哉閔子騫，人不閒於其父母昆弟之言。」

【翻譯】

孔子說：「大孝子啊！閔子騫，他父母兄弟對他稱美之詞，旁人莫不相信不疑。」

【說解】

1. 閔子騫，閔損，字子騫，古之大孝子也。年幼，母逝，父再娶，後母虐之。據云，後母生有二子，冬穿棉襖，給閔損穿的卻是塞滿蘆荻花的破襖子。一日，雨雪風寒，閔損為其父駕車，破襖裂開，其父知之，欲出離其後母。閔損曰「母在一子寒，母去三子單」，其母感悟，一家終歸和睦。

2.「孝」是對於生命根源縱貫的追溯與崇敬，「悌」是順此生命根源而來的橫面展開。

3.此一縱一橫，有了「孝」，生命有了縱深度與超越的高度，有了「悌」，生命有了寬廣度與展開的厚度。

4.儒家重在人倫孝悌，只此人倫孝悌，就足以開物成務，範圍天地之化而不過，曲成萬物而不遺。

五、南容三復白圭，孔子以其兄之子妻之。

【翻譯】

南容多次念頌《詩經》〈白圭〉詩句，孔子稱許他，便把兄長的女兒嫁給了他。

【說解】

1.〈白圭〉詩句，見於《詩經・大雅・抑》，原文為「白圭之玷，尚可磨也；斯言之玷，不可為也。」意思是：白圭有污點，還可以磨去；言語有污點，就不可挽回了。

2.三復白圭，謹言之至，修身立業之本，能修身立業，乃可依靠，是為可妻也。

3.南容，春秋魯人，孟僖子之子，孟懿子之兄，公孫閱，以居南宮，因以為氏，字子容，簡稱南容。

4.此可與《論語》〈公冶長〉第二章「子謂南容，邦有道不廢，邦無道免於刑戮。以其兄之子妻之」合參。

六、季康子問：「弟子孰為好學？」孔子對曰：「有顏回者好學，不幸短命死矣！今也則亡。」

【翻譯】

季康子問：「弟子中誰稱得上好學？」孔子回答說：「有叫顏回的，可稱得上是好學，不幸短命死了。如今再也沒有了。」

【說解】

1.此章當在顏回歿後，可見孔子之不捨也。

2.學者，覺也，效也，效法學習，生命之覺醒也。顏回好學能喚醒人內在價值生命，孔子稱之。

3.好學近乎智，力行近乎仁，知恥近乎勇。「智」是覺醒，「仁」是感通，「勇」是堅定。

4.「學是學此樂，樂是樂此學」，顏子所樂所學者，人倫孝悌、仁義道德，只此便是聖學。

七、顏淵死，顏路請子之車以為之椁。子曰：「才不才，亦各言其子也。鯉也死，有棺而無槨；吾不徒行，以為之椁，以吾從大夫之後，不可徒行也。」

【翻譯】

顏淵過世，他的父親顏路請求孔子賣掉其座車來買置外棺。孔子說：「有才、無才，父親總為自己兒子。孔鯉過世時，殯葬只有內棺而無槨。我總不能從此以後都步行，就為了給顏回買置個外棺來。再說，因為我也做過大夫，大夫是不可以徒步而行的啊！」

【說解】

1.椁，即「槨」，外棺之義。內棺為棺，外棺為槨。古字做「椁」。

2.古時喪葬，富貴人家須有內棺外槨。顏淵死，其父顏路為厚葬其子，求孔子賣車換槨。孔子待顏淵，情同骨肉，孔鯉死，孔子亦未置辦外槨，如何可替顏回置辦外槨？此人情之所不可也。他待孔鯉如何，亦必待顏淵如何。要是置辦了，卻顯造作，不真了。

3.雖只瑣事，卻見孔子分寸，即此分寸，便是個禮。孔子待顏回，如若親子，盡之以禮，真情實感，既合天理，又合性情。

4.此亦可見顏路之不如禮也，不知禮也，陷於父子恩情之私也。禮者，本乎天理、本乎性情，真性情者，非私情也。不可不知也。

八、顏淵死，子曰：「噫！天喪予！天喪予！」

【翻譯】

顏淵過世。孔子說：「唉！上天要亡我啊！上天要亡我啊！」

【說解】

1.「天啊」，這是一終極而永恆的呼喚，這呼喚就是真理、就是生命、就是道路，這是通於人類諸文明的，無有宗教、人種之別。

2.有此「天喪予！天喪予！」，這哀痛的呼喚，啟動了造化之源，重顯生機。

3.有此真切悲憫之呼喚，上天必若慈母之保赤子，不忍捨棄也。這正是人們「積至誠，用大德，以結乎天心」當起之作用。

4.儒學是天人性命之學，是通「天、地、人」三才之學，儒學非僅只是以人類為中心的學問。儒學不是由人的主體去證立道體的學問，儒學是天人合德之學。天的超越性、絕對性、根源性、普遍性，是分毫不能被減殺的。

九、顏淵死，子哭之慟。從者曰：「子慟矣！」曰：「有慟乎？非夫人之為慟而誰為？」

【翻譯】

顏淵過世，孔子哭得很悲慟。從侍之人說：「先生啊！您太悲慟了。」孔子說：「真是悲慟啊？不為這樣可貴的人悲慟，為誰悲慟呢？」

【說解】

1. 慟，哀痛過度，放聲大哭。顏回過世，孔子之慟，深矣過矣，猶若地圻天崩也。
2. 孔子本欲傳道顏回，顏回不幸短命，是以有「天喪予、天喪予」的深層呼喚。
3. 顏回歿後，孔子曾努力找尋接班人，子貢、曾子皆在所選之列，子貢只認得孔子為「多聞而識之」，不知孔子「一以貫之」之義，故未通過選拔。
4. 曾子能知得「一以貫之」之義，為孔子所認定，然因年紀尚輕，猶待養望，不意孔子仙逝，大行而去。留下了接班人的問題，儒家後來分為八大門派，兩大系統。

十、顏淵死，門人欲厚葬之。子曰：「不可。」門人厚葬之。子曰：「回也，視予猶父也，予不得視猶子也。非我也，夫二三子也。」

【翻譯】

顏淵過世，弟子們想要厚葬他。孔子說：「不適合這麼做。」弟子們還是厚葬了他。孔子說：「顏回啊！視我如父，我卻不能視之如子啊！不是我厚葬他，是我的學生們作主厚葬的啊！」

【說解】

1. 孔鯉過世，孔子依禮而葬之，此平民之喪也。顏回過世，孔子亦想依禮而葬之，亦平民之喪也。門人答應了顏路之請，厚葬顏回，這是不如禮的，是不恰當的。
2. 顏淵死，門人欲厚葬之。這是人情之使然，雖不合禮，孔子雖不可，但亦不強力反對。
3. 「回也，視予猶父也，予不得視猶子也」，孔子慨嘆，深矣切矣。這亦可見孔子之真性情，然此真性情必當依乎天理也。
4. 性情若不合禮，不依理，則可能蔽於私情；須知：性情仍得秉天理之公。

十一、季路問事鬼神。子曰：「未能事人，焉能事鬼？」曰：「敢問死？」曰：

「未知生，焉知死？」

【翻譯】

子路請問如何敬事鬼神。孔子答說：「不能敬事人，如何敬事鬼？」子路又問：「冒昧向您請問死？」孔子說：「不知生，怎知死？」

【說解】

1. 鬼神，古始以來，宗教多有此說，此與巫祝信仰亦密切相關，或有言者，天神地祇，干涉人間，紛然而亂，至於大舜，始命重黎，絕地天通，立乎人倫，開啟人文。
2. 「未能事人，焉能事鬼」，這說的是以人做為參贊的起點，並不是人類中心主義。儒家重人倫孝悌，通乎天地；立乎德行，民神異業，敬而不瀆，正因如此，可以與鬼神合其吉凶也。
3. 「未知生，焉知死」，這說的是「視死猶生」；以其生生也，故生死幽明，通而為一。
4. 儒家重在「生生」處立說，以是之故，重在傳承，重在連續，重在此傳承連續，而立其永恆也。

十二、閔子侍側，誾誾如也；子路，行行如也；冉有、子貢，侃侃如也。子樂。

曰：「若由也，不得其死然。」

【翻譯】
閔子騫侍立在側，端正和悅的樣子；子路，剛烈亢直的樣子；冉有、子貢，從容和暢的樣子。孔子見如此，頗為快樂。卻回頭說：「像仲由太過剛烈，恐怕要不得好死啊！」

【說解】
1. 此章閔子騫，直以閔子稱之，可能是閔子騫弟子所記，所以示其尊也。
2. 誾誾如也，端正和悅貌。行行如也，剛烈亢直貌。侃侃如也，從容和暢貌。
3. 閔子端正，子路剛烈，冉有、子貢從容，四子俱如其性情，而各成風格，孔子見諸子之成長，樂見其盡性也，很是歡喜。
4. 「若由也，不得其死然。」一語，見孔子憂心之深，關愛之切也，又何不幸而言中也。仲由果死於衛國之亂，甚矣其慘烈也。

十三、魯人為長府。閔子騫曰：「仍舊貫，如之何？何必改作？」子曰：「夫人不言，言必有中。」

【翻譯】

魯國有人要重建藏貨財的府庫。閔子騫說：「仍按舊制吧！又能奈何呢？何必重建翻造？」孔子說：「此人一般不太說話，一說話卻是中肯。」

【說解】

1.《左傳》昭公廿五年，公伐季氏，三家逐之，公遜於齊。三家欲改建長府，擴大稅收，聚斂其財也。稱魯人者，春秋筆法，貶天子、退諸侯、討大夫也。

2.「仍舊貫，如之何？何必改作？」（「仍按舊制吧！又能奈何呢？何必重建翻造？」），說得輕描淡寫，但卻有深意焉！

3.閔子誾誾如也，端正和悅，卻能有所指、有所止，甚難能可貴也。故孔子稱其「夫人不言，言必有中」。

4.話語的藝術，順順的說，淡淡的說，神情和悅，自有端正處，自能知止也，知止可以有定矣！

十四、子曰：「由之瑟，奚為於丘之門？」門人不敬子路。子曰：「由也升堂矣！

未入於室也！」

【翻譯】

孔子說：「仲由彈瑟，聲調剛烈，這怎可以說是在我孔丘門下學的呢？」弟子們聽了這話，對子路有所不敬。孔子又說：「仲由也算是進門登堂了，只是還沒有入室到家啊！」

【說解】

1.此章並非子路彈瑟，孔子不悅，卻如前人所言：「子路鼓瑟，有北鄙殺伐之聲」，子路氣質剛勇猛烈，音調不和。這番言論引得弟子對子路不敬，故孔子進而解釋，指出子路所學尚未到家，而其心志方向值得肯定。

2.古者院落，先得進門，再得登堂，終得入室，孔子肯定子路已進門、登堂，只未入於室而已。其餘門人多所不及也。

3.《白虎通》〈禮樂〉論曰「瑟者，嗇也、閑也，所以懲忿窒欲，正人之德也」。彈瑟之時，宜平心靜氣，閑嗇謙雅。子路仍不免其硜硜然，孔子警之。

4.孔子當機指點，輕淡自然，溫雅潤澤，見門弟子不敬子路，只好和盤托出，點出關鍵，子路可使從政，卻為真識得禮樂教化，德行生長也。

十五、子貢問：「師與商也孰賢？」子曰：「師也過，商也不及。」曰：「然則師愈與？」子曰：「過猶不及。」

【翻譯】

子貢問：「顓孫師（子張）和卜商（子夏）誰更賢達些？」孔子說：「顓孫師過了，而卜商還不足。」子貢說：「那麼，還是顓孫師強些？」孔子說：「過和不足都是一樣不好」。

【說解】

1. 師，顓孫師，字子張。商，卜商，字子夏。顓孫師太過，而卜商則有所不及。其於性情，皆有不得其正處，孔子舉而教之。
2. 教育是中道而立，能者從之；其不能者，教之、導之，使歸於正也。
3. 過、不及，此情性之偏也。「情性」非「性情」，情性者，自然之氣性也，性情者，如其天道天理之為性情也。情性是血氣，性情則為義理。教養是由義理以生性情，由性情以調情性。
4. 看似分寸節度，實存而具體，論其究竟，則是性情義理事，是天道究竟事。

十六、季氏富於周公，而求也為之聚斂而附益之。子曰：「非吾徒也，小子鳴鼓而攻之可也！」

【翻譯】

季康子是魯國的卿相，居然比周天子的三公還來得富有，而冉求為他聚集斂財，而使得他更加增益。孔子說：「這人不是我的門徒。同學們！你們可打起鼓來去聲討他。」

【說解】

1. 季氏，這裡指的是魯國之季康子。周公，指的是周公旦之次子世襲為周王朝之三公，簡稱周公，不是指周公旦本人。

2. 冉求，是孔子門下之能臣，尤善於收稅，故季氏收不回的稅，他做了家臣，竟不問老百姓之生計，多能收回，此可見他的能幹，但這能幹卻不道德。可見孔子要培養的不只是能臣，而且是個有德的大臣。

3. 能臣是技術型官僚，而大臣則能見其大體；能為蒼生萬民設想，能正德、利用、厚生者，斯可以為大臣也。

4.「非吾徒也，小子鳴鼓而攻之可也！」一語，可見孔子痛入心扉！

5.孔子雖痛入心扉，但門徒畢竟是門徒，冉求與子路仍列為政事科之高足，而其排名仍在第一，此可見孔子教訓之後，冉求有所悔過也。

十七、柴也愚，參也魯，師也辟，由也喭。

【翻譯】

高柴愚直，曾參魯鈍，顓孫師外向激切，仲由粗略草莽。

【說解】

1.此章之前未列子曰，當為孔子日常之言，門人記之於此。這些批評為的是要同學們以之為借鑑，變化氣質。

2.柴，高柴，字子羔，孔子弟子，相傳此人，其行步，足不履影，執親之喪，泣血三年，可見其好仁而無節度，此所謂「好仁不好學，其蔽也愚」。

3.參，曾參，字子與，孔子弟子，此人深思力行，理論貫於實踐，實踐回溯於理論，一以貫之，難得之至；但其學思深長而遲鈍。

4.師，顓孫師，字子張，孔子弟子，此人資質驁外，才氣高傲，詞情激切。曾子曰：「堂堂乎張也！難與並為仁矣。」（見《論語》〈子張〉篇）。

5.由，仲由，字子路，孔子弟子，此人正直好勇，質而不文，草莽飆略。在《論語》〈先進〉篇曾有謂「子路，行行如也」，孔子評論說「若由也，不得其死然。」其為喭也，他之飆略剛猛，可見一斑。

十八、子曰：「回也其庶乎！屢空；賜不受命，而貨殖焉；億則屢中。」

【翻譯】

孔子說：「顏回啊！那可算是幾近得道的人了，卻屢屢空匱貧乏。端木賜能不受自然命限，去貨殖經商，臆度事理，卻屢屢得中。」

【說解】

1.顏回，字子淵，孔子弟子，安貧樂道，不遷怒、不貳過，聞一以知十，於大道庶幾真有所契入也。簞瓢屢空，卻身心豁達，通於天地。

2.端木賜，字子貢，孔子弟子，嘉言善行，通於諸侯，達於天下，聞一以知二，於大道雖未能真有契入，但胸懷寬廣，包容天下，勠力傳道，世所欽仰。

3.不受命，有二解，一謂其不受自然之命限，另一謂其未領受諸侯之公命，兩者皆可通，以前說為勝，故取之。

4.屢空，或做「簞瓢屢空」以解，或有將「空」解其「空空如也，叩其兩端而竭焉！」，以前說為勝，故取之。

5.顏回成就的是天命性道之貫通，子貢成就的是人間世事之功業。顏回是安貧而樂道，子貢是富而好禮。

十九、子張問善人之道。子曰：「不踐跡，亦不入於室。」

【翻譯】

子張請問世善之人的行徑何如。孔子說：「未能踐履先人行跡，也就沒能入於內奧之室。」

【說解】

1.儒家論人，依序有小人、鄙人、俗人、常人、有恆者、善人、君子、賢者、聖人。

2.善人，朱子以為是「質美而未學」者也。學所以覺也，未學則未覺，未能因其學問之統緒，而入於造化之源也。

3.踐跡，由此跡上循其本，由流上溯其源也，有本有源，斯乃得道也。

4.善人，憑其資質之美，及行善之努力，或有所成，但畢竟是小成，蓋不由學統，則難繼道統，不繼道統，則難承天命也。

5.不入於室，未入其內奧之室也。以「進門、登堂、入室」為論，善人努力，亦可以進門、登堂，但未入於室也。

二十、子曰：「論篤是與，君子者乎？色莊者乎？」

【翻譯】

孔子說：「言論篤實，值得稱許！但得考察他果是真正的君子呢？還是只外貌莊嚴而已呢？」

【說解】

1.言論是心意的表現，當得其篤切實在也。若得篤實，當可稱許！真假難辨，孔子警之也。

2.或有以此章連上章而論，依何晏所注「論篤者，謂口無擇言。君子者，謂身無鄙行也。色莊者，不惡而嚴，以遠小人者也。言此三者，皆可以為善人也。」

3.若關連《論語》〈述而〉所說：子曰：「聖人，吾不得而見之矣；得見君子者，斯可矣。」子曰：「善人，吾不得而見之矣；得見有恆者，斯可矣。亡而為有，虛而為盈，約而為泰，難乎有恆矣。」可見「善人」與「有恆者」相待而立，何晏之解，將「善人」獨立成說，並不適當，故不取。

4. 此章可單獨成章，「論篤」當得稱與，但其為君子乎？當好自省思也，其色莊者乎？抑果真自表自裡，真真實實。

5. 色莊，說的是表象，說的是習慣，習慣上是個君子，可不是真君子。真君子要能繼道統、領天命，文質彬彬，斯乃君子也。

廿一、子路問：「聞斯行諸？」子曰：「有父兄在，如之何其聞斯行之？」冉有問：「聞斯行諸？」子曰：「聞斯行之！」公西華曰：「由也問『聞斯行諸？』，子曰：『有父兄在』；求也問，『聞斯行諸？』子曰：『聞斯行之』。赤也惑，敢問？」子曰：「求也退，故進之；由也兼人，故退之。」

【翻譯】

子路請問：「聽聞了道理，就立刻去做嗎？」孔子說：「父兄健在，怎麼可以聽聞道理立刻去做呢？」冉有請問：「聽聞了道理，就立刻去做嗎？」孔子說：「聽聞道理，就立刻去做啊！」公西華說：「仲由請問『聽聞了道理，就立刻去做嗎？』您回答他『父兄健在』的話；冉有問『聽聞了道理，就立刻去做嗎？』您說『聽聞道理，就立刻去做啊！』公西赤我感到困惑，冒昧地想請教夫子您，這到底是何理由呢？」孔子說：「冉求性子常退後不前，故鼓勵他進取向前；仲由性子好勇過人，故要他謙退禮讓。」

【說解】

1. 此章可見孔子因材施教，如弟子之性情氣質所缺而教化之。
2. 諸，「之」「乎」之合音。聞斯行諸，聞斯行之乎。
3. 子路好勇過人，孔子退之，使其性情能得其正也；然終其一生而難免行行如也之過，果真不得其死然，子路後來死於衛國之亂。子路雖不得其死，但終是剛烈性子，成就其偉岸之人格也。
4. 冉求於現實頗機巧，重勢不重道，面對真理，多所退縮，孔子鼓勵其向前，但終還是免不了是季氏之聚斂家臣。因此，孔子有「小子鳴鼓而攻之可也」的慨嘆。
5. 人氣質之難化，甚至可說不可改變，只能成全，然成全也是困難的。孔子萬世師表，面對百千弟子，仍所難也。

廿二、子畏於匡，顏淵後。子曰：「吾以女為死矣！」曰：「子在，回何敢死！」

【翻譯】

孔子被圍困在匡城，顏淵失散，最後才趕來。孔子說：「我還以為你死了呢！」顏淵說：「夫子在，顏回我何敢就這樣死了呢？」

【說解】

1.子畏於匡，相傳陽虎曾對匡人施暴，匡人厭之。孔子至匡，時由顏剋駕車，孔子貌似陽虎，且顏剋曾為陽虎駕車，匡人錯將孔子誤為陽虎，以是之故，孔子被圍困於匡地。

2.錢穆引《禮記》〈檀弓〉「死而不弔者三，畏、厭、溺」，「畏」指的是民間私鬥，此義可取。

3.後，落後脫隊，最後趕至。女，汝，猶今所言「你」。

4.孔子謂顏回「吾以女為死矣」，隨口而出，無所修飾，見其忐忑不安，見其關懷備至也。

5.顏回謂孔子「子在，回何敢死！」當下而應，不假思索，師徒情深義重，話語自然，純是天機也。

廿三、季子然問：「仲由、冉求，可謂大臣與？」子曰：「吾以子為異之問，曾由與求之問？所謂大臣者，以道事君，不可則止；今由與求也，可謂具臣矣。」曰：「然則從之者與？」子曰：「弒父與君，亦不從也。」

【翻譯】

季子然請問：「仲由、冉求可算是識其大體的大臣嗎？」孔子說：「我還以為你有特別不尋常的問題要問，卻是要問仲由和冉求啊！所謂識其大體的大臣，是以道義來事奉國君，要是不能達成，就辭職不再當官。要是說起仲由和冉求，可以算作具備工作能力的臣子吧。」又問：「這樣說來，那麼他們會順從季氏的作為嗎？」孔子說：「殺父、弒君的事，也是不順從的啊！」

【說解】

1.大臣，識其大體的大臣。具臣，具備工作能力的臣子。大臣見其大，具臣行其小，大臣重在德行、教養、見識，具臣重在才能、技術、巧藝。

2.以仲由及冉求相較，仲由猶勝一籌，以其正直也，以其剛毅也，正直剛毅，此大臣之所具也；唯仲由好勇太過，所以失其大也，否則足堪為大臣也。

3.仲由及冉求雖為具臣，但大是大非，彼等仍能守得住，蓋君、父者，人倫社群之所不可亂也。

4. 大臣重在明道，具臣重在行事，明道可以成教化，行事則落在枝節處。
5. 華夏政治重在道德教化，重在人倫孝悌，重在致虛守靜、重在道法自然。

廿四、子路使子羔為費宰。子曰：「賊夫人之子！」子路曰：「有民人焉！有社稷焉，何必讀書，然後為學？」子曰：「是故惡夫佞者。」

【翻譯】

子路推舉子羔去費城做縣宰。孔子說：「傷害了這年青人啊！」子路說：「那裏既有俗民百姓，又有鄉里社稷。何必非要讀書，才算是學習呢？」孔子說：「正是這原故啊，我最是討厭利口善辯的人了。」

【說解】

1. 賊，傷害也。子羔材質雖美，然學問未成，派其出仕，孔子以為這是傷害。
2. 子路答以有民人、有社稷；民人者，俗民百姓也，可以熟悉其政治之實踐也；社稷者，鄉里社稷，社為土地神，稷為五穀神，所以熟悉其祭祀之禮行也。
3. 學問未成，覺醒不足，根源未清，未能適道，何來與立、與權。

4.政治之確立與通權達變，都必須立基在道理之明白上，道理者，根源之理也，不可不明也。

5.佞，利口善辯也。子路原是心直，何來佞者？只因氣急好勇，便生出許多事來。氣急好勇，其所佞者，人所不知，自己亦不知。其傷害莫此為甚也。

廿五、子路、曾晳、冉有、公西華侍坐。子曰：「以吾一日長乎爾，毋吾以也。居則曰：『不吾知也！』如或知爾，則何以哉？」子路率爾而對，曰：「千乘之國，攝乎大國之間，加之以師旅，因之以饑饉，由也為之，比及三年，可使有勇，且知方也。」夫子哂之。「求，爾何如？」對曰：「方六七十，如五六十，求也為之，比及三年，可使足民；如其禮樂，以俟君子。」「赤，爾何如？」對曰：「非曰能之，願學焉！宗廟之事，如會同，端章甫，願為小相焉。」「點，爾何如？」鼓瑟希，鏗爾，舍瑟而作。對曰：「異乎三子者之撰。」子曰：「何傷乎？亦各言其志也。」曰：「莫春者，春服既成；冠者五六人，童子六七人，浴乎沂，風乎舞雩，詠而歸。」夫子喟然嘆曰：

「吾與點也！」三子者出，曾晳後。曾晳曰：「夫三子者之言何如？」子曰：「亦各言其志也已矣！」曰：「夫子何哂由也？」曰：「為國以禮，其言不讓，是故哂之。」「唯求則非邦也與？」「安見方六七十，如五六十，而非邦也者。」「唯赤非邦也與？」「宗廟會同，非諸侯而何？赤也為之小，孰能為之大！」

【翻譯】

子路、曾點、冉有、公西華侍坐在孔子身邊。孔子說：「因為我比你們年長了些，不要因為這樣對我有所顧忌啊！平居時，你們常說『沒人知得我』，要是有人知得你，那麼你要如何作為一番？」子路率性的說：「那擁有千乘馬車的國度，夾攝在大國之間，外有敵軍師旅之威脅，內遭大地饑謹之災，讓我仲由去治理，等到滿三年過後，一定可以讓民眾勇武，而且懂得道義之方。」孔子輕輕哂笑著。說：「冉求，你要如何作為呢？」冉求答道：「那擁有方六七十里或五六十里見方的國家，讓我去治理，三年以後，就可以使百姓飽暖。至于這個國家的禮樂教化，就要等君子來施行了。」

孔子又問：「公西赤，你要如何作為呢？」公西赤答道：「不敢說我真能做到，而是願意學習。在宗廟祭祀的活動中，或者在與其他國家的盟會中，我願意穿著禮服，戴著禮帽，做一小小的贊禮者。」孔子又問：「曾點，你要如何作為呢？」這時曾點正在彈瑟，瑟聲稀落，鏗的一聲，他放下瑟，站了起來，回答說：「不同于前面三位所說的。」孔子說：「那又有何傷呢？也只各人說說自己的志向。」曾點說：「暮春三月，已經穿上春天衣裳，成年冠者五六人，童子少年六七人，在沂水裡洗浴，在求雨的舞雩臺上吹風納涼，一邊詠唱著歌回家去。」孔子長嘆一聲說：「我贊成曾點的想法啊！」子路、冉有、公西華前三個走在前，出去了，曾點在後。他請問孔子說：「他們三人話說得何如？」孔子說：「也就各自說說自己志向罷了。」曾點說：「孔子為何輕輕哂笑仲由呢？」孔子說：「治理國家應當禮讓為上，他說話一點也不謙讓，因此輕輕哂笑他。」曾點又問：「那冉求所講就不是治理國家嗎？」孔子說：「怎見得六七十里見方或五六十里見方，就不是一家國小邦呢？」曾點又問：「那公西赤講的就不是治理國家嗎？」孔子說：「宗廟祭祀、諸侯會盟，這不是諸侯的事，那又是什麼？像公西赤這樣的人說是只能做一個小相，那誰又能做大相呢？」

【說解】

1.子路、曾點、冉求、公西華，在孔子處侍坐，隨意閒談，卻各有一番氣象；孔子聽言觀志，輕輕哂議，自是一番機趣。

2.子路好勇能兵，冉求多藝善治，孔子輕輕道來，卻說個為國以禮，治事以讓，得此禮讓，人倫能長、社群能化。

3.公西華卻是宗廟大器，諸侯相會、締結條約，何等盛事，卻只謙懷，所以彰其治世之理想也。

4.曾點最是自然，無所罣礙，無所執著，純任性情，鼓瑟為樂，韻律中自見天機，何等從容，不急不徐，真個鳶飛魚躍，青山綠樹，萬物並作，吾以觀復。

5.「吾與點也之嘆」，是順前三子，往上一層境界來說，這是範圍天地之化而不過，曲成萬物而不遺也，這是王道之理想也，此真儒學之論也。若忽視前三者之所說，直就曾點所說，高談其意境，則不免其禪味也。

——甲午立夏五月十九日晨三時三十分於臺北元亨居宅

〈顏淵〉第十二：克己復禮、天下歸仁

一、顏淵問「仁」。子曰：「克己復禮，為仁。一日克己復禮，天下歸仁焉。為仁由己，而由人乎哉？」顏淵曰：「請問其目？」子曰：「非禮勿視，非禮勿聽，非禮勿言，非禮勿動。」顏淵曰：「回雖不敏，請事斯語矣！」

【翻譯】

顏淵問「仁德」。孔子說：「約束自己，去實踐禮，就是仁德。果真一日，約束自己，去實踐禮，天下也就同歸於仁德。實踐仁德，就從自己，怎可以是從他人開始呢？」顏淵說：「請教仁德的綱目。」孔子說：「不合乎禮不看，不合乎禮不聽，不合乎禮不說，不合乎禮不做。」顏淵說：「弟子顏回雖不夠慧敏，但願意奉持先生的話去做。」

【說解】

1.「克己」的「克」有兩解，一為克制、約束之義。另一為克能、能夠之義。「復禮」亦可有兩解，一為實踐禮，一為合乎禮。總而論之，可說成：克制了慾望，合乎其禮；也因之強化實踐之動能，而力行仁德。

2.「克己」以其能克制自己，所以能啟動其本體之實踐動能也。此是知止，而可以啟動也。「終乎艮」，所以定止也。以其定止，所以啟動也，此易所謂「帝出乎震」也。

3.「復禮」的「復」可做「合乎」「符合於」解，亦可做「實踐」、「踐履」解。「禮」是分寸、節度，也是實踐的具體落實，蓋禮者，履也。「復禮」是合乎禮，而實踐了禮，具體落實於應有的分寸、節度之中。

4.非禮勿視者，視之如禮也。非禮勿聽者，聽之如禮也。非禮勿言者，言之如禮也。非禮勿動者，動之如禮也。說的是：視聽言動，都合乎分寸節度地去展開實踐。

5.克己復禮，看似往內求，其實是內外通貫為一。這是己欲立而立人，己欲達而達人。這是修己安人，修己安百姓，是內聖外王，因此說「天下歸仁焉」。

6.如此天下歸仁，是人人皆有士君子之行，如《易經》所說「乾元用九，見群龍無首，吉」之謂也。

二、仲弓問「仁」。子曰：「出門如見大賓；使民如承大祭；己所不欲，勿施於人；在邦無怨，在家無怨。」仲弓曰：「雍雖不敏，請事斯語矣！」

【翻譯】

仲弓問「仁德」。孔子說：「出門在外，如同會見大賓；役使人民大眾，如同承擔祭祀大典。自己所不想要的，便不強加於別人。在邦國做事，無所怨尤；在大夫之家做事，亦無怨尤。」仲弓說：「我冉雍雖不夠慧敏，但願意奉持先生的話去做。」

【說解】

1. 冉雍，字仲弓。伯牛之子。雖為賤民之子，但孔子認為他可使南面，可以南面為君，可見其材質、德行俱美矣！

2. 大賓，公侯之賓也。見大賓者，見公侯之賓也。大祭者，郊禘之祭也。承大祭者，承擔郊禘大祭之典也。此兩者都須內持其「恭敬」也。見大賓之敬，重在「我與你」的融通體諒，雅致和均。大祭之敬，則重在對越在天，是對一超越的他者的禮敬，重在神聖超越，崇高盛德。見大賓是平鋪的交融，承大祭是縱貫的禮敬。

3. 「己所不欲，勿施於人」言其敬也。因為是敬之在己，所以能自己之所不願，而不強加於人。

這是儒家「恕道」的起點，是實踐仁德的適當動力。

4. 能有如此之恕道，也就能在邦無怨、在家無怨。邦，是諸侯之邦。家，是大夫之家。甘願做，歡喜受，何怨之有。

5. 夫子下學而上達，不怨天，不尤人，處處可見其餘裕也，能如此，才可從容；能從容就能中道。

三、司馬牛問「仁」。子曰：「仁者，其言也訒。」曰：「其言也訒，斯謂之仁矣乎？」子曰：「為之難，言之得無訒乎？」

【翻譯】

司馬牛問「仁德」。孔子說：「仁德，他說話能忍耐而不輕易出口。」又問：「能忍耐而不輕易出口。這就是所謂仁德嗎？」孔子說：「要做得起來可是難啊！說起話來，能夠不忍耐而不輕易出口嗎？」

【說解】

1. 司馬牛，名耕，字子牛。孔子弟子，為宋司馬桓魋之弟，司馬桓魋有意謀害宋景公，子牛憂之。

2.訒，言有所隱忍而難以說出，正因如此，應忍耐而不輕易出口。能不輕易出口，此便是「知止」功夫，能知止，就能長出「定、靜、安、慮、得」。思慮抉擇，得於其理，便知如何實踐仁。

3.「仁」是體恤、同情，是慈悲、關懷；能如此，才能長出智慧，能戡破弊病，才能起著仁德之效用。

4.話能有所忍，其言也訒，卻能柔韌，能從容，能默運，能潛移，這便是實踐的大功夫。

5.仁的實踐，不是口頭上去說，而是身體之、力行之。剛毅木訥近仁，仁者其言也訒，這「訥」、「訒」兩字，直是吃緊得很。

四、司馬牛問「君子」。子曰：「君子不憂不懼。」曰：「不憂不懼，斯謂之君子矣乎？」子曰：「內省不疚，夫何憂何懼？」

【翻譯】

司馬牛請問「君子之道」。孔子說：「君子不憂愁不懼怕。」又問：「不憂愁不懼怕，這就可以說是君子嗎？」孔子說：「內自省察，問心無愧，那又有什麼可憂愁、可懼怕的呢？」

【說解】

1.司馬牛憂其兄之將亂，而引發諸多問難，上述已見，此章亦然。君子者，德行人格成之於己，自我完善而無求於人也。

2.仁者不憂，勇者不懼，真愛者，心中通達，無所憂愁；真勇者，生死度外，無所懼怕。有真愛、有真勇，何憂何懼！

3.君子所求者，內在德行之自我完善也，不為物喜，不為己悲；先天下之憂而憂，後天下之樂而樂。這樣的憂樂，是不憂不懼的憂樂。

4.語云「豈能盡如人意，但求無愧我心」，卻是端的道理。只此道理，便可無憂無懼。

5.有柔軟的心腸，故不憂；有堅定的意志，故無懼。

五、司馬牛憂曰：「人皆有兄弟，我獨亡！」子夏曰：「商聞之矣：『死生有命，富貴在天』。君子敬而無失，與人恭而有禮；四海之內，皆兄弟也。君子何患乎無兄弟也？」

【翻譯】

司馬牛憂傷地說：「人家都有弟兄，而我獨獨沒有。」子夏說：「我卜商聽先生說過：『生死有自然之命限，富貴任天之安排。』君子敬謹而無過失，與人相處恭遜而有禮。四海之內，都可作兄弟的啊！君子又何須擔心自己沒弟兄呢？」

【說解】

1.司馬牛之兄為桓魋，在宋作亂，其弟子頎、子車，皆隨桓魋作惡，司馬牛憂心忡忡，以故說「人皆有兄弟，我讀亡也」。其慨歎難過可知！

2.子夏，姓卜名商，孔子弟子，為文學科之高足。後為魏文侯師，幫助魏國變法，其弟子吳起、李克，更是戰國前期之法家。

3.死生有命，命指的是自然之命限；富貴在天，說的是人天運之安排。自然之命限、天運之安排，非人力所能為，然人倫之禮序，則可建立在天理道義上。

4.人倫禮序、天理道義，其所行也，當求內之敬謹、外之恭禮。內之敬謹所以養心性之德也。外之恭謹所以得朋友之信也。

5.兄弟非僅血緣生命之兄弟，可以是道義相許之兄弟，可以是慧命護持之兄弟，這樣的兄弟有本真之性情、有原始之初心，上通天、下接地，真乃四海之內皆兄弟也。

六、子張問「明」。子曰：「浸潤之譖，膚受之愬，不行焉，可謂明也已矣。浸潤之譖，膚受之愬，不行焉，可謂遠也已矣。」

【翻譯】

子張問「明察之智」。孔子說：「像水逐漸滲透濕潤那樣的讒言，像切膚之痛那樣的控訴，在這兒行不通，這可說是明察之智了啊！像水逐漸滲透濕潤那樣的讒言，像切膚之痛那樣的控訴，在這兒行不通，這可說是有遠見之智了啊！」

【說解】

1.子張，姓顓孫，名師，子張其字也。曾子曰：「堂堂乎張也！難與並為仁矣。」又子游有言「吾友張也，為難能也；然而未仁。」這可見其一斑也。子張是頗有成就的，但並未能達乎仁的境地，為可惜也。

2.「明」有智慧之明、明通於道。此處之明，重在明察之智，這是了別於物，是認識分明也。

3.「浸潤之譖」，像水逐漸滲透濕潤那樣的讒言，時日既久，容易讓人失其警惻，失其明覺。

4.「膚受之愬」，像切膚之痛那樣的控訴，緊急迫促，容易讓人當下起心動念，念頭著了，執著起了，這控訴也就成了。

5.夫子兩復斯言，不行焉，何其難也，何其明察也，何其遠見也，何其可貴也。

七、子貢問「政」。子曰：「足食，足兵，民信之矣。」子貢曰：「必不得已而去，於斯三者何先？」曰：「去兵。」子貢曰：「必不得已而去，於斯二者何先？」曰：「去食；自古皆有死；民無信不立。」

【翻譯】

子貢問為政之道。孔子說：「充足糧食，充足軍備，得到人民的信任。」子貢說：「必不得已要三者去其一，在這三者，何者為先？」夫子說：「捨去軍備。」子貢又問：「必不得已要兩者再去其一，在這兩者，何者為先？」夫子回答：「捨去糧食。自古人都不免會死亡，若是得不到人民的信任，那政治是建立不起的。」

【說解】

1.足食，充足糧食，所以繁衍長養庶民也。足兵，充足軍備，所以抵禦外侮、攘外安內也。民信，得到人民的信任，這是國家建立的基礎。

2.足食、足兵，是物質層面；民信，這是精神層面、理念層面。物質層面固然重要，但精神理念的層面則格外重要。

3. 信，是確定，有信念、信心、信仰，強調的是必然性，唯此必然之確定，才能使得足食、足兵，獲得一種充實而有光輝的大格局。

4. 此章可與《論語》〈子路〉篇所言：子適衛，冉有僕。子曰：「庶矣哉！」冉有曰：「既庶矣，又何加焉？」曰：「富之。」曰：「既富矣，又何加焉？」曰：「教之。」相互參考討論。

八、棘子成曰：「君子質而已矣，何以文為？」子貢曰：「惜乎，夫子之說君子也，駟不及舌！文猶質也，質猶文也；虎豹之鞟，犹犬羊之鞟。」

【翻譯】

棘子成說：「君子有好的材質就夠了，何須禮樂文采來修飾呢？」子貢說：「可惜啊！先生您這樣談論君子，要知道：駟馬之速卻不及口舌之快，話一說出來，就難追趕回來了。文好比質，質好比文。要是虎豹去了毛的皮鞟，就好像犬羊去了毛的皮鞟一樣。」

【說解】

1.棘子成，衛國大夫。對當時文采過勝，頗有批評，然評之過激，故有此言。

2.文者，彰顯於外之威儀也。質者，含藏於內之材質也。質者，自然本有之材質也。文者，人文後天之教養也。有自然之材質、後天之人文教養，文質彬彬，然後君子。

3.駟馬，良馬也，走之甚速。然一言既出，駟馬難追。駟不及舌，駟馬之速卻不及口舌之快。這都是要闡明使用話語的謹慎態度。

4.鞟，獸去毛，其皮謂之鞟。犬羊、虎豹，本有異同，今去其毛，其皮鞟則難以辨析。

5.取以為譬，動物猶且如此，人更是如此；因為人是在人間的禮文世界所長育而成的，不可外此人文也。再說，真正恰當的人文是一「文明以止」的人文，是一文質彬彬的人文，不是指重視外在華采的人文。

九、哀公問於有若曰：「年饑，用不足，如之何？」有若對曰：「盍徹乎！」曰：「二，吾猶不足；如之何其徹也？」對曰：「百姓足，君孰不足？百姓不足，君孰與足？」

【翻譯】

魯哀公向有若請問，說：「年來穀物收成不好，財用不足，怎麼辦？」有若回答他說：「何不實施十分抽一的稅制呢？」又問：「如今十分抽二，我尚且不夠財用，如何可能只收十分之一？」又回答：「百姓富足，國君何愁財用不足？百姓不足，國君哪會富足呢？」

【說解】

1.周朝收稅，其法名曰徹，十分抽一以為稅。魯國自宣公十五年改變稅制，徵稅十分之二。

2.此章哀公之問，可見所收稅為十分抽二。「二，吾猶不足；如之何其徹也」，十分抽二，我尚且不夠財用，如何可能只收十分之一？

3.有若之答，要恢復舊時徹法，十分抽一。此有藏富於民之用意。民間財用，豐足流通，政府收稅，自會增加，國家財用也就富足。

4.「百姓足，君孰不足？百姓不足，君孰與足？」「百姓富足，國君何愁財用不足？百姓不足，國君哪會富足呢？」這不是高調的理想，而是具體落實的可行方案。國家稅收，除了戶稅、糧稅外，更重要的是在物盡其用，貨暢其流，「貨暢其流」，所收之稅，應為大宗。國家富足，其道在此。

十、子張問「崇德，辨惑。」子曰：「主忠信，徙義，崇德也。愛之欲其生，惡之欲其死；既欲其生，又欲其死，是惑也！『誠不以富，亦祇以異。』」

【翻譯】

子張請問「尊崇品德、辨明迷惑」。孔子說：「忠誠信實，存心作主，遷從於義，這就是尊崇品德。喜愛的時候，就想他活；厭惡的時候，就要他死。既想他活，又要他死，這就是迷惑。『真不是因為他的富有，而祇因為他異人的德行。』」

【說解】

1.崇德，尊崇品德，這問的是「仁」；辨惑，辨明迷惑，這問的是「智」。夫子之學，仁智雙彰，子張之問，不亦大哉！真乃堂堂乎張也。

2.夫子答以當「忠誠信實，存心作主，遷從於義，這就是尊崇品德」，何等具體，何等實在，果真儒學是仁學，是實學，全在生活世界的具體落實處用功夫。

3.能忠信，自可行仁，行仁自能用智。因心中有個真宰之主，才能分理的清晰明白。若無忠信作主，何能遷從於義；徒隨順心念，愛欲生死，直是迷惑。

4.仁者樂山，智者樂水，山為知止，知止而後有定，定而後能靜，靜而後能安，安而後能慮，慮而後能得。慮而得之，斯為智矣。智者樂水，水為流動，水為坎陷，心中有主，方可樂也。

5.「誠不以富，亦祇以異。」，此句引《詩經．小雅．我行其野》，當為錯簡，移至《論語》〈季氏〉篇，齊景公一章再行敘議。若置於此亦可通。

十一、齊景公問政於孔子。孔子對曰：「君君，臣臣，父父，子子。」公曰：「善哉！信如君不君，臣不臣，父不父，子不子，雖有粟，吾得而食諸？」

【翻譯】

齊景公向孔子請教為政之道。孔子回答他說：「國君要是個國君，臣子要是個臣子，父親要是個父親，兒子要是個兒子。」景公說：「說得真好啊！要是君不盡君道，臣不盡臣道，父不盡父道，子不盡子道，雖然有再多的米糧，我怎能得到，而得享用呢？」

【說解】

1.此章重在闡述夫子的「正名」思想。儒家強調的是「正名以求實」。名分既正，當求其實也。「實」指的是：因其名而有其位，因其位而有其分，落實具體應當盡的責任與職分。

2.君臣、父子，正名之道，父子重在家庭人倫，因其親情做底據，而有的人倫孝悌；君臣重在政治公義，因其社群做範圍，而有的社會法律。父子重在「情、理」、君臣重在「理、法」，父子君臣之道，「情、理、法」三者，通融為一。

3.正名思想，總的說來，應是名分倫理，此不同於責任倫理，然也有責任倫理，只是其責任倫理是由名分倫理衍生出來的。

4.或可這麼說，與「名分倫理」關連的是「恥感文化」；與「責任倫理」關連的是「罪感文化」。恥感文化與儒家之載體之為小農經濟、聚村而居、聚族而居，有密切關係。罪感文化則與基督宗教之信仰密切相關。

十二、子曰：「片言可以折獄者，其由也與！」子路無宿諾。

【翻譯】

孔子說：「聽片面之言就可斷獄判案的，那恐怕只有仲由吧！」子路一旦承諾，從不耽留失信。

【說解】

1.子路，姓仲名由，孔子弟子，明快果決，是勇者型的人物。

2.片言折獄，因其片言，而直通於道理之源，當下判斷，無有猶豫，明快果決，每次折獄斷案，無不準確。

3.子路，何能至此？以其剛勇也，以其剛正不阿也，以其中正為用也，以其當下之純粹善之意向性，具體實存，落實以為之也。

4.無宿諾者，無預諾也；不事先答應，一旦答應，必不失信。

十三、子曰：「聽訟，吾猶人也。必也，使無訟乎！」

【翻譯】

孔子說：「聽理訴訟，我與別人差不多。最為必要的是，讓老百姓無須興訟。」

【說解】

1.聽訟，聽者，聽理、聽治之謂也。聽訟，聽理訴訟也。吾猶人也，我與別人差不多，當得求其公平合理。

2.訟，是法律邊事；無訟，則是教化邊事。法律是限制，違了限制，即為犯法。教化是實踐，禮樂教化，是人倫的生長、道德的育成。

3.有人倫的生長、道德的育成，便可以回到一無訟的境遇之中。此可以與《論語》〈為政〉「道之以政」一章，對比而觀，蓋「道之以政，齊之以刑，民免而無恥；道之以德，齊之以禮，有恥且格」。

4. 夫子以為道德人倫、禮樂教化，斯為本也。聽訟本是不得已的，但求其公平合理；但重要的是文化教養，如其性情的生長，才能不必興訟。

——甲午之夏，六月十六日，寫於臺北象山元亨居

十四、子張問「政」。子曰：「居之無倦；行之以忠。」

【翻譯】

子張請問為政之道。夫子說：「在位之時，不可倦怠懈惰；執行公務，務必忠於職守。」

【說解】

1. 子張，姓顓孫，名師，子張其字也。曾子曰：「堂堂乎張也！難與並為仁矣。」又子游有言「吾友張也，為難能也；然而未仁。」這可見其一斑也。子張是頗有成就的，但並未能達乎仁的境地，為可惜也。子張志高才大，有規模、有理想，可惜不能持之以恆，因此孔子要他「居之無倦；行之以忠」。

2.居，可有三解，居家、居官、居心，居家當以孝友為治，居官當以無懈為治，居心當以公正為治。

3.敬以治事，是以不倦；忠於職守，這是責任倫理，不可忽略。

4.居之無倦，是內聖功夫一面為多；行之以忠，真乃外王之道也。內聖外王通貫為一。

5.「政治儒學」、「心性儒學」，前者重在傳經之儒，後者重在傳心之儒，他們是一體不分的。

十五、子曰：「博學於文，約之以禮，亦可以弗畔矣夫！」

【翻譯】

孔子說：「君子廣博學習文章典籍，再用禮儀節度來統約行事，也就可以不悖離正道了。」

【說解】

（按：此章亦可見於《論語》〈雍也〉第廿五章。）

1.《荀子》〈勸學篇〉「學惡乎始？惡乎終？曰：其數則始乎誦經，終乎讀禮；其義則始乎為士，終乎為聖人。真積力久則入，學至乎沒而後止也。」此可同參。

2.生命要通過文化教養來學習，由博返約，通過禮儀，才能讓生命秩序回到正位。

3.博文是教養，在涵蓄中長成，約禮是實踐，在勠力中培育。「博文」是「知」的事，「約禮」是「行」的事。

4.博學於文，是由平鋪而當走向綜攝；約之以禮，則由綜攝而當走向落實。博者求其通，通而達；約者得其要，要而簡。居敬而行簡，乃得。

十六、子曰：「君子成人之美，不成人之惡；小人反是。」

【翻譯】

夫子說：「君子成全人家的美事，不成全人家的壞事。小人卻恰恰相反。」

【說解】

1.君子想的是總體而普遍的，小人想的是個別而偏私的；君子想的是較為恆久的理想公共福利，小人想的是較為短暫而現實的個人利害。

2.君子是依持本心作主去管理耳目口腹之欲，小人是被耳目口腹之欲回過頭來將心掠奪了過去。小人心為形役，君子則形為心所主管。

3.宋明儒者說順著軀殼起念就是小人，能逆覺反省，才能成為君子。小人順習氣，君子則歸返本性。盡心知性以知天、存心養性以事天，心性天通而為一，這就是「天人合德」。

4.看到別人的好，你高興歡喜，自然近乎君子；看到別人的好，心生嫉妒，就容易流於小人。

十七、季康子問政於孔子，孔子對曰：「政者，正也，子帥以正，孰敢不正？」

【翻譯】

季康子向孔子請教為政之道。孔子回答他說：「為政，就要名正言順。您要是能名正言順作為表率，還有誰敢不名正言順地依著呢？」

【說解】

1.「政」這個字本身就是引導使其歸於正的意思，而這「正」特別指的是「名正言順」，古者什麼名、什麼位，相對的就得合乎什麼禮、什麼分，名位與禮分是配當的。

2.魯自中葉以後，政由大夫，家臣起而效尤，據邑背叛，名不正言不順，禮樂不興，此三桓由之，因此，夫子警惕季康子當依其名位、守其禮分。

3.政治不只是權力的分配，更是道德的生長，唯有道德的生長，權力的分配才能允當。須知：政治是要講道德的。

4.現在的民主法治常被誤認為不須要講道德，而主張「制衡」，其實制衡仍須道德，有道德才會有恰當的認定，否則「制衡」就是被權力與金錢徹底控制而已。

5.果真儒家就是道德教化的政治，也唯有道德教化的政治才可能成為好政治，這是進到廿一世紀重新被認可的。

十八、季康子患盜，問於孔子。孔子對曰：「苟子之不欲，雖賞之不竊。」

【翻譯】

季康子憂慮盜賊眾多，為此向孔子請教。孔子回答他說：「要是您自己不貪求不奢欲，那即使您懸賞鼓勵，也不會有人去偷竊。」

【說解】

1.「飢寒起盜心」，老百姓何以會飢寒，此因在上位者之貪欲所致，夫子之見真乃一針見血。

2.儒家主張道德教化的政治，這是民本政治，這是以老百姓的民生樂利為優先的。說「庶、富、教」是治國的三大端，說「足食、足兵、民信之矣」，說「大道之行也，天下為公」，皆本於此也。

3.儒家是一菁英式的道德教化的民本之治，這是最合乎生態的一種政治方式，領導者是菁英，根本在老百姓，所以說是以民為本，而施政的方式是經由道德教化，這道德教化是要合乎生態的生長。

4. 廿一世紀是重新反思現代人類文明的世紀，也是重新思考人類該以生態文明作為目標的世紀。

5. 政治不能再以話語與權力為核心，而應回到存在與生活本身，回到一活生生的實存而有的生態世界裡，共生共長、共存共榮。

十九、季康子問政於孔子，曰：「如殺無道，以就有道，何如？」孔子對曰：「子為政，焉用殺？子欲善，而民善矣！君子之德風；小人之德草；草上之風必偃。」

【翻譯】

季康子向孔子請教為政之道，說：「要是誅殺了無道之人，而讓老百姓親近有道之人，這怎樣呢？」孔子回答道：「您從事政治，怎用得著殺人呢？你自己願意為善，而民眾也就會為善啊！君子的本性如風，小人的本性如草。風行於上，草動於下，草隨風倒。」

【說解】

1. 政治是道德的延長，道德是生長，政治也是生長，所以要庶之、富之、教之，這「庶、富、教」說的都是生長。既是生長，就不是殘殺、不是誅除。

2.殺了無道，來親近有道，這仍是落在相對的權力鬥爭上來說；政治不能老落在相對的權力鬥爭，政治要是一絕對的、如實的，合乎生命的生長。

3.天地有道、人間有德，道為根源，德為本性，合乎根源、順乎本性，這就是「道德」。君子之德風，小人之德草，這裡說的「德」，說的是「性子」、「本性」。

4.君子居上位，當立其風範，有了風範，小民居於下位，就能如其流風、如其範式，這就是風行草偃。

5.風行地上，順其道理、行之為遜，這就是風行草偃，這就是《易經》的「觀」，風地為觀，上遜而下順，君主能敬畏天道，百姓自能順其道理、行之成德也。

二十、子張問士：「何如斯可謂之達矣？」子曰：「何哉？爾所謂達者！」子張對曰：「在邦必聞，在家必聞。」子曰：「是聞也，非達也。夫達也者：質直而好義，察言而觀色，慮以下人；在邦必達，在家必達。夫聞也者：色取仁而行違，居之不疑；在邦必聞，在家必聞。」

【翻譯】

子張請問士人之道：「怎麼做才可以叫做通達？」夫子說：「是哪種呢？你所謂的通達是什麼呢？」子張回答說：「在諸侯之邦，必得聲聞遠傳；在大夫之家，必得聲聞遠播。」夫子說：「這是『聲聞』，卻不是『通達』。通達之人，人品正直而且喜好仁義，深察言語、善觀顏色，思想著如何謙讓他人；這樣做來，在諸侯之邦必得通達，在大夫之家必得通達。所謂有聲聞之人，表面上認取仁義，而所行所事則是相違背的，卻能以仁義自居，心無懷疑。這樣的人，在諸侯之邦必得聲聞，在大夫之家，必得聲聞。」

【說解】

1. 聲聞者，世俗之聲聞也，得世俗之認同也。通達者，通達於大道也，得大道之認證也。聲聞是作給別人看的，通達是自己要求自己的；聲聞是外在地去表象仁義，通達是內裡地歸返本心去實現仁義。
2. 國，指的是諸侯之國。家，指的是大夫之家。前者相當於現在說的國際，後者相當於現在說的社會。人不是去求得聲聞，而是求通達，通達了，自然就會有聲聞。
3. 求聲聞，因之而起的努力，這是為一外在目標而生出來的努力。求通達，因之而起的努力，這為的是我們自家內在認同而生出來的努力。求聲聞是外鑠的，求通達是內在自發的。

4.求通達，是人人內在有其良知、良能、良貴，這是天爵；求聲聞，是人人外在所為的功名、利祿、權力，這是人爵。前者，通達於天道天理，後者，墜落於世俗人欲。

5.求聲聞，引發的是欲望，有了欲望，也能生出動力；求通達，導生的是願力，有了願力，這才是真正的動能。前者是欲望動力，後者是願力動能，自有所別。

廿一、樊遲從遊於舞雩之下。曰：「敢問崇德、脩慝、辨惑？」子曰：「善哉問！先事後得，非崇德與？攻其惡，無攻人之惡，非脩慝與？一朝之忿，忘其身以及其親，非惑與？」

【翻譯】

樊遲隨從夫子出遊舞雩台下，說：「冒昧請問：如何尊崇品德、脩祛惡念、辨明迷惑？」夫子說：「真好啊！這問題。率先從事，這不就是尊崇品德嗎？攻治自己惡處，而不攻治別人惡處，這不就是脩祛惡念嗎？人一時間，忿怒起了，竟忘記了自己的身子，也忘記了自己的父母至親，這豈不是迷惑嗎？」

【說解】

1.「德」是本性，德通乎道，「道」為根源。崇德是尊崇品德，是尊崇內在的德性，德要尊崇根源之道。道德重要的不是去論說，而是去實踐，是當下的實踐，在生活世界中實踐。

2.脩慝，「脩」為脩除、有清掃翦除之義；「慝」為藏匿於心中之不好惡念。脩除惡念，當下用功，這要用的是內在克治功夫，這功夫須得勇猛精進，乃得。

3.辨惑，「辨」為分別、辨析、辨明；「惑」者，心或上或下，或左或右，心無定準，心無所主，隨事隨俗，風動難已也。辨明迷惑，老老實實，真真切切，就此存在，就是定準，迷惑自消。

4.一朝之忿，一時間所引生的忿怒。忿者，其心紛紛，為念所奪，今人所謂心碎者，最能傳達此義。心碎而不能統整，也就忘了自家身子，忘了自己的父母至親。

5.忿者，心碎若刀割，刀割成碎片；怒者，奴其心、因惡念而役其心，使心成為惡念的奴隸。忿怒，是德行實踐的大敵，德行實踐，當要心平氣和。

廿二、樊遲問「仁」。子曰：「愛人。」問「知」。子曰：「知人。」樊遲未達。

子曰：「舉直錯諸枉，能使枉者直。」樊遲退，見子夏曰：「鄉也，吾見於夫子而問；知，子曰：『舉直錯諸枉，能使枉者直』，何謂也？」子夏曰：

「富哉言乎！舜有天下，選於眾，舉皋陶，不仁者遠矣；湯有天下，選於眾，舉伊尹，不仁者遠矣。」

【翻譯】

樊遲請問「行仁」。夫子說：「去關愛他人。」請問「智慧」。夫子說：「去理解他人。」樊遲不通曉明達這道理。夫子接著說：「舉用正直之人，將他安置在不正直之人上面，便可使不正直之人歸於正直。」樊遲退下，見著子夏，問說：「方才我面見夫子，向他請問『智慧』。夫子說：『舉用正直之人，將他安置在不正直之人上面，便可使不正直之人歸於正直。』這怎麼說？」子夏說：「多麼豐富啊！這話。大舜得了天下，在大眾中選拔人才，舉用了皋陶，不仁之人，自然遠去；商湯得了天下，在大眾中選拔人才，舉用了伊尹，不仁之人，自然遠去。」

【說解】

1. 「仁」者愛人，這說的是柔軟的心腸，是種自發的關懷、自發的愛，是人與人存在的道德真實感。「智」者明達，這說的是清明的腦袋，是種辨明事物、分別清楚的智慧，是人對事對物清楚了別的認知。

2.「舉直錯諸枉，能使枉者直」，舉用正直之人，將他安置在不正直之人上面，便可使不正直之人歸於正直；這就是增強生命的正能量，正能量增強了，負面能量自然也就消了。

3.做事，就理念，要上通於天道天理，要神聖、要高遠；就實際，要下落於實事實理，得切要、得實在。切要、實在，就會生長，這生長真真實實的。

4.大舜，孝於其親，友其兄弟，是孝悌典型；舉用皋陶，是整齊法治，使得政治社會共同體能得確立。前者重在內聖，後者重在外王，內聖外王通而為一。

5.商湯革命，除舊換新，所謂「鼎、革」，「革」者去舊，「鼎」者取新，這大變革，須得大能量，大能量何處來，就得取用勝任者。伊尹者，聖之任者也。能如此用人，從切身做去，自然生生、長養育成。

廿三、子貢問「友」。子曰：「忠告而善道之，不可則止，毋自辱焉。」

【翻譯】

子貢請問「交友」。夫子說：「忠誠相告而且能好好引導他，他要是不聽從，那就做罷。不要自取其辱。」

【說解】

1.朋友相處，貴在正直、貴在寬舒，貴在善解，「忠告而善道之」，忠誠相告而且能好好引導他，道理要自自然然地，自自然然地，就會有生氣、有活力。天地之大德曰生，朋友相處得有生氣、有生意。

2.「不可則止」，知止，卻是個起點，須知：有其止處，自有其生生處，這就是「友道」的起點。知止，就有源頭活水來。

3.君子以文會友，以友輔仁，朋友要相互獎掖提攜，要相勉以德，但一切勉勵的起點，是自發的、自願的，相處要的是導生這自發自願。

4.知止處，就是一切文明的起點，文明以止，《易經》賁卦所言，正是此理。《大學》講「明明德、新民、止於至善」，也是此道理。華夏文化道統，就在知止，我們是一知止的文明，這不同於近代西方之為不知止的文明。

廿四、曾子曰：「君子以文會友；以友輔仁。」

【翻譯】

曾子說：「君子以禮樂詩書、學問文章來會聚朋友，以志同道合、生命相與的朋友來輔助仁德的實踐。」

【說解】

1.「文」是詩書禮樂、是學問文章，「會」是生命相與、是慧命相輔，皆足以長養性情也，皆足以堅其志向也。

2.文當會友，友當輔仁，會友必有會心處，輔仁必有通達處。文不能「會友」，則為虛文；友不能「輔仁」，則為損友。虛文損友，亦可不必興矣！

3.以文會友，是共學，有此「共學」，才能以友輔仁，才能進一步談「適道」，有了適道，才能「與立」、「與權」。

4.以文會友，以友輔仁，師友講習，繼其道統，通於天道，這是本分事、是性分事，盡此本分、盡此天性，即此為聖學。

5.朋友之道，重在慧命、重在道業，道業要講習、慧命要傳承。講之習之，大道昌明；傳之承之，生生不息。

——甲午（二〇一四）之夏，七月十六日於臺北象山居

〈子路〉第十三：勇者力行、以正治國

一、子路問「政」。子曰：「先之，勞之。」請益。曰：「無倦。」

【翻譯】

子路問為政之道。孔子說：「先立理念方向，再落實努力去做。」子路請求孔子多說些。孔子說：「持續下去，不要懈怠！」

【說解】

1. 孔子因材施教，子路勇者類型，孔子以先之、勞之、無倦，三者教之，此是一程序之展開。
2. 先之，未發之前，立其理念，定其方向，即刻行動，先於其民也。先在理念、先在方向。
3. 勞之，既發之後，勤勉以之，終始不變，持續不懈，勞於其民也。勞在實踐、勞在持續。
4. 先之，在神，在理念；勞之，在形，在體制；無倦，在時，在持續。
5. 有理念、有信仰的確信，這是終極關懷之契入。能落實，有實踐的篤定，這得整個體制結構的配合。無倦怠，由時間的持續，由這樣的連續性才能長出其同一性來。

二、仲弓為季氏宰，問政。子曰：「先有司，赦小過，舉賢才。」曰：「焉知賢才而舉之？」曰：「舉爾所知，爾所不知，人其舍諸！」

【翻譯】

仲弓做了季孫氏的家宰，向孔子請教為政之道。孔子說：「先要責成職有專司的人去做，寬容赦免個人些小過失，好好啟用賢達的人才。」問：「怎能識得賢達的人才而啟用他呢？」孔子說：「起用你識得的人。那些你並不識得的人，別人豈願捨棄他呢？」

【說解】

1. 宰，是眾家臣中稍高位階者，相當於家臣中的主管。論語所載，仲弓大賢，可使南面，極有才德，孔子啟導他，教之以為政之道。
2. 先有司，司，專有職司，謀定後動，職司為先。先有司，這是對專業的肯定與尊重。
3. 赦小過，赦，寬宥赦免，小過自然癒合，毋庸慮察。赦小過，這是對人性的關懷與信任。

4. 舉賢才，舉，拔擢啟用；賢重在德，才重在能，德如其位、能稱其職，德能兼備，是為賢才。
5. 擢拔賢才，當秉至誠，親臨行事，如劉備之三顧茅廬，方請得諸葛孔明，出山幫忙，若差張飛、關羽，何能請來孔明？其所請者，恐亦是武夫。

三、子路曰：「衛君待子而為政，子將奚先？」子曰：「必也正名乎！」子路曰：「有是哉？子之迂也！奚其正？」子曰：「野哉，由也！君子於其所不知，蓋闕如也。名不正，則言不順；言不順，則事不成；事不成，則禮樂不興；禮樂不興，則刑罰不中；刑罰不中，則民無所措手足。故君子名之必可言也，言之必可行也。君子於其言，無所苟而已矣！」

【翻譯】

子路說：「衛國國君等待著您去治理朝政，您將會先做什麼？」孔子說：「必定得先端正名分。」子路說：「哪有這樣的呢，老師您也真是迂腐啊？何必要先端正名分？」孔子說：「太粗野了，仲由啊！君子對於他所不知的事情，該擱置存疑。名分不正，則話語就不順理；話語不順理，行事便不能成功；行事不能成功，禮樂便難以推行；禮樂難以推行，刑罰便難切當；刑罰不切當，那民眾便會手足無措。因此，君子端正了名分，話語才得出口；話語說得出口，必得落實可行。君子於他所言所說，沒有一處是苟且了事的啊！」

【說解】

1. 此章言衛國國君公子輒，籲請孔子出而為政，孔子以其父子爭國，而有所論也。衛靈公時，蒯聵出亡在外，靈公另立公子輒為儲君，衛靈公薨，公子輒欲即王位，蒯聵返國，父子爭國，名分大亂；正名向為孔子之主張，子路憂孔子之不願出山為政也，因此有此問也。孔子借機教育之。
2. 正名以求實，這是儒家之理想。正名，端正名分，所以尊其位序，如其禮樂也。名正言順，名，是就禮之位分說；言，是就事之職分說。「名」重在人倫次序、禮樂教化之位分結構，「言」重在政令落實、職司行事之具體作為。
3. 「名正」「言順」，落實了就講「事成」。事不只是一件事，而是在一個持續的序列中所成就的一件事，就好像一曲樂章一樣，成不成，要守的是終始之道，不能割離開來看。
4. 名正、言順、事成，進之可論禮樂、刑罰，名正則國體安，言順則政令行，事成則民心定，這樣落實了，其上者，禮樂教化，其下者，刑罰切中。
5. 「無所苟」三個字，就是居處恭、執事敬、與人忠，治事修身，安邦治國，就此而已也。

四、樊遲請學稼，子曰：「吾不如老農。」請學為圃，曰：「吾不如老圃。」樊遲出，子曰：「小人哉，樊須也！上好禮，則民莫敢不敬；上好義，則民莫敢不服；上好信，則民莫敢不用情。夫如是，則四方之民，襁負其子而至矣；焉用稼！」

【翻譯】

樊遲向孔子請學栽種五穀的方法。孔子說：「我不如種田的老農夫。」又向孔子請學栽種蔬菜的方法。孔子說：「我不如種菜蔬的老園丁。」樊遲告退出了門，孔子說：「樊遲真是個志向很小的人啊！在上位的領導人喜好禮教，民眾就不敢不心存敬意；在上位的領導人喜好公義，民眾就不敢不順服義理；在上位的領導人喜好信實，民眾就不敢不用真心實情。果真能做到這些，天下四方的民眾都會背負著兒女前來，哪裡用得著自己去種五穀呢？」

【說解】

1. 稼是栽種五穀，圃是栽種蔬菜。學稼學圃，這是糧食生產業，也是科門之專業。孔子所學所教，安邦治國、人倫孝悌、禮樂教化，這是精神生產業，是跨過專業科門，強調的是通識教養、人倫育成。

2.學稼學圃，糧食生產業，是科門之專業，當有專業之所司，知之為知之，不知為不知，當予尊重。孔子於此真不如老農、老圃。

3.禮者，履也，重在分寸節度，經由儀節法度，以實踐之也。敬，重在專誠致壹，由外而內、終始如一，上通天道也。誠者，天之道；誠之者，人之道。敬能自強無息、生生不已也。

4.義者，宜也，重在客觀法則，強調其公共性、普遍性、正當性；上位者能如此，百姓萬民自能順服也。服者，服膺天理、合乎公道人心也。

5.信者，實也，重在根本確信，強調其必然性、確定性、可信性；在上位者能如此，百姓萬民自能用其真情實理也。情者，實也。用情者，用其真情實理也。

6.居上位者懂分寸節度、守客觀法則、重根本確信，百姓民眾就能專誠致一、服膺天理、用其真情實理。

五、子曰：「誦《詩》三百；授之以政，不達；使於四方，不能專對；雖多，亦奚以為？」

【翻譯】

孔子說：「能誦讀《詩經》三百篇，授權給他去處理政事，不能通達；出使到四方諸國，不能獨立應對。這樣學得再多，又有什麼用呢？」

【說解】

1. 詩本性情，詩有風雅頌。風所以觀政之得失也。雅多用於朝廷宴享，蓋所以傳其文教人倫之雅也。頌多用於宗廟祭祀政務，蓋所以顯其神聖之頌也。
2. 詩教者，本乎性情，達乎人倫，敦於教化，開物成務，內聖外王之道也。
3. 詩者，可以興、可以觀、可以群、可以怨，興發志氣、觀政得失、聚合群族、發抒情感。詩三百，一言以蔽之，曰思無邪！溫柔敦厚，詩之教也。頌詩者，必其通達也，必其性情也，必其正念正能量也。
4. 詩教有其大用也，其大用者，在如其性情，溫之柔之、敦之厚之，就在興觀群怨中讓人的生命真真正正的生長。詩教，可以修身，可以治國，可以邦交也。詩教，其所彰顯的就是王道太平的理想。
5. 孔子六經之教，首在詩教，「不學詩，無以言；不學禮，無以立」，「興於詩，立於禮，成於樂」，中國民族可以說是一詩的民族，一重視詩教的民族。

六、子曰：「其身正，不令而行；其身不正，雖令不從。」

【翻譯】

孔子說：「居上位者身行得正，不用號令，事情自可辦成；身行不正，即使有號令，也沒人聽從。」

【說解】

1. 政者，正也，子率以正，孰敢不正。政治雖與教化有別，但政治必含有教化作用，當政者該當起一適當的教化作用。

2. 身居其位，位有其名，身正則位正，位正則名正，名正言順，言順事成，禮樂興起，刑罰得中，這是儒家教化的倫理學，也是儒家教化的政治哲學。儘管政體有別，但儒家這樣的德化政治學卻是歷久彌新的。

3. 儒家最可貴的是把人格教養提到政令落實前面，他主張政令的落實應配合人格的生長，而不是權力的控馭。儒家強調柔性的生長，不主張剛烈的控制，對於人的奴役與異化，那更不能接受。

4. 儒家認為法治之前必須有德治，無德之治，只講法治，常落到法的權力之治，最後則更滑轉異化為以權力為法律的法制。

5.儒家不是不瞭解法權的道理，而是要說在法權之前必須重視人格教養、德行養成，這裡有本末先後。

七、子曰：「魯、衛之政，兄弟也。」

【翻譯】

孔子說：「魯、衛兩國的政治構成，那可真是兄弟之邦啊！」

【說解】

1.魯為周公之後，衛為康叔之後，周公、康叔，兄弟也，皆為文王之後，當秉文王之德、周公禮樂之教，以為政也。這是就理想層面說。就現實來說，魯衛兩國皆不免，大夫當權，禮壞樂崩，真是一對難兄難弟。

2.魯衛皆為世襲之封建諸侯，傳世而衰，這是宗法制度，氣數所使然。宗法制度，在結構上所依循的是血緣，而孔老孔子則就此血緣深化之，而點示其人格教養、仁義道德，這是一大轉折、一大發展。

3.周公禮樂教化，其所秉持在人倫親情，孔子繼承之、發揚之，提昇之、轉化之，更而創造之。象山所謂「夫子以仁發明斯道」，如是之謂也。

4.周公成就的是人倫親情的禮樂教化，這是世襲的宗法，是小康；孔子成就的是仁義道德的禮樂教化，這不離人倫親情，但跨過了世襲的宗法，成就了世界大同、天下為公的思想。

八、子謂衛公子荊：「善居室。始有，曰：『苟合矣。』少有，曰：『苟完矣。』富有，曰：『苟美矣。』」

【翻譯】

孔子談及衛公子荊，說：「這人善於治理家業。起初有一些，就說：『那就湊合湊合吧！』再增加一些，就說：『那就更完備些囉！』更富足增加一些，便說：『那就好好求其完美吧！』」

【說解】

1.善居室，善於治理家業之謂也。如何為善，當下具足之為善也。這是生命具體落實的智慧。即此具體落實、當下即是，知足而進也。

2.始有、少有、富有，這是三個生命進程、三個生命階段。苟合、苟完、苟美，剛好配稱這三階段。

3. 著個「苟」字，深切之至。「苟」者，如「苟日新、日日新、又日新」的「苟」，苟者，誠也，如其當下也，清淡中有自足，自足中有瞻望，瞻望中有未來，有理想，有終極之關懷也。

4. 俗諺有云：先求有，再求好，更求更好。這裡道出了生命的生長之真實，自自然然，老老實實，走作不得。

九、子適衛，冉有僕。子曰：「庶矣哉！」冉有曰：「既庶矣，又何加焉？」曰：「富之。」曰：「既富矣，又何加焉？」曰：「教之。」

【翻譯】

孔子行往衛國，冉求駕車。孔子說：「人口真是眾多啊！」冉有問：「人口眾多了，又有什麼須再加做的呢？」孔子說：「讓他們都富足起來。」又問：「富足了，又有什麼須再加做的呢？」說：「教化他們。」

【說解】

1. 庶、富、教，這是治國之三大端。庶講的是人口，富講的是經濟，教講的是教養。人口多了，經濟足了，教養好了，這就是好政治。

2.庶講的是人口，「有人此有土，有土此有財」，這是農耕為主，聚族而居的實際狀態。

3.「衣食足，然後知榮辱」，生存問題解決了，生活問題安頓了，最後重點就在生命意義的追尋。這便是人文教養，有此教養，才會確定人們的信念、信仰。民無信不立。

4.在歷史發生的進程上，庶之而後富之，富之而後教之；但就生命之根底來說，教之是最為根本的，它必須內涵於庶之富之的過程裡，只是那時的教之，很可能先是無言之教。無言之教，是正德之事。正德、利用、厚生，正德為先。

十、子曰：「苟有用我者，朞月而已可也，三年有成。」

【翻譯】

孔子說：「如果有人用我治理國家，過一週年也就差不多了，過三週年則可以有更大成就。」

【說解】

1.朞月，周一歲之月也，一年十二個月為一周，是為朞。朞月，可以略布綱紀也。

2.三年有成，何其速也。「三年始免於父母之懷」，人之生也如此，其於政治也亦如此也。一年略布綱紀，二年落實生長，三年可見其長成者，亦可以見其正在生長者。

3. 三年有成，是強調的說，也是真實的說，孔子居衛，不為所用，以故有此言。

4. 儒家政治論必得關連人格育成與文化教養，這樣的政治說的是總體的、根源的生長，它不能速成，須知：十年樹木，百年樹人。

十一、子曰：「『善人為邦百年，亦可以勝殘去殺矣。』誠哉是言也！」

【翻譯】

孔子說：「『良善之人治理邦國百年，也就可以使暴徒不敢為惡，不再使用殺戮刑罰了』，真的這話一點不假。」

【說解】

1. 善人者，良善之人也。雖不及於君子，然邁越有恆者，雖未能有真契於性命天道者，但其為良善亦足以教化人也。

2. 善人者，習之以熟，然未見性也。君子者，習與性成，既熟習之，又見其性也。若夫聖人者，性命天道相貫通也。

3. 勝殘者，殘暴而不敢發為惡也。去殺者，免用殺戮刑罰也。能勝殘，然後教化行；能去殺，然後道德始立。

4.善人為邦，以待君子，以俟聖人也。百年者，三世有餘矣！一而再，再而三，三才成個連續體，才構成一個生命機體，才成為人文積澱的質素。

十二、子曰：「如有王者，必世而後仁。」

【翻譯】

孔子說：「如若有聖王在位，也必定要個三十年，而後才得仁教風行。」

【說解】

1.「善人為邦百年，亦可以勝殘去殺矣」，良善之人治理邦國百年，也就可以使暴徒不敢為惡，不再使用殺戮刑罰了。「聖王則世而後仁」，聖王要個三十年，而後才得仁教風行。功力果有不同也。

2.善人主要在習之為善，未見其性，亦未契於天道也。聖王之為聖王，耳聽之於天、口宣之於人，身力之於行也。一貫三而為王，通天接地，參贊化育之謂「王」。

3.仁政，重在人格育成、文化教養，重點在仁，因仁而有政，是謂仁政。

4.仁政，是生長育成，不是控馭製造，這須要的是時間，是歷史，有時間的連續性，才有生命的同一性。

十三、子曰：「苟正其身矣，於從政乎何有？不能正其身，如正人何？」

【翻譯】

孔子說：「如果能端正自己身行，對從事國政來說，何難之有？不能端正自己身行，如何端正別人？」

【說解】

1.政治，政善治。政治的政，是引導人使之為正的意思。政治一定要談正德，才能利用、厚生。

2.儒家一定要把政治關連到教化，說這是《大學》之道，「大學之道，在明明德，在親民，在止於至善」。學者，覺也，大學之道就是大覺之道，這是全生命的喚醒，是最大的覺醒，從「明明德」開始。

3.「大學之道，在明明德、在親民、在止於至善」，有了這三綱，才能知止。能知止，才能定、靜、安、慮、得。進一步，才能談八目：格物、致知、誠意、正心、修身、齊家、治國、平天下。

4.儒家最重視的是文化教養、人格育成，正因如此，特別重視政治領導人物的身行，身行正了，教化也就行了，人格也就能得育成。

十四、冉子退朝，子曰：「何晏也？」對曰：「有政。」子曰：「其事也！如有政，雖不吾以，吾其與聞之！」

【翻譯】

冉求朝罷回來。孔子說：「何以這麼晚？」回答說：「有些政務。」孔子說：「那應該是些具體落實的處事吧！如果是政務，雖然現在我不參與了，我應該也會與聞其事的啊！」

【說解】

1.政，是政務，是普遍理想，是大方向。事，是處事，是具體落實，是小細節。政務為公，當立於朝堂討論之；處事屬私，則不當在朝堂上處置。

2.一說此處所說的「政」指的是邦國大政，「事」指的是季孫氏家內私事。孔子質疑季孫氏處理政務，未能秉持公道也。

3.朝堂應討論大方向、大原則、大理想，不能流於小細節、小議論、小心眼。這得區分清楚「政」與「事」。

4.孔子稱讚群弟子能從政，說「賜也達、由也果、求也藝」。「藝」容易墮入瑣碎，一落瑣碎，就容易落入偏私。偏私不公，孔子儆之，因而有此論。

十五、定公問：「一言而可以興邦，有諸？」孔子對曰：「言不可以若是其幾也！人之言曰：『為君難，為臣不易。』如知為君之難也，不幾乎一言而興邦乎？」曰：「一言而喪邦，有諸？」孔子對曰：「言不可以若是其幾也！人之言曰：『予無樂乎為君，唯其言而莫予違也。』如其善而莫之違也，不亦善乎？如不善而莫之違也，不幾乎一言而喪邦乎？」

【翻譯】

魯定公問：「一句話可以使邦國興盛，有這樣的嗎？」孔子回答他說：「一句話不可能像是這樣切近而必成的。有人這麼說：『做國君艱難，做人臣也不易。』若果真知道做國君艱難，這句話能使邦國興盛，豈不就是切近而必成的嗎？」說：「一句話可以使邦國喪亡，有這樣的嗎？」孔子回答說：「一句話不可能像是這樣切近而必成的。」有人這麼說：『我做國君沒有什麼好快樂的，只是我說的話沒人敢違抗。』如果是好的，沒人敢違抗，那豈不是很好嗎？如果是不好的，卻沒人敢違抗，這句話能使邦國喪亡，豈不就是切近而必成的嗎？」

【說解】

1. 一言興邦、一言喪邦，雖然話不能講得這麼切、這麼急，這麼必然，但究極論之，果有如是者乎？果有如是者也。幾，近也，期其必也。說的是「切近而必成」的意思。

2. 「為君難，為臣不易」，做國君艱難，做人臣也不易，能有此艱難之思，就能莊敬以之，就能謹慎從之，政務也就能推行了，邦國自也就興盛了。

3. 「予無樂乎為君，唯其言而莫予違也」，我做國君沒有什麼好快樂的，只是我說的話沒人敢違抗。這句話輕佻、浮淺，真是一言可以喪邦。須知：君者，能群者也。做國君的，最重要是要能帶領人臣往善的路上行去，不是讓人臣都不敢違背你。

4. 話要說的平和，不可說的切急；話要說的自然，不要說的詭奇。更重要的是，切急的話，要平和聽之；詭奇的話，要自然化之。孔子就有這方法，這方法不是一般的技倆，而是如其方、如其法，而上遂於道也。這是一種修行。

（甲午二〇一四之秋，八月廿一日晨寫於臺灣東海之濱之元亨居）

十六、葉公問政。子曰：「近者說，遠者來。」

【翻譯】

葉公請問為政之道。孔子說：「先使近處之人愉悅，遠處之人自來歸順。」

【說解】

1. 葉公，姓沈名諸梁，字子高，楚大夫，食邑於葉，人稱葉公。孔子陳蔡之難後，楚昭王迎之至楚，葉公接待孔子，因有此問。

2. 「近者說，遠者來」，何等平易，就此而已。近者悅，是生命的生息互動感通。遠者來，更是生命的追尋與嚮往。政治至於斯，可以說真是正途了。

3. 政治不能僅僅是權力的分配與和均而已；權力能夠分配合均，必須有道理。道理、道理，有道斯有理。道是根源、道是總體，能合乎根源、能協調整體，斯為有道也。

4. 政治不能只講權力的制衡，政治更要講人性的生長；不論人性的生長，政治當然就成為必要之惡。這是近代西方政治為了要免除政教合一，結果把教化都丟失了。

十七、子夏為莒父宰，問政。子曰：「無欲速；無見小利。欲速則不達；見小利則大事不成。」

【翻譯】

子夏做了莒父的縣長，請問為政之道。孔子說：「不要貪求速成，不要只看到小的利益。貪求速成，往往會難以達成，只看到小的利益，往往難成大事。」

【說解】

1.莒父即今山東之莒縣也。子夏姓卜名商，孔子文學科著名弟子。文學者，文化教養、典章制度，皆屬之，其範圍大於今之所謂文學者。

2.政治不是權力的分配與和均而已，政治更是人性的生長；既是人性的生長，就須得合乎生長的原理。生長必須通天接地，怎能草草了事，怎能貪求速成，生長必須如其生命的生長。

3.當政君子，其所觀，當見其全面，不能陷溺於某個小小範圍。見得全局，見得大利，小利雖一時有所失；但總的說來，還是得利的。

4.政治有生命之理，有程序之理；生命之理當得內蘊，程序之理當得落實。有此程序之理，自能從容，從容就能中道。

5.事情要做成，人情要通達。事做成了，人情毀了，這絕非上乘；要做成了事，要通達了人情；更重要的是要上通於道，合其天理。

十八、葉公語孔子曰：「吾黨有直躬者：其父攘羊而子證之。」孔子曰：「吾黨之直者異於是：父為子隱，子為父隱，直在其中矣。」

【翻譯】

葉公告訴孔子說：「我們鄉鄰裡，有個行正直之道的人，他父親順手牽了羊，他出庭作證告發父親。」孔子說：「我們鄉鄰裡也有行正直之道的人，卻與此不同。就這例子來說，父親對兒子會採取隱而教之，兒子對父親會採取隱而諫之的方式。正直之道，就在其中實現了。」

【說解】

1.直躬者，躬行正直之道的人。黨，鄉里之謂也。攘，順勢而取之，攘羊，順手牽羊。這當然是偷盜行為，但事有輕重，應有恰當分別。

2.又「隱」字，或有做「檃栝」之「檃」解者，做「教養」之義，亦可通。

3.父親順手牽羊，兒子出庭告發舉證，這是守法。但這樣的法，不合人情義理。人情是這樣的，父親順手牽羊，兒子應規勸他，將羊放回，或以其他方式補償其過失，合情合理。

4.華人傳統「情、理、法」三者兼顧，情是人情、理是天理、法是國法，人情在「親」、天理在

「尊」、國法在「切」。親在近、尊得嚴、切要當。

5.「法」強調的是限定性，由此限定性而進一步有強制性。「理」強調的是法則性，由此法則性而進一步有規範性。「情」強調的是親近性，由此親近性而得人文教養，無人文教養則親近性會陷溺為偏私、偏比。

十九、樊遲問「仁」。子曰：「居處恭，執事敬，與人忠；雖之夷狄，不可棄也。」

【翻譯】

樊遲請問行仁之道。孔子說：「居處在家，恭謹寬厚；執行任務，專注敬業；與人處事，忠誠信實。能如此，即使到了夷狄之邦，亦不可輕言廢棄。」

【說解】

1.此章可與《論語》〈衛靈公〉篇：子張問「行」。子曰：「言忠信，行篤敬，雖蠻貊之邦行矣；言不忠信，行不篤敬，雖州里行乎哉?立，則見其參於前也；在輿，則見其倚於衡也；夫然後行！」子張書諸紳。合參。

2.居處恭，居處在家，恭謹寬厚，可見「恭」重點在於個己之修行。執事敬，執行任務，專注敬業，可見「敬」重點在於事情之執行。與人忠，與人處事，忠誠信實，可見「忠」重點在於生命之相與。

3. 恭對己、敬對事、忠對人，「恭、敬、忠」三字是行仁之途徑，平易自然、順當如理。

4. 夷狄者，未開化之人也。未開化者，多能保其初心也，故輕輕開示，大有感動也。孔子也慨嘆，夷狄之有君，不如諸夏之亡也。

5. 「仁」是真實的感動，是生命性情的生長，就其德行之內涵說為「恭敬忠」，究其德行之實踐向度說為「孝悌慈」。

二十、子貢問曰：「何如斯可謂之士矣？」子曰：「行己有恥；使於四方，不辱君命；可謂士矣。」曰：「敢問其次？」曰：「宗族稱孝焉，鄉黨稱弟焉。」曰：「敢問其次？」曰：「言必信，行必果；硜硜然，小人哉！抑亦可以為次矣。」曰：「今之從政者何如？」子曰：「噫！斗筲之人，何足算也！」

【翻譯】

子貢問先生說：「如何實踐可以稱得上是『士』呢？」孔子說：「自己做事要有羞恥

之心；出使四方列邦，不玷辱國君託付的使命。這可以稱得上是『士』。」子貢說：「請問次一等的呢。」孔子說：「宗族裡的人稱讚他孝順父母，鄉鄰裡的人稱讚他恭敬長上。」子貢說：「請問再其次一等的呢。」孔子說：「說話信實，做事果斷，像小石子般，堅確自守，看像是器量短狹的小民，卻也可以算是其次一等的了。」子貢說：「當今從政的那幫人如何呢？」孔子說：「唉！這些粗鄙量淺的人，怎可以算數呢？」

【說解】

1.「士」猶如現在所說的「讀書人」，《說文解字》說「十一為士」，十分之一的人可以說是菁英分子。「士以天下為己任」，「士憂道不憂貧，謀道不謀食」，「士志於道」，「士」是能顧及整體、顧及根源的人，或者說「士」是能具有「普遍性、理想性」的人。

2.「士」可分三種：一是「行己有恥，使於四方，不辱君命」，二是「宗族稱孝焉，鄉黨稱弟焉。」，三是「言必信，行必果；硜硜然，小人哉！」。

3.「行己有恥，使於四方，不辱君命」，自己做事能有羞恥之心；出使四方列邦，不玷辱國君託付的使命。這說的是從修身，到治國、平天下。講的是德行人格的確立，政治社會群體的安定與和平。「宗族稱孝，鄉黨稱弟」，宗族裡的人稱讚他孝順父母，鄉鄰裡的人稱讚他恭敬長上。這說的是最基本的孝悌之道的實踐，講的是人倫次序的穩立與生命性情的生長。

4.「言必信，行必果；硜硜然，小人哉！」，說話信實，做事果斷，像小石子般，堅確自守，像看是器量短狹的小民，但孔老孔子卻認為這也可以算是「士」。言必信、行必果，這可以說是「士」的基本款。

5.每讀《論語》：「今之從政者何如？」子曰：「噫！斗筲之人，何足算也！」感慨萬千，原來此事亙古皆然。其有不然者，必為盛世也。

6.「士」，先要有自己的確信，之後要有人倫族群的締結，之後則要通達於天下。這說通了就瞭解「內聖—外王」之道。

廿一、子曰：「不得中行而與之，必也狂狷乎！狂者進取，狷者有所不為也。」

【翻譯】

孔子說：「不能得到中道之行的人，相與為友，那一定要有狂者狷者這兩類型的人相與為友啊！。狂者積極努力、富有進取心，狷者能貞守原則、有所不為。」

【說解】

1.與之，有做「教導」解釋的，有做「相與為友」解釋的，皆可，以後者為佳，故取之。

2.朱熹言「狂者，志極高而行不掩。狷者，智未及而守有餘」，生命要有理想、有方向、有動能，這說的是狂者。生命要有根本、有底氣、有固守，這說的是狷者。

3.有狂、有狷，習之既久，方成中道，天下未有無狂、無狷，成其中道者。無狂無狷之中道，非中道也，蓋鄉愿也。

4.中道者的生命是「有理想、有方向、有動能」的，是「有根本、有底氣、有固守」的。

5.中道者，中（ㄓㄨㄥˋ）道也，是合乎道；這不是和事佬的中，而是守原則、有理想的中。《中庸》說「喜怒哀樂未發謂之中，發而中節謂之和」「致中和，天地位焉，萬物育焉！」，這「致中和」才是真正的中道。

廿二、子曰：「南人有言曰：『人而無恆，不可以作巫醫。』善夫！『不恆其德，或承之羞。』」子曰：「不占而已矣。」

【翻譯】

孔子說：「南國之人有言『人要是沒有恒心，即使巫覡、醫生也做不得。』這話可說得好啊！《易經》恆卦有這樣的話：『不能恆久貞守德性，就可能蒙受羞辱。』」孔子說：「要是沒有恒心，就無須占卜。」

【說解】

1. 洎至春秋時代，南方多巫覡，且以巫覡為醫者多矣！巫覡可以通鬼神，醫者以之寄生死，這看似非人力所能為，皆乃任機以為事者也。孔子告知以即若巫醫，都得有恆常之心。

2. 「不恆其德，或承之羞。」此是《易經》〈恆卦〉九三爻辭，此可見孔子贊周易之深也。蓋如王船山之言，易有貞一之理、有相乘之幾。貞一之理者，恆其德也。有如此的恆其德，其相乘之幾，才能明白。

3. 恆心只平常，平常就在日用之間，篤實行之，自能生長。這就叫恆其德。

4. 有貞一之理、有相乘之幾，惟貞常才能處變，處變者必依乎貞常，鬼神之事如此，生死之際如此，人間更是如此也。

5. 《易經》者，參造化之微、體心念之幾、觀事變之勢，深矣、廣矣，微矣、至矣！易為君子謀，不為小人謀。

廿三、子曰：「君子和而不同；小人同而不和。」

【翻譯】

孔子說：「君子隨和通達，卻不隨便苟同，小人隨便苟同，而不能隨和通達。」

【說解】

1.「和」，隨和、和諧，這包含著諸多差異；雖然不同，但卻可以和諧相處，隨和待之即可。

2.「同」，或強其所同，或隨便苟同，因為害怕惡勢力，所以苟同，苟同久了，也就隨便了，小人於焉而成！

3.君子之和同，以其道而和同也，和同者，因和而同也，和而未必同也，蓋同通於道也。同通於道，這是包容，但不是姑息！

4.小人之同，以其偏私比暱而同也，這是依勢不依道、依力不依理，這樣的同，常落入姑息養奸，結黨營私，沆瀣一氣！

廿四、子貢問曰：「鄉人皆好之，何如？」子曰：「未可也。」「鄉人皆惡之，何如？」子曰：「未可也。不如鄉人之善者好之，其不善者惡之。」

【翻譯】

子貢問說：「鄉鄰裡的人都喜好他，這樣的人如何呢？」孔子說：「無法確定。」又問：「鄉鄰裡的人都厭惡他，這樣的人如何呢？」孔子說：「也無法確定。這都不如鄉鄰裡的好人喜歡他、壞人討厭他，來得準確。」

【說解】

1.鄉人，鄉鄰裡的人，有好人、有壞人，其好惡是隨俗之性好，做不得準的。唯有回到道理，才能做得了準。

2.大家都喜歡他，這叫沒標準；好人好之，壞人惡之，這就叫標準。這樣辯證的對比與勘正，才能彰顯出標準來。

3.「唯仁者，為能好好人，惡惡人」，世俗大眾當然非仁者，那如何好好人、惡惡人，這就必須經由好人好之，壞人惡之，這辯證對比的勘正。

4.世俗化的投票，若不能經由傳播媒體，好人好之，壞人惡之，辯證的對比與勘正，如何可能選賢舉能。

5.民主不是世俗大眾決定就是了，而是少數高瞻遠矚的人提出理念，經由傳媒去教育群眾，讓群眾知道如何好善惡惡，才能真正的選賢舉能，做出適當決定。

廿五、子曰：「君子易事而難說也：說之不以道，不說也；及其使人也，器之。小人難事而易說也；說之雖不以道，說也；及其使人也，求備焉。」

【翻譯】

孔子說：「君子容易事奉卻難以取悅。取悅他而不以正道，他必不喜悅。至於他的用人方式，因材器使。小人難以事奉，卻容易取悅。取悅他，而不以正道，他也喜悅。至於他的用人方式，卻嚴苛地求全責備。」

【說解】

1.君子講道理，小人依心念，心念有執著，執著成勢力。正因為講道理，所以容易相處，處之以道即可。仗勢力，就不好相處，卻可以用偏私之情取悅。

2.講道理的，不容易被取悅，取悅當依道理；既依道理，亦只平常，既是平常，即使是喜悅，也只是澹澹然！記住：這澹澹然，天理存焉！

3.仗勢力的，容易被取悅，順其心念、合其習氣，偏比了、順從了，他也就喜悅了，這喜悅是人欲的喜悅，不必合乎天理才喜悅，卻往往以為喜悅了就是真理。

4.世俗人常說「歡喜就好」，這話不到位；應該說「依其道的歡喜才好，不依其道的歡喜可能不會太好，而且有可能很不好」。

5.君子在「覺」，覺通於道，因此易事難悅，容易事奉卻難以取悅；小人在「執」，執陷於欲，因此易悅而難事，容易取悅，卻難以事奉。

廿六、子曰：「君子泰而不驕；小人驕而不泰。」

【翻譯】

孔子說：「君子安順通達卻不傲慢驕縱，小人傲慢驕縱卻不安順通達。」

【說解】

1.君子以道，道在根源，落實本性，如其根源，合其本性，因此寬舒通達、自然安順。

2.小人逞欲，欲者偏私，偏私成執，執之成勢，勢與勢相交、相角、糾結以成，因此矜持傲慢、滯塞不通。

廿七、子曰：「剛毅木訥，近仁。」

【翻譯】

孔子說：「意志剛正；實踐堅毅；性情樸實，話語謹慎。具此四德，近乎仁者。」

【說解】

1.剛者必強，強須得正，故譯之以剛正。毅者必恆，恆者必堅，故譯之以堅毅。

2.木，樹木也，如樹木之樸實，樸實而如其條理也。訥，从言从內，言嗇於內，而難言也，話語謹慎，依其道也。

3. 剛毅，不隨物而趨，故可化解貪欲、發為大願。木訥，依道理而行，故可樸實平常，生生不息。

4. 剛毅足以有為，木訥足以有守，有為有守，有守是內聖，有為是外王，內聖外王通而為一，唯仁者能之。

廿八、子路問曰：「何如斯可謂之『士』矣」。子曰：「切切、偲偲、怡怡如也，可謂『士』矣。朋友切切偲偲，兄弟怡怡。」

【翻譯】

子路問說：「怎麼做，這才稱得上是『士』呢」。孔子說：「言語懇切、周勉督促，態度怡悅，像這樣子，可以稱得上『士』了。朋友之間，言語懇切、周勉督促；兄弟之間，態度怡悅。」

【說解】

1. 士，讀書人，看的是全面、為的是理想，具有總體性、根源性的實踐作為。他須要的是兄弟倫常的支持，須要的是朋友的切磋砥礪。

2. 切切、偲偲、怡怡，「切切」說的是言語懇切，「偲偲」說的是周勉督促，「怡怡」說的是態度怡悅。

3. 此三者，君子當具之德行也，又分言之，說「朋友之間，言語懇切、周勉督促；兄弟之間，態度怡悅」。朋友者，志同而道合也，既志於道，當切磋砥礪也。兄弟者，同胞手足也，血緣親情，同通於天地，當親之愛之也，養其人倫性情也。

4. 人倫性情，砥礪道義，這是養成「士」的重要標竿，如一車之兩輪、如一鳥之雙翼。兩者不可或缺。

廿九、子曰：「善人教民七年，亦可以即戎矣。」

【翻譯】

孔子說：「賢善之人教養人民，大約七年，就可以使民知義，從戎禦敵了。」

三十、子曰：「以不教民戰，是謂棄之。」

【翻譯】

孔子說：「用未經教養訓練的民眾上場作戰，這可以說是遺棄他們。」

【說解】

1.善人，賢善之人也，有恆心而能為善之人也。依儒家位次，「善人」在「有恆者」之上、「君子」之下，雖未及於聖賢君子，卻能從道向善，蓋如其風俗之醇也，教養風習以為善也。

2.教，教之以孝悌忠信之行，並講求務農習武；教之以家國天下之義，所謂天下興亡，匹夫有責也。使民知義，自可以從戎禦敵也。軍隊要有理念、有目標、有訓練，皆乃教養之謂也。

3.七年，約其數也。生命週期為「始、壯、究」，開始、茁壯、終結，「始壯究、始壯究」，兩個「始壯究」，進到第三個「始壯究」的「始」點，可以從戎禦敵矣！

4.孔子深於生命之理者也，其所論數，或言朞年、或言三年、或言七年、或言十年、或言百年，皆乃生命之數也，如其心意，參會以時，體之自得。

5.用兵是不得已的，孫子兵法有云「兵者，國之大事，死生之地，存亡之道，不可不察也。故經之以五校之計，一曰道、二曰天、三曰地、四曰將、五曰法」，孔子雖不尚兵，卻深於兵者也。

（甲午之秋，九月十七日晨三時半，寫於臺灣東海之濱之慈濟元亨居）

〈憲問〉第十四：知恥明德、修身居藏

一、憲問「恥」。子曰：「邦有道，穀；邦無道，穀；恥也。」「克、伐、怨、欲，不行焉，可以為『仁』矣？」子曰：「可以為難矣，仁則吾不知也。」

【翻譯】

原憲請問什麼是恥辱。孔子說：「邦國有道，政治清明，領食俸祿；邦國無道，政治不清，也領食俸祿，這就是恥辱。」又問：「好勝、自誇、怨恨、貪欲，這幾樣毛病都沒有，可以說是『仁』了吧？」孔子說：「可以說是難能可貴，至於是否是仁，那卻不好說。」

【說解】

1. 原憲，乃原思之名，此章直書「憲問」，或有以為原思自己所記載者。

2.恥，羞愧，指的是面對人事物，自己良心覺得不順當、不合理，因而從內在升起的一種愧怍的心意。這心意要求著人們要能順當合理、讓人事物能恰當而如實地歸返本位。

3.有道、無道，政治清明、不清明，這區分在中國士子身上是十分重要的。政治不清明，而不能使之清明，只是領食俸祿，這便是可恥。

4.或有云：中國為恥感文化、印度為業感文化、基督宗教為罪感文化。這亦可說得通，恥感所以去惡求其善也，業感所以去苦求其樂也，罪感所以去罪而得救贖也。

5.克（好勝）、伐（自誇）、怨（怨恨）、欲（貪欲），能自制而不行，此真難能也，但這並不足以言「仁」。此只是君子之行而已，不足以為仁人之行也。

二、子曰：「士而懷居，不足以為士矣！」

【翻譯】

夫子說：「士君子懷戀安居，那就不足以稱為士君子。」

【說解】

1.「士」，十一也。就只十分之一的人可以為士。士君子是社會群體的秀異分子，當以天下為己任也，不可以自身之安逸為優先也。

2.「士」是有貴族氣的，特別在孔子點化後的「士」，指的則是內修其德，外具才能，並以天下為己任的。

3.士君子，其所居者當為天下之廣居，「廣居」並不是世俗的華夏美屋，而是仁義之道。孟子云「仁者，人之安宅也」。「仁」才真是生命安居的宅第。

4.「士」想的是普遍理想，行的是仁義孝悌，己立立人，己達達人。

5.「士」由「十」、「一」構成，「十」說的是縱貫的「孝、慈」，橫拓的「悌」，底下的「一」，說的是統合、落實，具體的實踐。

三、子曰：「邦有道，危言，危行；邦無道，危行，言孫。」

【翻譯】

夫子說：「邦國有道，政治清明，言語正直，行為正直；邦國無道，政治不清，行為正直，言語要謙遜。」

【說解】

1.危者，高聳危峻，莊嚴方正，直徹本源。簡譯之為「正直」。

2.危言，所以立其標竿，直徹本源，揭示理想。有道之世，政治清明，這樣的言論當可以澄清吏治，百尺竿頭，更進一步也。

3.危行，高峻其行，正直其行也。不論有道、無道，都得正直行事，但卻有不同。有道時之危行，是可以高調行事，朝向理想目標的行事；無道時之危行，是要落實具體，低調行事，自修其德的正直之行。

4.言孫，即言遜也，謙遜其言也。「謙」所以養德而容眾也，容眾才能化解僵局，這是無道之世，士君子所應好好學習的。

四、子曰：「有德者，必有言；有言者，不必有德。仁者，必有勇；勇者，不必有仁。」

【翻譯】

夫子說：「有德行的人，一定有好言語。有好言語的人，不一定有德行。仁者，必定有勇氣，而有勇氣的人未必是仁者。」

【說解】

1.「道」為「根源」，「德」為「本性」；順其根源，如其本性，這就叫做「有德者」。這樣的有德者，必能內據其德，言由心聲，發而為言；這言就是有德者之言。

2.「言」可以就其既成之脈絡，調理之、檢視之，轉化之、創造之，這可以是心智之事，可以是思辯之事，它可以與人的德行無關。

3.「仁」說的是關懷、仁愛、恩慈，真切了、篤實了，就會生出無與倫比的力量來。老子也說「慈故能勇」。

4.「勇氣」可以是血氣之所生，這是氣魄承擔的勇，不是真實的勇；真實的勇是根源於仁義的勇。

五、南宮适問於孔子曰：「羿善射，奡盪舟，俱不得其死然。禹稷躬稼而有天下。」夫子不答。南宮适出，子曰：「君子哉若人！尚德哉若人！」

【翻譯】

南宮适向孔子請教，說：「后羿善射箭，夏奡力能翻覆敵人的戰艦，兩人都不得好死啊！大禹和后稷親自耕種，得天下而治。」夫子沒有回答。南宮适離開後，夫子說：「君子啊！這人。崇尚德行啊！這人。」

【說解】

1.說「羿善射、奡盪舟」力能敵天下，但不足以治；且落到不得好死之境地。相對來說，「禹稷躬稼而有天下」，以身作則，勤於耕作，這便是德行的成長。

2.政治不該是勇力的爭奪，也不該是權力的鬥爭；政治應該是德行的生長。「為政以德，譬如北辰，居其所而眾星拱之」。

3.南宮适，即南容，孔子弟子。孔子稱讚他「邦有道，不廢；邦無道，免於刑戮」，他果真是有道君子，且能明哲保身。

4.天道、天道，就在道，沒有道，光靠勇力，是不成事的；靠勇力，不只不成事，可能毀了自己。

六、子曰：「君子而不仁者有矣夫？未有小人而仁者也！」

【翻譯】

夫子說：「君子或者有不仁義的？小人卻沒有能仁義的。」

【說解】

1.「君子而不仁者有矣夫」，此即「君子而不仁者，有夫矣！」，亦即「有君子而不仁者矣！」。這是倒裝句法。

2.君子是君子，未必能是仁人；但努力之可以成為君子。君子是邁向仁人的梯級之一。

3.小人是小人，因小人所見者小，蔽於人欲；他連君子都不是，更不要說是仁人了。

4.常人努力不懈，斯為有恆者，得禮樂教化，行人倫孝悌，斯為君子。高尚其志，己立立人，己達達人，內聖外王，斯可以為仁人矣！

七、子曰：「愛之，能勿勞乎？忠焉，能勿誨乎？」

【翻譯】

夫子說：「愛他，能不督促他勤勞嗎？對他盡忠，能不拿正道來教誨他嗎？」

【說解】

1.此章可做政治事解、可做教化事解，皆可通。

2.「愛」是關懷、是情義，正因如此，愛他，能不督促他勤勞嗎？

3.「忠」是職責、是正義，正因如此，對他盡忠，能不拿正道來教誨他嗎？

4.古時為政者，作之君、作之師，老百姓能勤勞，則可免於凍餒，這是保民之事也；老百姓能得教誨，則可進於文化創造之境，這是教民之事也。

5.「忠」是「責任倫理」，這是中國所固有的，今有漢學家認為中國沒有責任倫理，只有意圖倫理，這個理解是錯誤的。

八、子曰：「為命：裨諶草創之，世叔討論之，行人子羽修飾之，東里子產潤色之。」

【翻譯】

夫子說：「鄭國發布命令，總是先由裨諶草擬詔命，再由世叔討論研判；之後，由行人子羽修潤增飾，最後由東里子產潤色完稿。」

【說解】

1.此章談論鄭國政令由裨諶、世叔、子羽、子產，循序推敲，仔細覈認而成。

2.或有云，此蓋唐代三省之法的原初處。唐代有「中書、門下、尚書」三省，中書草擬政令、門下推敲覈查，尚書則落實執行。

3.政令之出，其謹慎如此，亦可以無咎矣！此可見中國古代政治之施行，是合理的、程序的，是有其程序理性的。

4.中國傳統政治雖無如今世之民主憲政，但它是有治道的，不只有治道，而且有政道。只是其政道未能有效解決權力的合法性爾矣！

九、或問子產。子曰：「惠人也。」問子西。曰：「彼哉！彼哉！」問管仲。曰：「人也，奪伯氏駢邑三百，飯疏食，沒齒，無怨言。」

【翻譯】

有人問起子產。孔子說：「他是懂得對老百姓施恩惠的人。」問子西。說：「他呀！他呀！」問管仲。說：「這可真是個人物啊！奪了伯氏駢邑三百戶，使得伯氏只能粗食菜蔬活命，一直到死，都無怨言。」

【說解】

1. 鄭子產施政，懂得惠利於民，為孔子所稱。至於子西，孔子則不予評論。「彼哉彼哉！」，雖無評論，已有評論。須知：不評論就是評論。
2. 夫子頗能知道管仲的才能，管仲有理念、有見識、有謀略、有膽力，是大政治家。管仲之為小器，是就私德來論；若就公義以論之，他可真是了不起的人物。夫子稱之。
3. 器量狹小，這是教養不足、胸襟不寬；但管仲能相桓公、霸諸侯、不以兵車，一匡天下，讓華夏文明延續，這是了不起的千秋大業，這功業就是德行。
4. 這已經不是政治功業而已，它更是民族生存的千秋偉業。因此，夫子稱讚管仲「如其仁，如其仁」！

十、子曰：「貧而無怨，難；富而無驕，易。」

【翻譯】

夫子說：「貧窮而沒有怨恨，很難；富有卻不驕縱，倒是容易。」

【說解】

1.此蓋人情之常也，夫子從容道來，卻有幾分勸勉。

2.貧者多怨，貧而無怨，必有所樂，其所樂者道也。非士君子，其誰能之。

3.富者多驕，富而無驕，得有所節，能有所節者，有教養也。夫子進言之，不只富而無驕，要能富而好禮，這才是可貴的。

4.貧而樂道、富而好禮，就能生出文化教養；文化創造於焉誕生！

十一、子曰：「孟公綽，為趙魏老則優，不可以為滕薛大夫。」

【翻譯】

夫子說：「孟公綽，做為趙魏兩門的家臣勝任有餘；卻不可以當滕薛兩國的大夫。」

【說解】

1.孟公綽，魯大夫，性情廉靜，望尊而不能處雜。夫子故說其可以做為趙魏兩門的家臣，勝任有餘；卻不可以當滕薛兩國的大夫，蓋能力有所不逮也。

2.趙魏之家臣，位高而無權，望尊而少責，孟公綽可以勝任。滕薛乃小國，其政事繁雜，孟公綽難以勝任。

3.有的人有名望，可任之以大事，但卻不能任之以小事；有的人雖然位子稍卑屈，無法任之以大事，小事卻可以做得很好。

4.有名望未必有才能，有才能不一定有名望。名望、名望，有名者，未必有望；才能、才能，有才者，未必有能。

十二、子路問「成人」。子曰：「若臧武仲之知，公綽之不欲，卞莊子之勇，冉求之藝，文之以禮樂；亦可以為成人矣！」曰：「今之成人者，何必然？見利思義，見危授命，久要不忘平生之言；亦可以為成人矣！」

【翻譯】

子路問如何是一完善人格的人。夫子說：「像臧武仲的明智，孟公綽的寡欲，卞莊子的勇氣，冉求的才藝。再加上，禮樂的文化修養，也就可以說是完善人格的人了。」又說：「如今要說一完善人格的人又何必如此？看見利益，能反思正義；見到危險，能承受命令；日子久了，仍不忘平生與人邀約的誓言，這也就可以算做完善人格的人了。」

【說解】

1. 臧武仲、孟公綽、卞莊子，都是魯國賢士大夫。
2. 若臧武仲之智，像臧武仲的明智，能明智，則判斷可準確。若公綽之不欲，像孟公綽的寡欲，能寡欲，則不為外勢所奪。
3. 若卞莊子之勇，像卞莊子的勇敢，有勇氣，則行事迅急，果行育德。若冉求之藝，像冉求的才藝，有才藝，則事事能曲盡周全，仔細完成。
4. 「禮樂」是最重要的教養，禮者，所以節度分寸也。樂者，所以和合同一也。能有禮樂之教，人就可以成為一文明人。蓋文明以止，這是《易經．賁卦》所說，蓋知止所以文明也。文明人是知其所止的。

十三、子問公叔文子於公明賈，曰：「信乎？夫子不言不笑不取乎？」公明賈對曰：「以告者過也！夫子時然後言，人不厭其言；樂然後笑，人不厭其笑；義然後取，人不厭其取。」子曰：「其然！豈其然乎？」

【翻譯】

孔子向公明賈問公叔文子，說：「這是真的嗎？這位先生不言、不笑、不取於人嗎？」公明賈回答說：「這是因為傳話的人傳得太過頭了。其實，老先生因應時宜，然後有言，因此人不厭其言；遇逢樂事，然後歡笑，所以人不厭其笑；依據正義，然後取用，所以人不厭其取。」孔子說：「是這樣嗎？難道真是這樣嗎？」

【說解】

1. 公叔文子，姓公孫名拔，亦作公孫發，衛國大夫；公明賈，衛國人。公叔文子時有盛名，夫子向公明賈探聽，以徵其實也。
2. 時然後言，人不厭其言；知時變、識機宜，貞常處變者也。
3. 樂然後笑，人不厭其笑；秉性情、順自然，通達情理者也。
4. 義然後取，人不厭其取；據義理、得公正，去取分明者也。

5.貞常處變、通達情理、去取分明，此大賢者也，常人所難及。夫子以是有「其然！豈其然乎！」的概嘆。

十四、子曰：「臧武仲以防，求為後於魯，雖曰不要君，吾不信也。」

【翻譯】

夫子說：「臧武仲仗著防邑的險要，要求他的後代繼嗣魯國的卿位。雖有人說這不是要脅，我卻不信。」

【說解】

1.防邑為臧武仲之封邑，武仲獲罪，出奔於邾，又自邾至防，他派遣使者，謙辭向魯君請求讓他的後代能繼嗣魯國的卿位，之後，他才避邑他去。因其遺詞極為謙遜，故時人未有言其非者。夫子不以為然，而有此論。

2.夫子此論，蓋春秋筆法也。臧武仲，獲罪出奔，又返至防邑，據險以求，望能立嗣，如何遣詞，如何謙遜，都難免是要脅。

3.春秋筆法，貶天子、退諸侯、討大夫，於斯可見。這亦可見儒家名分政治的重要，蓋正名以求實也，所以興其禮樂也。

4.於此，可見夫子春秋責備賢者之意。總體來說，夫子稱讚臧武仲是一智者，彼亦知道，武仲之為，乃不得以而為之也。其勢所然也，然其道則不相稱也。

十五、子曰：「晉文公譎而不正；齊桓公正而不譎。」

【翻譯】

夫子說：「晉文公行事詭譎而不守正派，齊桓公行事正派而不詭譎。」

【說解】

1.「以德行仁者王，以力假仁者霸」，齊桓公、晉文公，皆乃霸主也。然齊桓公仍守其正也，晉文公則不守其正。齊桓公尊王攘夷，名號上以周天子為依歸，晉文公雖亦攘夷，然尊王則有所不足也。

2.有云「桓公伐楚，仗義執言，不由詭道」，而「文公伐衛以致楚，陰謀以取勝，率由譎詭之道」，以是而有此論。

3.齊桓一傳而衰，晉文之後，世代常主華夏之盟，有人以此高揚晉文之功，而忽略齊桓者，夫子審心念之幾，而以「正、譎」二字論之，其理甚分明也。

4.夫子所論，如其春秋，義理分明；然據實以論，當時世道已衰，春秋大義，晦而不明，滔滔天下，勢利為用，晉文公譎而不正，所以成其霸也。

5.夫子作春秋，亂臣賊子懼，貶天子、退諸侯、討大夫，筆削抉擇，正譎二字，誅心之論也。

十六、子路曰：「桓公殺公子糾，召忽死之，管仲不死。」曰：「未仁乎！」子曰：「桓公九合諸侯，不以兵車，管仲之力也。如其仁！如其仁！」

【翻譯】

子路說：「齊桓公殺了公子糾，召忽為主死難，管仲卻不死。」有人說：「管仲不仁啊！」孔子說：「齊桓公多次召集諸侯會盟，而不憑仗戰車武力。這可都是管仲的力量啊。這就是他的仁啊！這就是他的仁啊！」

【說解】

1.齊襄公無道，被弒身亡，局勢混亂，後公子小白得勝，即位是為齊桓公。桓公殺其兄公子糾。管仲、召忽皆為公子糾家臣，召忽為主死難，而管仲不死，願為囚犯，後得鮑叔牙推薦，反而幫助了敵對者桓公，成為桓公的宰相，稱霸天下。管仲之行，有違世俗，子路是以有此問。

2.仁義有大、有小，為君死難，此小仁小義也。為國族、為天下，求其太平，使老百姓能過好日子，這才是大仁大義。

3.見識有大小，胸襟有廣狹，管仲之見識、胸襟，召忽之所不及也。

4.世云「無鮑叔，則無管仲」：鮑叔何等眼光、何等見識、何等胸襟；鮑叔、管仲，兩人相較，論才能，管仲勝之，論人品，鮑叔迥乎其上也。

十七、子貢曰：「管仲非仁者與？桓公殺公子糾，不能死，又相之。」子曰：「管仲相桓公，霸諸侯，一匡天下，民到于今受其賜。微管仲，吾其被髮左衽矣！豈若匹夫匹婦之為諒也，自經於溝瀆，而莫之知也！」

【翻譯】

子貢說：「管仲該不是個仁人吧！齊桓公殺了公子糾，他不能為其死難，又做了齊桓公宰相。」孔子說：「管仲輔佐齊桓公，稱霸諸侯，一統天下，百姓萬民到現在還享受其恩賜。如若沒有管仲，我們恐怕要披著頭髮、左衽穿衣了。難道要像匹夫匹婦守著小信，自縊于山林溝壑，無聲無息，不為所知嗎？」

【說解】

1.夫子很少許人以仁，管仲功業雖偉，然其器小哉，應該當不起作為「仁人」，因此，弟子嘗試問之。子路先問，弟子們仍有所疑，故子貢復問之。

2.以其私德論之，管仲之器小哉！夫子鄙之、論之；然這不妨礙其大功也。值得注意的是，這大功是「大公」的大功。大公者，至德也。這樣的大功，已經不只是功業而已，他可上遂為德行也。

3.夫子言「管仲相桓公，霸諸侯，一匡天下，民到于今受其賜。微管仲，吾其被髮左衽矣！」，管仲之功在天下、在萬民、在百姓，在華夏，此所以為仁也。

4.生命要看高、看遠，不能看小、看狹；信是大信，不能是小信；義是大義，不能是小義；仁是大仁，不能是小仁。

5.人之秉性、氣質或有駁雜，但理想、願力，卻足以成其大德也。

（甲午深秋，十月廿日凌晨三時寫於福德街元亨居）

十八、公叔文子之臣大夫僎，與文子同升諸公。子聞之曰：「可以為『文』矣！」

【翻譯】

公叔文子的家臣大夫僎，與文子一同升到朝廷公卿。夫子聽聞了之後說：「這人真可以稱之為『文』了。」

【說解】

1. 公叔文子推薦其家臣，同升為朝廷公卿，可見其胸懷寬廣，學勤好問，不辱社稷，斯可以稱之為「文」也。
2. 公叔文子，衛獻公之孫，名拔，或做發（蓋古時，拔、發音同），頗具見識與襟懷。
3. 依《周書》諡法，稱之為文者，凡有六等，經天緯地、道德博厚、學勤好問、慈惠愛民、愍民惠禮、錫民爵位。
4. 公叔文子非但不嫉妒其家臣之賢德者，又能為之舉薦，這一方面看出其人格的高尚，另方面，可見當時平民為士者之力量，已爬升到相當的地步。

十九、子言衛靈公之無道也，康子曰：「夫如是，奚而不喪？」孔子曰：「仲叔圉治賓客，祝鮀治宗廟，王孫賈治軍旅；夫如是，奚其喪？」

【翻譯】

孔子說及衛靈公的昏庸無道，康子說：「既是這樣，為什麼還不丟失王位？」夫子說：「有仲叔圉處理外交、接待外賓，有祝鮀處理祭祀、管理宗廟，還有王孫賈處理國防，統帥軍隊。像這樣，怎麼會丟失王位？」

【說解】

1. 治國，最重要的是「知人善任」，仲叔圉（即孔文子）處理外交、祝鮀管理祭祀、王孫賈掌管國防，都各盡其才，得其所任。
2. 國防、外交及祭祀，三件事，可以說是國家最重要者。外交所以連結諸侯，立於國際。國防所以防禦外侮，安於國內。祭祀所以續其正統，生生不息。
3. 江山不替、王位不失，在於國家有其統緒的合法性，有其立足於國際之正當性，有其軍事的力量能安內攘外。依夫子所言，足食、足兵、民信之矣！
4. 有云「不失其所者，可以久」，有了那樣的場域、那樣的處所，安立好了制度，尋找了適當的人，自可以生生不息。
5. 「道」就在場域中，就在處所內，就在天地之間，天地有道，人間有德，斯謂之「道德」。

二十、子曰：「其言之不怍，則為之也難！」

【翻譯】

夫子說：「那人說起話來一點都不愧怍，那做起事來可也就難了！」

【說解】

1.以上所譯，大體依朱子之註「大言不慚，則無必為之志，而不自度其能否矣！欲踐其言，豈不難哉？」。

2.若依馬融之註，則迥然不同。馬註云「怍，慚也；內有其實，則言之不慚。積其實者，為之難也。」內有其實，則言之不慚；能如此內積其實，勠力而為，此所為是為難也。

3.就「句法語勢」來論，朱註為佳。以義理論之，馬註實有其可通處。以朱註為佳，故取以為譯。

4.話語必出於本心，其心真誠，方能生出實踐之動力。

廿一、陳成子弒簡公。孔子沐浴而朝，告於哀公曰：「陳恆弒其君，請討之。」公曰：「告夫三子。」孔子曰：「以吾從大夫之後，不敢不告也！君曰：『告夫三子』者！」之三子告，不可。孔子曰：「以吾從大夫之後，不敢不告也！」

【翻譯】

陳恒弒殺齊簡公。孔子沐浴，入朝覲見，稟告魯哀公，說：「陳恒弒殺了他的國君，請出兵討伐他。」哀公說：「稟告三家大夫吧！」孔子退朝後說：「只因我曾當過大夫，因此不可不稟告；而魯國國君居然說，去稟告三家大夫吧！」夫子到了三家大夫那裡稟告，他們不允許出兵。孔子又說：「只因我曾當過大夫，因此不可不稟告啊！」

【說解】

1. 陳成子，即陳恆，於魯哀公十四年（西元前四八一年）弒殺其君，齊簡公。弒君之賊，人得而誅之。

2. 孔子曾為魯國大夫，時為大老，彼既知之，當上告朝廷。以其大事，上告朝廷，故必沐浴而朝，從於禮制也。

3. 夫子上朝稟告魯哀公，蓋欲有所作為也。不意哀公要他去稟告三家大夫。三家大夫不願出兵。因三家大夫（孟孫、季孫、叔孫）並不認為此是大罪過。此可見，三家大夫根本不認為國君有其尊崇者在。

4. 此章可見當時禮壞樂崩，道理不存，唯勢力為尚；以時局來論，此亦是不得不然者。然夫子仍守周制，蓋盡其分、如其禮也。

5. 夫子刪詩書、訂禮樂、贊周易、修春秋，為的是保護古文化，以述為作，傳述之、轉化之、創造之，欲建立其道德之理想王國也。

廿二、子路問「事君」。子曰：「勿欺也，而犯之。」

【翻譯】

子路問「如何事奉國君」。夫子說：「不可欺瞞他，而且要能犯顏而諫。」

【說解】

1. 「君臣以義合，合則留，不合以義去」，君是老闆，臣是職員，同樣為了一共同的志業奮鬥，他們的構成須符合共同體的「義道」。
2. 古時，夏商周為宗法封建，秦漢至清季為君主專制，君臣多為隸屬性的關係，但於志業上仍須以「道」為歸依。「君待臣以禮，臣事君以忠」。
3. 理想的狀況下是「事君，無犯、無隱」；若有不得，則「勿欺也，而犯之」。不可欺瞞他，而且要能犯顏而諫。
4. 進到民國，君臣關係從「隸屬之局」轉為「對列之局」。君臣仍有其主從關係，但這是事務上，就其功能的主從關係。它不再是人身的隸屬關係。

廿三、子曰：「君子上達；小人下達。」

【翻譯】

夫子說：「君子向上通達於道，小人向下落實於器。」

【說解】

1.「君子、小人」可以「位」言，可以「德」言。以位言，君子者，居上位之管理者；小人者，居下位之被管理者。

2.君子須上達於道，「道」是總體的根源，「道」是普遍的理想；小人則須落實於倫常器用之中，「器」是具體的器物，「器」是人間的現實。君子須上達於道，管理方能就緒；小人須落實於器，生命才得安頓。

3.此章可與「君子喻於義，小人喻於利」一章同參。喻於義，故心向於道，而懷理想以致之。喻於利，故身落實於器，具體真切篤實以行。

4.「君子、小人」，若以「德」言，上達下達，轉成價值之評定，而不只是生存之分工。說「君子日漸通達高尚，小人日漸趨於下流」，此亦可以成說，但此不如以「位」言，來得適當。

廿四、子曰：「古之學者為己；今之學者為人。」

【翻譯】

夫子說：「古之學者，所學是為了修養自己，今之學者，所學是為了讓人知道。」

【說解】

1.為己者，求於內也。為人者，求於外也。荀子有言「入乎耳，著乎心，為己也。入乎耳，出乎口，為人也。為己，履道而行；為人，徒能言之。」

2.為己，內求自我之完善，為的是人格教養之涵化。為人，外求他人之賞識，為的是外在的功名利祿。

3.古今作一對比，這事拿「古、今」來說「理想的情況」與「現實的情況」。這不能輕易的理解成以古非今；為的是對比的彰明。

4.學問、道業之成，須先著力在自家身心上用功夫；如此才能「己立立人，己達達人」。

廿五、蘧伯玉使人於孔子。孔子與之坐，而問焉。曰：「夫子何為？」對曰：「夫子欲寡其過而未能也。」使者出。子曰：「使乎！使乎！」

【翻譯】

蘧伯玉差使者去見孔子。孔子要他坐定，就問他：「您家老先生做些什麼？」回答說：「老先生想減少自己些過錯，卻總還沒能做好。」使者告退出去，孔子說：「使者啊！這可真是個使者！」

【說解】

1. 蘧伯玉，衛國大夫，姓蘧，名瑗，字伯玉。孔子老友，衛國之賢者。孔子居衛，嘗宿於其家。《淮南子》〈原道訓〉有言「蘧伯玉年五十，而有四十九年非」，可見他欲寡過的修行事實。
2. 「欲寡過」者，修行之事，日進於聖賢之德也。「而未能」，謙懷以讓，求教於人也。人能修行而日進於聖賢之德，且謙懷以讓、求教於人，真乃賢德君子也。
3. 「使乎！使乎！」讚嘆之言也。讚嘆其果真是一好使者。使者當如實以對，識得大體，且傳述正面信息。
4. 朱子有言「其進德之功，老而不倦，是以踐履篤實，光輝宣著，不惟侍者知之，而夫子亦信之也。」言之極是。

廿六、子曰：「不在其位，不謀其政。」

廿七、曾子曰：「君子思不出其位。」

【翻譯】

孔子說：「不居在那職責位分上，就不謀算推行其政務。」

曾子說：「君子之所思，不可出離其職責位份。」

【說解】

1. 此可與夫子之「正名」思想同參。君君、臣臣、父父、子子，此是從禮分上說。
2. 因其禮分，而有其使命，有此使命，依位行權，造福大眾，生生不息。
3. 依其所位，是為當位。切當其位，推展政務。如此為「忠」，這是「忠於職守」，這「忠」就是責任倫理。「忠」是職務之配當，與行事之忠誠，非主奴般之巧言佞色也。
4. 夫子所重者禮，禮在人倫之位份，推而擴之，禮在職守之本份。此雖與今所謂之「權利」與「義務」之配當相通，但精神裡子，卻是上通天地之道，下貫人間之德。此禮治與法治之大別也。
5. 禮治是德治、仁治，具體落實而有分寸，其所重者人性情之生長與完善。法治是權治、利治，重在切實而嚴格，此權利義務之配當也，以事物之功利效益為主。
6. 「君子思不出其位」，此《易經》艮卦大象傳，艮為知止，知其所止，思所以不出其位也。曾子引此以證，可見其契道之深也。

廿八、子曰：「君子恥其言而過其行。」

【翻譯】

夫子說：「君子最羞恥的是言過其行。」

【說解】

1.《論語》〈為政〉子貢問君子。子曰：「先行其言，而後從之。」，這清楚的標舉出夫子極強調實踐的優先性。

2.知行問題是中國哲學的重要議題，但不論是朱子的「知先行後」，還是陽明的「知行合一」，都強調實踐的重要性。只是朱子強調「行」必須依循於一超越的形式性原則；陽明則更強調「行」來自於內在總體根源性的動力。

3.「恥」是從群體中昇起一股自發的動能。恥是一群人約束性所形成的道德氣氛，不順意，千夫所指。我們的傳統以「知恥的倫理」為重，西方文化以「責任的倫理」為重。

4.中國：恥感文化。西方：罪感文化。印度：業感文化。中國文化是「知恥而發」，這是以「氣的感通」為主導的文化脈絡，它與西方文化之以「話語的論定」為主導的文化脈絡有別。

廿九、子曰：「君子道者三，我無能焉：仁者不憂；知者不惑；勇者不懼。」子貢曰：「夫子自道也！」

【翻譯】

夫子說：「君子之道有這三個，我卻未能做好。仁德之人不憂心，明智之人不疑惑，勇敢之人不懼怕。」子貢說：「夫子他自己行的就是這道啊！」

【說解】

1. 仁者具柔軟的心腸，智者具清明的腦袋，勇者具堅定的意志；能有這三者，就能不憂心、不疑惑、不懼怕。

2. 有柔軟的心腸，故仁者多能包容，且有化解之能力，因此，不必憂心。以故，夫子說「仁者必有勇」，老子也說「慈故能勇」。

3. 「仁者樂山，智者樂水」，山為知止，水為靈動；靈動之水，必以山為歸依。有此靈動，故可以有清明之腦袋，以故可以無所疑惑。

4. 仁為關懷，智為判斷；智依於仁，而勇又依於仁智。有真實之關懷，有清明之判斷，如此之勇，是仁勇、是智勇，是仁智之勇，以故無所懼怕。

5. 「智、仁、勇」三者，恰可與「知、情、意」三者對比，分為三，然必和合同一於道也。惟

「志於道」者，方可期其「智、仁、勇」也。

三十、子貢方人。子曰：「賜也，賢乎哉？夫我則不暇！」

【翻譯】

子貢評謗他人。夫子說：「賜啊！你果真賢明了嗎？這事我可沒閒工夫！」

【說解】

1.方者，謗也。漢語，古無輕唇音，方、謗，古音同，其義亦同。「方」有「比方、議論、評謗」之義。
2.子貢方人，夫子責之。然有云：夫子亦好方人，此又何也？蓋子貢方人，是依其己見；孔子方人，則是據乎天理。
3.據乎天理，其所方者，公論也。依其己見，其所方者，私謗也。夫子見子貢之賢，猶有未足也，故教示之。
4.中國傳統必談「有真人而後有真知」，換句話說，是將認識論與修養功夫論關連在一起。子貢方人，多屬習氣，未能及於天道也。
5.蓋「執」陷溺於欲，「識」了別於物，「知」定止於心，「明」通達於道。這「執、識、知、明」乃中國傳統知識論及修養功夫論之層階也。

卅一、子曰：「不患人之不己知，患其不能也。」

【翻譯】

夫子說：「不用擔心別人不知道你自己；該擔心的是自己不具備那能力。」

【說解】

1.《論語》所載，文字稍異，義理通於此者，多矣！這可見夫子所重在於自家之真才實學，在於自家人格自我完善之養成。

2.除此篇外，尚有數處，一在〈學而〉，子曰：「不患人之不己知，患不知人也」。另一在〈里仁〉，子曰：「不患無位，患所以立；不患莫己知，求為可知也。」又一在〈衛靈公〉，子曰：「君子病無能焉，不病人之不己知也。」

3.凡此諸篇皆可歸本於《論語》〈學而〉第一章「人不知而不慍，不亦君子乎！」，這正闡明了儒家所強調的是為己之學，而不是為人之學。

4.以上所言，皆乃「恕道」也。恕者，如心之謂也。同情共感的去關懷別人，回到自家腔子裡作主，己立立人，己達達人。

卅二、子曰：「不逆詐，不億不信。抑亦先覺者，是賢乎！」

【翻譯】

夫子說：「不可預先懷疑他人欺詐，也不可預先臆測他人不守信諾。反過來說，我果能不預先懷疑、臆測，也能事先覺察到，這可算是賢明了吧！」

【說解】

1. 逆者，迎也。事未至，我先疑其詐也，此之謂逆詐。億者，臆也。事未至，而心有所懸也。心懸以為其為不守信諾也。
2. 蓋疑者不明、臆者多惑；不疑不臆，心有主宰；詐者難隱，誠信可見，斯為善矣！
3. 「抑亦先覺者，是賢乎」可有兩解，依朱子注，則如上所譯；另則依孔安國注「先覺人情者，是寧能為賢乎，或時反怨（冤）人。」則當譯之為「反過來說，經由預先懷疑臆測，也能事先覺察到，這哪裡能算是賢明呢？」因為，這樣有時反而會冤枉了人。
4. 兩說各有勝義，今取朱子之說而譯之，蓋通行故也。漢宋有別，漢注所重在生活世界之實踐；宋注多重在心性修養之檢點。此漢學、宋學，經學、理學，各有所長，各有所偏也。

卅三、微生畝謂孔子曰：「丘！何為是栖栖者與？無乃為佞乎？」孔子曰：「非敢為佞也，疾固也。」

【翻譯】

微生畝對孔子說：「丘啊！為何你如此地奔忙不息呢？看要像是佞者巧言善辯以取信於人嗎？」孔子說：「不敢巧言善辯做個佞者啊！我痛惡的是頑固執泥的人。」

【說解】

1. 微生畝，微生其氏，畝其名。或有做尾生畝者。又或有以為此人即尾生高。尾生之信，固執不通也。
2. 微生畝直呼夫子為「丘」，其辭甚傲慢，其年齡當長於夫子，且為相熟之人也。夫子疾其固也，惡其執一也。
3. 栖栖者，棲棲也，夫子周遊列國，棲棲遑遑，言其如若飛鳥之翔集不定也。「佞」說的是巧言善辯，以取信於人。
4. 夫子周遊列國，宣揚理念，為的是大道之行也，天下為公。微生畝議其為佞者，真乃無知妄臆也。
5. 夫子言「非敢為佞也，疾固也。」，你看這事何等從容，何等自然，就只如此自然從容，說出疾固也，痛惡的是頑固執泥之人啊！

卅四、子曰：「驥不稱其力，稱其德也。」

【翻譯】

夫子說：「千里馬，我們不稱許牠的氣力，而稱許牠的德行。」

【說解】

1.驥者，千里馬之謂也。千里馬力能行遠，然必待騎者，相與調理，相協其性情也。苟性情不相協，則雖有氣力，亦難致千里之遙也。

2.千里馬如此，人更是如此，德行是優先的，態度是重要的；沒有好德行、好態度，你的能力是無法使出來的。

3.「德行」「氣力」必須兩相匹配；無氣力，只德行，那是柔弱而空洞的；只氣力，而無德行，那是剛強而盲目的；有德行、有氣力，才能明照天下，千里可致。

4.「德行」與「氣力」，缺一不可，然「德行」尤其重要。《尚書》有云「正德、利用、厚生，惟和」，良有以也。

（甲午之冬，十一月十七日凌晨二時寫於臺北福德居）

卅五、或曰：「以德報怨，何如？」子曰：「何以報德？以直報怨，以德報德。」

【翻譯】

有人說：「拿善德來報答仇怨，這怎樣呢？」夫子說：「那要如何報答善德呢？應拿正直來報答仇怨，拿善德來報答善德。」

【說解】

1. 儒家重視的是人倫世界的是非對錯，這裡隱含一價值的相互配稱。「以直報怨，以德報德」，正是如此。
2. 道家重視的是自然本性的回歸與解化，他重點不在價值的配稱，而是回到總體根源的生長。「報怨以德」，正是如此。
3. 老子講「善者吾善之，不善者吾亦善之，德善」、「報怨以德」，這裡說的「德」重點是「內在的本性」，而不只是相互配稱的善德而已。
4. 儒家從「人倫的位序」說起，重在「正名以求實」；道家則回歸「自然的常道」，重在「去名以就實」。
5. 從「人倫的位序」到「自然的回歸」，再從「自然常道」落實為「人倫位序」，這是迴環相生、生生不息的。

卅六、子曰：「莫我知也夫！」子貢曰：「何為其莫知子也？」子曰：「不怨天，不尤人；下學而上達。知我者，其天乎！」

【翻譯】

夫子說：「真沒有人理解我啊！」子貢說：「怎麼說是沒有人理解您呢？」夫子說：「不怨懟天道，不責怪他人。往下落實學習人間事務，往上通達於造化之源。理解我的，那恐只有那造化之源的上天了吧！」

【說解】

1.「下」是就具體落實說，「上」是就總體根源說；下學而上達，往下落實學習人間事務，往上通達於造化之源。

2.下學而上達，踐仁以知天，天人合德，本為同一，這是中國哲學之血脈，夫子深有體悟也。

3.古代典籍有言「帝」、「天」、「道」者，雖有不同，意旨近而同之，都有造化根源之義。殷商說「帝之令」，周初說「天之命」，而春秋則說「道之德」。

4.「天、人」關係，可以借用馬丁・布伯（Martin Buber）之言，這是「我與您」（I and Thou）的關係，而不是「我與它」（I and it）的關係。天雖有其超越義，但又具有其內在義，祂是既內在而又超越的。「天人、物我、人己」，是通而為一的，這是存有連續觀的格局。

卌七、公伯寮愬子路於季孫，子服景伯以告，曰：「夫子固有惑志於公伯寮，吾力猶能肆諸市朝。」子曰：「道之將行也與？命也；道之將廢也與？命也；公伯寮其如命何！」

【翻譯】

公伯寮在季孫氏那裡說子路的壞話。子服景伯拿這事來告訴孔子，說：「季孫氏聽了公伯寮的話，心志已經被迷惑了。要不的話，我卻有能力殺了公伯寮，把他陳屍街頭市上。」夫子說：「那造化根源的大道將要行開來了吧！這是天命啊！那造化根源的大道果就無法行開來嗎！這也是天命啊！公伯寮他豈能奈何得了天命呢？」

【說解】

1. 公伯寮，字子周，魯人。愬，譖讒、譭謗，說壞話。肆，誅而殺之，暴屍於眾也。市朝，猶今之市場也，人群匯集；古時行刑於市朝，警惕大眾也。

2. 夫子及群弟子所要行的是大道，夫子周遊列國為的是自己的道德理想，而不是為了功名利祿。

3.大道得行，得志澤加於人；大道不行，不得志，修身現於世。行不行，有天命；聖賢豪傑「知其不可而為之」。

4.知其不可而為之，天命昔果不行，然信其將行也。天命之信，信其永恆不輟也，信其將行也。夫子相信天道，深切篤實而有光輝。

卅八、子曰：「賢者辟世，其次辟地，其次辟色，其次辟言。」子曰：「作者七人矣！」

【翻譯】

孔子說：「賢者見天下無道，而逃避其世；其次，見邦國險亂，而逃避其地；再其次，見辭色壞亂，而逃避其色；又其次，見言語穢惡，而逃避其言」。夫子說：「因此起而離去的，已經有七人了。」

【說解】

1.辟，避也。逃避，不是消極的逃遁；而是另種積極的蘊蓄。這為的是生生不息的民族生命延續。

2. 賢者見天下無道，而逃避其世；辟世，所以救其世也。這為的是人世之道的培育。
3. 賢者見邦國險亂，而逃避其地；辟地，所以救其地也。這為的是邦國政治的重建。
4. 賢者見辭色壞亂，而逃避其色；辟色，所以救其色也。這為的是辭色誠敬的生長。
5. 賢者見言語穢惡，而逃避其言；辟言，所以救其言也。這為的是話語朗暢的清明。

卅九、子路宿於石門。晨門曰：「奚自？」子路曰：「自孔氏。」曰：「是知其不可而為之者與？」

【翻譯】

子路在石門歇了一宿。早晨進城，城門守衛說：「你打從哪兒來？」子路說：「我從孔門氏族來。」那人應答說：「就是那位知其不可為而為的人嗎？」

【說解】

1. 子路晨門之問，子路與那早晨守門的問答，可見晨門亦是有學之人，可見夫子之理想聞達於諸侯也，聞達於大夫也，聞達於庶民百姓也。
2. 夫子是「知其不可而為之」，老子是「為而不有」；夫子莊嚴而可敬，老子自然而可親。
3. 夫子保住的是文化慧命，老子保住的是自然生機。

4.文化慧命要承擔，方得永續；自然生機要放開，才得任化。

四十、子擊磬於衛。有荷蕢而過孔氏之門者，曰：「有心哉，擊磬乎！」既而曰：「鄙哉，硜硜乎！莫己知也，斯已而已矣！深則厲，淺則揭。」子曰：「果哉！末之難矣！」

【翻譯】

夫子在衛國時，一天正敲著磬，有個荷著草筐經過孔氏門前的人，說：「有用世之心啊！這敲磬的人啊！」過了一會兒又說：「這磬聲硜硜然，真是固執啊！沒有人理解你自己，既然這樣，那也就算了。水深，就連帶衣裳一起蹚過去；水淺，就撩起衣裳涉水過去。」夫子說：「果就這樣！但這又有什麼困難的呢？」

【說解】

1.聽聞擊磬之聲，而知夫子為有心之人，此非有心人，何能聽之。誰為有心，夫子固有心，荷蕢者亦有心也。夫子有心而堅持之，荷蕢者有心而避棄之。

2.有心者，有用世之心也。夫子用世心切，以是之故，磬聲硜硜然。以其硜硜然，故荷蕢者鄙之。

3. 硜硜然，不可鄙也。硜硜然，用世心切，非為功名利祿也，乃為大道不行，先天下之憂而憂也。

4. 「深則厲，淺則揭」，借此以指責夫子為不識深淺時宜者。其實，夫子真知世俗之時宜，然不願為之。夫子所知之時宜，蓋調適而上遂於道也，依乎天理，以論人世也。

5. 果決容易，堅持則難；果決是斷，堅持為續；果斷則離，持續為生。

四十一、子張曰：「《書》云：『高宗諒陰，三年不言』何謂也？」子曰：「何必高宗？古之人皆然。君薨，百官總己，以聽於冢宰，三年。」

【翻譯】

子張說：「《尚書》說『殷高宗居喪，三年不聽政事』。這是什麼意思？」夫子說：「哪裡只是高宗！古時的人都是這麼做的。君主過世，文武百官總攝其職，都聽命於宰相，嗣君三年不聽政。」

【說解】

1.古代政治在「宗」與「社」，「宗」是血緣的、縱貫的；「社」是地緣的、橫攝的。會於社，統於宗，又以宗為主。以是之故，天子薨，嗣君當守喪三年。這三年政事歸於宰相。

2.天子之責在於縱貫的生命的延續，冢宰之責則在於橫攝的政務之操持；國君宰相相輔相成。

3.諒陰，古時天子居喪之名。諒者，信也，誠信以繼之也。陰者，蔭也，承繼祖先以受其庇蔭也。諒陰者，誠信以繼之，受其祖先之庇蔭也。

4.三年不言，所以默而契之於祖先、神明、天地也，此所以盡其孝道也。「孝」乃是對生命根源的縱貫追溯與崇敬，守孝三年，所以求其生生不息也。

四十二、子曰：「上好禮，則民易使也。」

【翻譯】

孔子說：「居上位的人喜好禮儀節度，那麼人民也就容易役使了。」

【說解】

1.禮者，履也，是實踐的途徑，是禮儀節度，是規範、分寸。居上位者好禮，必有常節、有常德，能如此，老百姓心中那把尺自然分明。

2.民意如流水，流水平，可以載舟，流水盪，可以覆舟。何以平之，唯禮而已矣！

3. 可以與「克己復禮」一章同參。克己復禮，天下歸仁焉！

4. 禮以別異，樂以和同；無有別異，如何和同；別異所以和同也，和同所以別異也。

四十三、子路問「君子」。子曰：「修己以敬。」曰：「如斯而已乎？」曰：「修己以安人。」曰：「如斯而已乎？」曰：「修己以安百姓。修己以安百姓，堯舜其猶病諸。」

【翻譯】

子路請問君子之道。夫子說：「修己之身，使之誠敬」。再問：「像這樣就可以了嗎？」再回答：「修己之身，以安養家人。」又問：「這樣就可以了嗎？」又答：「修己之身，以安養百姓。修己之身，以安養百姓，這連堯舜他們可能都難以做到啊！」

【說解】

1. 「修己以敬」，直是核心，這是內聖外王之交關處，子路不解，以為不足，故有「如斯而已乎」之問。

2.「敬」是「主一無適」，專注於一，心無他往，這「一」既是部分，即是整體。「敬」的工夫是貫徹內外的，是貫徹動靜的。

3.修己以安人，此內聖外王，交與為一體，既本內聖而開外王，又由外王而迴返內聖。

4.「修己以安百姓，堯舜其猶病諸」，點出教化大行之不易也。以其不易，故當生生不息的努力，薪盡火傳。

四十四、原壤夷俟。子曰：「幼而不孫弟，長而無述焉，老而不死，是為賊。」以杖叩其脛。

【翻譯】

原壤蹲踞在地。夫子說：「幼時不敬遜長上，年長又無可稱述，老了還活著不死，這可真是害群之賊啊！」用手杖敲叩他的腳脛。

【說解】

1.原壤，孔子故舊老友，夷俟以待，蹲踞在地，非禮也。說是非禮，卻也有幾分自然天機。引來夫子罵之為賊，更是鮮活有趣！

2.對比來說，「幼而遜弟，長而有述，死而不亡」，斯可以成其人倫孝悌之美善也。

3.以杖叩其脛，用手杖敲叩他的腳脛，這是說「該起而力行，怎能坐在那兒不動呢？」
4.生命不能平鋪的攤在那兒，生命該起而力行，生命該落實具體，並縱貫地向上發展。

四十五、闕黨童子將命。或問之曰：「益者與？」子曰：「吾見其居於位也，見其與先生並行也；非求益者也，欲速成者也。」

【翻譯】

闕黨地方的一位童子來見夫子，夫子要他傳遞訊息。有人問夫子說：「這童子求上進嗎？」夫子說：「我看見他居坐在成人席位，又看見他與長輩並肩而行。他不是什麼求上進的，而是急於求成功表現的。」

【說解】

1.闕黨之為闕，所缺者何？禮也，教養也。童子來見夫子，夫子見其欲速成，故使之將命，要他傳遞信息，讓他有機會見識到該當如何也。
2.學如行水，盈科而後進，豈可躐等而進。闕黨童子真不知分寸，然他卻是有意願求進步的，只是用錯了心力。

3. 此章可見「夫子循循然善誘人」，調理折衷，讓人性能在實踐的過程中，歸返到本位，殊為難得也。

4. 學當「求益」，不當「速成」；「求益」當「日知其所亡，月無忘其所能」，步步踏實，充實了自有光輝，有了光輝，自能「美、大、聖、神」。

——甲午之冬十二月十八日午前寫成於花蓮慈濟大學

〈衛靈公〉第十五：恭己南面、忠恕一貫

一、衛靈公問陳於孔子。孔子對曰：「俎豆之事，則嘗聞之矣；軍旅之事，未之學也。」明日遂行。在陳絕糧。從者病，莫能興。子路慍見曰：「君子亦有窮乎？」子曰：「君子固窮；小人窮斯濫矣。」

【翻譯】

衛靈公向孔子請教用兵布陣之方，孔子回答他說：「關於宗廟祭祀之禮，那我聽說過，但軍旅用兵之事，可沒學過。」第二天，孔子就離開了衛國。行到陳國，斷絕了糧食，跟隨的學生都餓病了，起不了床。子路心裡慍怒，晉見孔子說：「君子也有窮困窘迫的時候嗎？」孔子說：「君子窮困窘迫時要堅定其志向，小人窮困窘迫，便胡作非為了。」

【說解】

1. 陳，同陣。俎豆者，古時之祭器，借此以說祭祀之禮儀。

2. 安邦治國，不在軍旅用兵，不在布陣作戰；而在禮樂教化，在人倫孝悌。儒家認為政治是離不開教化的，離不開禮樂的。

3. 子路之問，安危之際，真乃性情也。但孔子之答，卻看見道德之崇高莊嚴，這崇高莊嚴，就是華夏立身齊家、治國平天下之本。

4. 子路慍見孔子，這「慍」字極有味，這是「生命之本然」，「人情之自然」；夫子即於此，明白點化，說出「義理之當然」，「人心之自覺」。

5. 固，堅定其志向，堅固其義理，堅持其理念也。志，心中有了定盤針，便能堅固義理、堅持理念。思慮抉擇，為中流砥柱，這便是「固」。

二、子曰：「賜也，女以予為多學而識之者與？」對曰：「然，非與？」曰：「非也！予一以貫之。」

【翻譯】

孔子說：「賜啊！你以為我是個多學又強記的人嗎？」子貢回答說：「是啊，難道不是嗎？」孔子說：「不是的，我將所學貫通起來成了一個整體。」

【說解】

1.多學而識，這是知識的累積。孔子學問固然博大，但重點不在此，子貢所見僅及於此。此亦可見其猶不免商人習氣也，可惜了。

2.孔子之學貴在融貫，貴在通達，所謂「一以貫之」，是總體而通貫，是貫通而為總體。這是有本有源的根源之學，是承繼古往來今的通貫之學。

3.是「一以貫之」不是「以一貫之」，一以貫之，是通達、是融貫的天人性命之學；以一貫之，則成了絕對化、強制化的意識型態。

4.今人有謂，儒家是一個世界論者，此不同於西方文化之為兩個世界論者。這說法，得強調：儒家的一個世界是貫通生死幽明、神聖與凡俗的一個世界。絕不能只當成這俗塵世界的此生此世而已。

5.一以貫之，是包容多元的，是多元而一統的格局，不是單元而統一的格局。「春秋大一統」，這是「一以貫之」。「秦漢大統一」，這變成了「以一貫之」。這就是「道的錯置」。

三、子曰：「由，知德者鮮矣！」

【翻譯】

夫子說：「仲由啊！能曉得德性的人，太少了啊！」

【說解】

1.「德」者，得也，得於己也，得於天理也，得於天道也。

2.「德」是就本性落實處說，這是德性；「道」是就天理根源處說，這是天道。道德、道德，因其道，如其德，斯為道德。

3.知，不只是認知，而且是參與、實踐、體會、證成，這「知」得上升到「乾知大始，坤作成物」去說。

4.認知容易，體知為難，因其體知，而能行之篤切，那可更是難上加難。

四、子曰：「無為而治者，其舜也與！夫何為哉？恭己正南面而已矣。」

【翻譯】

孔子說：「能任化無為而治理天下的，那大概只有舜吧！那他做些什麼呢？恭敬修己，端正地坐在朝向南面的天子之位罷了！」

【說解】

1.儒道兩家本為同源互補，都盛讚無為而治；都強調少些人為的干預，多些任化無為。

2.這「無為」是不造作，是順著生命的韻律，是如其本然，讓它好自生長。

3.道家說的是「自然常道」，儒家說的是「人倫常道」；同樣的，道家的無為而治，是依於自然常道；儒家的無為而治則依於人倫常道。

4.人倫常道，重點在參贊化育，從恭己說起，重在由人倫的內聖通向禮樂的外王；自然常道，重點在於順成無為。

5.恭己正南面，這樣的無為而治，看似容易，其實難上加難；這是人倫孝悌，這是禮樂教化，而且是通天接地、古往來今，由人倫常道通達於自然常道的「無為而治」。

五、子張問行。子曰：「言忠信，行篤敬，雖蠻貊之邦行矣；言不忠信，行不篤敬，雖州里行乎哉？立，則見其參於前也；在輿，則見其倚於衡也；夫然後行！」子張書諸紳。

【翻譯】

子張問實踐之道。孔子說：「說話忠誠信實，行事篤厚莊敬，即使是在野蠻的國度也行得通。說話不忠誠信實，行事不篤厚莊敬，即使是在鄉里間行得通嗎？站著時，就看到它就站在你前面一樣；在車上，就看到它倚靠在車前橫木一樣，這樣也就到處行得通了。」子張把孔子的話，書寫在自己腰間的大帶上。

【說解】

1.廣義的實踐之道，包括：「言」與「行」，言得忠信，行當篤敬，方為君子。
2.忠是忠誠，信是信實，忠誠本乎天，信實結乎人，即此忠信，便是天人性命之學。
3.篤敬，「篤」說的是厚重落實，「敬」說的是誠實完成。今人說老實做事、老實念佛，這「老實」兩字就是篤敬。老者，持續不已；實者，敦篤不虛。
4.蠻，古稱南蠻。貊，古稱北狄。蠻貊者，未開化之邦也。雖未開化，卻是人心篤厚，忠誠以之，必可行也。
5.儒家實踐，不離人倫、不離孝悌，不離仁義道德，不離禮樂教化。儒家強調內聖外王之道，說透了仍然是「言忠信、行篤敬」，這是儒家實踐的法鑰。

六、子曰：「直哉史魚！邦有道，如矢；邦無道，如矢。君子哉！蘧伯玉！邦有道，則仕；邦無道，則可卷而懷之。」

【翻譯】

孔子說：「正直啊！史魚這位賢人！國家政治清明時，言行像箭矢般的正直；在國家政治黑暗時，言行也像箭矢般的正直。君子啊！蘧伯玉這位賢人！國家政治清明時，他出來做官；國家政治黑暗時，那他可把自己收卷懷藏起來。」

【說解】

1.這裡說的是兩個賢人的典型，一是不論國家有道無道，行事都如箭矢般的正直；另一是明事理、知進退，懷藏仁義、修己教化。

2.史魚，名鰌，字子魚，衛國大夫，行事正直，著名於世，是崢崢的好漢子。蘧伯玉，名瑗，衛國大夫，是個謙懷能讓、修身切己的君子。

3.人各依性情做事，史魚的正直，成就的往往是社會正義；而蘧伯玉成就的往往是文化教養。

4.在華人社會來說，史魚的正直是更難得的，是更可貴的；但這並不意味蘧伯玉就不可貴，其實總的來說，蘧伯玉才是較為圓滿的。只是兩千年帝皇專制，須有史魚之正直才能打破一點沉悶！

5.蘧伯玉之行事，不是一般世俗人所以為的懼怕勢力、明哲保身，他為的是長久的人倫教養、禮樂教化而努力。

七、子曰：「可與言，而不與之言，失人；不可與言，而與之言，失言。知者不失人，亦不失言。」

【翻譯】

孔子說：「可以和他言談，卻不和他言談，這錯失了人才。不可以和他言談，而卻和他言談了，這便錯失了言談。智者既不錯失人才，也不錯失言談。」

【說解】

1.可與言，而不與之言，失人；不可與言，而與之言，失言。錯失人才，寧不可惜！錯失言談，卻可能招來禍害。

2.要能不失人、不失言，就得知言、知人；知言不易，知人尤難。知言，要得歷事經驗多；知人，要得心性體會深。

3.智慧像是太陽一樣，光照萬物，自然分明，無所隱遁。智慧也像水一樣的活活潑潑，靈動無方。

4.此章可與《孟子》一書的知言養氣章合看。孟子說：「詖辭（偏曲之辭），知其所蔽；淫辭（蕩肆之辭），知其所陷；邪辭（邪僻之辭），知其所離；遁辭（閃躲之辭），知其所窮。」

八、子曰：「志士仁人，無求生以害仁，有殺身以成仁。」

【翻譯】

孔子說：「志道之士和仁德之人，不會為了求得生命而傷害仁德，而會犧牲了身家性命來成全仁德。」

【說解】

1. 志士者，志道之士也。志道，「志」是心有存主、有定向；「道」是總體根源，是普遍理想。志士可說是那心有存主、有定向，心向那總體根源，那普遍理想的讀書人。
2. 仁人者，仁德之人也。「仁」是存在的道德真實感，是一「我與您」的關係下的不可自已的真情相與，他的情感是通乎天地蒼生，通乎宇宙創造之源的。
3. 軀體是承載生命的載體，軀體重要，而那生命更重要。宇宙是一大生命，天人物我人己本來就是通而為一的，志士仁人懂得這道理，所以做得來。
4. 生命、生命，「生」是創造，「命」是限制，生命就是在限制中創造，在創造中限制，軀體是有限制的，但生命精神卻是傳諸久遠的。
5. 求生害仁，這樣會害了宇宙大生命；殺身成仁，這便救了宇宙大生命。

九、子貢問為仁。子曰：「工欲善其事，必先利其器。居是邦也，事其大夫之賢者，友其士之仁者。」

【翻譯】

子貢問如何實踐仁德？孔子說：「工人想要作好他的工作，必先使他的工具銳利，居住在邦國裡，先事奉這邦國的賢大夫，並結交這邦國的仁德士人。」

【說解】

1. 為仁，實踐仁德。為仁無所不在，修身、齊家、治國、平天下，自內聖以至於外王，都是「為仁」。這裡所指大體以在一政治社會共同體下的實踐來說。
2. 「工欲善其事，必先利其器」，說的是方法與效益，這是孔子所重視的，儒家不只要有理想，也要有現實實踐的能力，這樣才叫做「道術兼備」。
3. 賢者，此偏在治國面上說。仁者，此偏在教化面上說。教化為本，治國當以賢能者為優。
4. 教化足以潤澤天下蒼生，治才能將國家政事做好，這樣就是實踐了仁。仁的實踐是必須置於生活世界，置於歷史政治社會總體下來理解的。
5. 一個國家，「士」是基礎，「大夫」是骨幹，有了厚實的基礎，有了能幹的骨幹，這便可以稱做「仁」的實踐。

十、顏淵問為邦。子曰：「行夏之時，乘殷之輅。服周之冕。樂則韶舞。放鄭聲，遠佞人；鄭聲淫，佞人殆。」

【翻譯】

顏淵請問如何治理邦國？孔子說：「行夏代曆法，節氣正確，乘商代的木車，樸實堅固，戴周代的禮帽，文質相宜，採用舜時代的韶音樂舞，盡善盡美。禁絕鄭國的音樂，遠離小人。鄭國的音樂淫漫無節，小人的言語逢迎諂佞。」

【說解】

1.夏建寅、殷建丑、周建子，到孔子時，曆法已須改革，孔子主張夏代之曆法，以其節氣準確故也。乘商代的木車，樸實堅固，戴周代的禮帽，文質相宜，採用舜時代的韶音樂舞，盡善盡美。

2.這根據的都是歷史經驗，孔子是十分重視歷史經驗的。歷史像一面鏡子，後之視今，如今之視昔，足為鑑戒。

3.孔子總結了夏商周三代，並且上契於堯舜，雖處末世，但追本溯源，欲重開一道德理想的教化政治。

4. 孔子對鄭國音樂時有貶謫，所說鄭聲淫，淫者，過也，情思無節，所以為過也。情思無節，則難以從容中道也，難以節制而長養其仁也。

5. 孔子十分重視音樂，而此必與禮儀、詩頌，關連一處，所謂「興於詩、立於禮、成於樂」也。詩所以興發性情志氣也，禮所以分寸節度也，樂所以和合同一也。

十一、子曰：「人無遠慮，必有近憂。」

【翻譯】

孔子說：「人若沒有長遠的思慮，一定會有當前的憂患。」

【說解】

1. 遠慮所以免其近憂也，近憂則知當遠慮矣！遠慮者，多能長遠地看事情，這是帶有歷史意識、時間意識的看待問題，這是孔子生命性的思考。

2. 中國文化最講天長地久，最重視大空間、長時間；但卻也重視當下，重視此時此刻，因為千里之行必起於足下，這裡看到我們先哲的真切智慧，就是一個「實」字而已。能實就能切，謂之切實。

3. 有遠慮，能長遠看問題，帶有歷史意識、時間意識，進一步便能生出超越意識、神聖意識，孔子「文王既沒，文不在茲乎」，「知我者，其天乎！」便是如此。

4.中國民族是最具有時間意識的民族，這是我們生生哲學的可貴處、平常處，在平常中見到可貴，在小草的生長中，看到哲學的奧秘。「生」者，小草之出於泥土也。

十二、子曰：「已矣乎！吾未見好德如好色者也！」

【翻譯】

孔子說：「算了吧！我不曾見到愛好德性如愛好美色一樣的人啦！」

【說解】

1.好色者，生命之自然，人情之本然也。好德者，生命之自覺，人文之當然也。

2.自然容易，自覺為難；本然容易，當然為難，難在何處？難在反躬，能反躬以踐其實，那何難之有？

3.好色是順著生命血氣的，好德是要逆著生命血氣，迴返生命之源，重新啟動，讓那本體良知，如如生長。好色可說是本能，但好德是良知良能。

4.良知良能，不是生物學意義的，而是道德學意義的，他要的是「知良能良」，知能為一，皆以良善為本性。

十三、子曰：「臧文仲，其竊位者與？知柳下惠之賢，而不與立也。」

【翻譯】

孔子說：「臧文仲，應該是一個會竊據官位的人吧！他明知柳下惠的賢德，卻不推薦給國君和他同朝共理國事。」

【說解】

1.臧文仲，魯國大夫，臧孫辰，妒賢而竊位，孔子以為其不仁也。柳下惠，魯國大夫展獲，字禽，食邑於柳下，謚曰惠，史稱柳下惠。孟子謂「柳下惠，聖之和者也」。

2.居上階官位者，不知賢謂之不明，知賢而不舉用，謂之蔽賢。蔽賢者，竊其位而自據之也，此之謂竊位。

3.古往來今，竊位者多矣！不仁者多矣！中國後來想出的拔擢人才方式，開科取士，讓寒門得以仕進，社會階層流動，文化因此能得廣布民間，這是一極大進步。可惜後來僵化了，又是一病。

4.「和」是和而不同，不同而和，和最為強調的是差異性、多元性，以其多元而差異，才構成和諧也。

5.中國文明之極致，強調其為宇宙造化之源，這是將極大的差異統合於一，「一陰一陽之謂道」，這即張載所說「太和所謂道」。這智慧是極為深刻的。

十四、子曰：「躬自厚，而薄責於人，則遠怨矣！」

【翻譯】

孔子說：「自己要求得嚴格，而對於別人過錯應輕微指責，那就可以遠離別人對你的怨懟了。」

【說解】

1. 勇於責己才能長氣力，若勇於責人，那是會耗盡氣力的。
2. 厚者，多也、深也、切也，篤實也。躬自厚，就能長出許多氣力來，就能生長出大志向來。
3. 勇於逆著自家生命本能血氣的，能回歸生命本體的，就能得天地厚重之氣，得此厚重之氣，方得生養也。
4. 厚重者老實，老者，持續不斷也；實者，篤切不虛也。能得老實，就得契入性命天道。
5. 薄責所以寬容也。寬者能容，能容才能調理，才能長育，如此便生機盎然。

十五、子曰：「不曰：『如之何，如之何』者，吾末如之何也已矣？」

【翻譯】

孔子說：「不說『這事應當怎麼做？怎麼做？』這樣的人，我也不知道該對他怎麼辦？」

【說解】

1.不說「這事應當怎麼做？怎麼做？」這樣的人，可以說是一昏蒙之人，少了覺醒、少了反思，這樣的人必然遠離了仁心。

2.如此昏蒙之人須得啟蒙，但啟蒙是童蒙求我，不是我去求童蒙，生命只能靠自己，不能依靠別人。

3.孔子慨嘆，正可見當時世風如此，孔子周遊列國，為的是人倫孝悌、禮樂教化，唯有人倫孝悌、禮樂教化，才能讓人有所覺。

4.中華民族文化傳統最重要的教養哲學之核心是「覺性」，覺是喚醒，喚醒生命本體之源，這是心體之源，同時也是道體之源，宇宙造化與心性本體是通而為一的。

十六、子曰：「群居終日，言不及義，好行小慧；難矣哉！」

【翻譯】

孔子說：「一群人聚在一起一整天，所說話語多不及於義理，就喜好賣弄小聰明，這種人可真難教導啊！」

【說解】

1.顧炎武《日知錄》說及當時世代，北方人是「飽食終日，無所用心」，南方人是「群居終日，言不及義」，風氣之衰，於斯可見。

2.飽食終日，無所用心，是渾噩其心智。群居終日，言不及義，是輕浮其言談。此亡天下之衰世也。悲夫！

3.有小慧者，必無大智，是不可與於大道也。大智者上通於道，以其大道所以為明也。

4.言及義、行及仁，德修之、學講之，斯可以養其文教之風也。

十七、子曰：「君子義以為質，禮以行之，孫以出之，信以成之；君子哉！」

【翻譯】

孔子說：「君子以義理作為根本，依禮法而力行，用謙遜的話語來表達，用信實的態度來完成，這就是君子了。」

【說解】

1. 這裡說的是君子所以為君子的行事方式，明白義理，還是居在首位；明白義理，才能篤守禮法。態度謙遜，信實完成。

2. 態度謙遜，便是恭敬，能此恭敬，就能內修於己，外成其事，當然，信實是必要的，沒了信實，那「孫以出之」，只是表象，那是無效的。

3. 義以為質，義須得落在質地上說，這樣的義理才是真切而篤實的義理。沒了質地，那空談何用？

4. 義、禮、孫、信，就此四者，「義、禮、信」三者可以為德目，而「孫」則不足以為德目，但在落實處卻是最重要的。應該好好重視。

5. 「信」是確定性、必然性，五德配五行，信為土，這是說那確定性與必然性，須是如地之厚德載物。土居中，信是一切中和所歸之所。

十八、子曰：「君子病無能焉，不病人之不己知也。」

【翻譯】

孔子說：「君子所擔心的是自己沒有什麼才能，而不是擔心別人不知道自己。」

【說解】

1.此章可與〈里仁〉篇所載「子曰：『不患無位，患所以立；不患莫己知，求為可知也。』」共參。皆所以明君子所求者在己之謂也。

2.儒家君子之道最強調的是人格的自我完善歷程，這是求諸己，而不是求諸人的。

3.病，以此為病痛，轉語即為「擔心」。生命重點在於自家好自生長，而不是與人爭競短長，論得失輸贏。

4.你長成了大樹，誰都見得，太陽大了，路過者總要來乘涼；即使沒有路過者，你卻也是昂然而立，立於天壤。

5.儒道兩家都強調不爭之德，儒家置於人倫位序來生長，道家置於天地之間，歸返自然。他們都強調以生長取代競爭，強調共生、共長、共存、共榮。

十九、子曰：「君子疾沒世而名不稱焉。」

【翻譯】

孔子說：「君子所擔心的是：自己過世了，聲名卻不稱其真實。」

【說解】

1.此章世俗多作「君子擔心的是他歿世之後，他的名字不為人們所稱揚」。此世俗之論也，非孔子之言也。
2.夫子強調的是「正名以求實」，其所懼者、所疾者，沒世而「名不稱實」，並不是「名不稱揚」。
3.如此，才能與《論語》首章孔子所說「人不知而不慍，不亦君子乎！」相應和。若做「名不稱揚」解，顯然違背了孔子之義理。今當改正。
4.「稱揚」固然也重要，但須有可稱揚者，無可稱揚者，如何稱揚。君子所求者「稱實」而已，何必稱揚也。稱揚之說，世俗之儒之俗言也。
5.儒學也者，安身立命之學也，為的不是出人頭地；契得了天道性命，自是頂天立地，豈止出人頭地。

二十、子曰：「君子求諸己；小人求諸人。」

【翻譯】

孔子說：「君子求的是自己，小人求的是別人。」

【說解】

1. 君子強調的是人格的自我完善，小人是要作給別人看，讓人來肯定他。
2. 君子所求在己，因此生命充實而有光輝，小人要求的卻是別人的掌聲與青睞。
3. 君子所由者道，所喻者義；小人所因者勢，所喻者利。
4. 常人而志於道則成君子，常人而求於利則多成小人。
5. 以前的教育是士君子以為教，現在的教育則是小人以為教，以前說的是人生義理，現在卻只要教你世俗功利。哀哉！

廿一、子曰：「君子矜而不爭，群而不黨。」

【翻譯】

孔子說：「君子莊重而不與別人爭執，與人相處合群而不結黨。」

【說解】

1. 矜有多意，驕矜是矜，矜持是矜，但此處做矜莊、莊重之意。莊重者，以道為莊敬而厚重也。道，任其生長，而不必與之爭競也。
2. 「群」是就公共說，「黨」是就偏私說，公共而普遍，故講公義，偏私而暱己，故講情義。
3. 儒家所說的道德是在公領域說的，「道」是公體，「德」是德行，在公體下的德行，是之謂道德也。

4.今有學者，有以為儒學所論多在私領域，而不及於公領域，此說不確。「為人謀而不忠乎？」，「言忠信，行篤敬，雖蠻貊之邦行矣！言不忠信，行不篤敬，雖州里行乎哉？」這當然說的是公領域。

5.儒家所重之道德自應在公領域說，居然被認為是私領域，這樣的認定呈現的意義為何，這卻是值得注意的。尤其是聞名國際的漢學家也做如此之論，那更要好好想想漢學是怎麼一回事。

廿二、子曰：「君子不以言舉人；不以人廢言。」

【翻譯】

孔子說：「君子不因為好的話語就舉用他，也不因為這人不好而廢棄了他好的話語。」

【說解】

1.話語雖是人說出來的，但說出來了就有他自己的生命、他客觀的領域，與說話者應有一適當的分別。

2.話語就其適當的領域說，有其客觀性、有其普同性，他可以經由辯證而清楚的被確認是否切近於真理。

3.提出者之話語儘管切近於真理，但必須與此提出者分離開來，再去審視這提出者；因為人的生命實踐力是更複雜的。

4.人的生命實踐力與話語的辯證所得之真理是迥然不同的；話語可以因為釐清而了別清楚，但實踐則因具體落實而真切。

5.以言舉人，失於人者多矣；以人廢言，失於言者多矣！必當因其言而察其行，知其行之篤切而用其人；必當因其言之有理，而用其言。

廿三、子貢問曰：「有一言而可以終身行之者乎？」子曰：「其恕乎！己所不欲，勿施於人。」

【翻譯】

子貢問說：「有沒有一個字可以終身奉行的呢？」孔子回答說：「那就是『恕』吧！自己所不願意的，就不要強加給別人。」

【說解】

1.「恕」，如心之謂恕也。如心說的是將您的心比成我的心，您我通一個心地也。恕，簡單的說就是「同情共感」。

2.「己所不欲，勿施於人」不同於「己所欲，施於人」，前者為儒家所主張，後者為基督教所主張。前者重在包容、同情、共感；後者重在相信、希望與貫徹。

3.儒家重視的是人倫孝悌的常道，基督宗教則強調的是博愛同一的真理。前者是弱控制系統，後者為強控制系統。

4.「己所不欲，勿施於人」多的是包容，因包容而有餘地，因有餘地而兩相尊重，因而生意盎然。

5.「己所欲，施於人」重在貫徹，因貫徹而少有餘地，因沒餘地而兩相爭持，因而殺機重重。

廿四、子曰：「吾之於人也，誰毀誰譽？如有所譽者，其有所試矣。斯民也，三代之所以直道而行也。」

【翻譯】

孔子說：「我對於人啊！詆毀過誰？讚譽過誰？如有所讚譽，那他一定曾經受考驗過的。說起人民嘛，夏商周三代都是直道而行的啊！」

【說解】

1. 依朱子所說，「毀」是稱人之惡而損其真，「譽」是揚人之善而過其實。
2. 「吾之於人也，誰毀誰譽？」說的是：胸中了無一物，無所罣礙；所謂「空空如也」之謂也。
3. 「如有所譽者，其有所試矣！」說的是：不離存在的覺知，不離經驗之真實也。
4. 「斯民也，三代之所以直道而行也。」說的是：直道而行，通天接地，無有偏倚之行也。
5. 「直」者，通天接地，入於根源也。孔子云「人之生也直」，孟子云「其為氣也，至大至剛，以直養而無害」，《易傳》「直方大，不習无不利」。「直」皆可如此理解也。

廿五、子曰：「吾猶及史之闕文也；有馬者，借人乘之；今亡矣夫！」

【翻譯】

孔子說：「我還來得及看到史官記事，多有缺疑的地方；像是有馬的人（自己還不會調教）先借給別人乘用，這態度現在恐怕早已亡失了吧！」

【說解】

1. 古者史官記事，遇有疑處，則缺其文，以待來者補其缺也。這說的是一種務實求真的態度。
2. 有馬者，借人乘之；像是有馬的人（自己還不會調教）先借給別人乘用。這說的是：術業有專攻，務實求真，且多有容人之胸襟。

3.「今亡矣夫」這態度現在恐怕早已亡失了吧！這說的是：慨嘆世衰道微，人心不古。
4.有言，宜將上章「斯民也，三代所以直道而行也」冠於此章之首，此說亦通。
5.三代去堯舜未遠，更切近於根源。中國習慣以歷史之源頭，去說道理之根源，能入於此根源，才能「直方大，不習无不利」也。

廿六、子曰：「巧言亂德。小不忍，則亂大謀。」

【翻譯】
孔子說：「花言巧語敗壞了德行，小事情不忍耐，那會敗壞了大事情。」

【說解】
1.德為本，言為表；言表過分精巧，必定會壞亂了根本。孔子有「剛毅木訥近仁」之說，於此可同參。
2.做事要大處著眼，要小處著手；不能只看到小處，而於大處反而遮蔽了，那是不成的。
3.觀其全局，才能真正掌握到變易；觀其全局必須要有一雙冷靜的眼睛，「靜為躁君」，如是之謂也。
4.見識足了，心地靜了，氣也就平了，加之以膽略，這樣才能任大事。

廿七、子曰：「衆惡之，必察焉；衆好之，必察焉。」

【翻譯】

孔子說：「大眾都厭惡他，那必須仔細詳察一番；大眾都喜歡他，那也必須仔細詳察一番。」

【說解】

1. 民眾眼睛既是雪亮的，也是昏翳的；當其事者，必須要有清明之理性。
2. 察，是詳察，是仔細的看，是落實具體的看。理可能是抽象的，但事必然是具體的，一定要「即事言理」，並進一步可以「立理限事」。
3. 好惡常常是一時的，但為政必須考慮時間的持續性，及其所可能影響到的同一性。
4. 民主，並不是毫無教養的要求人民來作主，而是要有充分的民主教養，清明的溝通下才能有的人民作主。因為真正作主的不是人民的好惡情緒，而是人民的理性抉擇。

廿八、子曰：「人能弘道，非道弘人。」

【翻譯】

孔子說：「人能使道弘揚光大，不是藉由道來弘揚人。」

【說解】

1.道，是就總體根源說，是就普遍理想說；人是重要的參贊者、觸動者，但不是拿「道」來作為工具。

2.人拿「道」來作為工具，「道」就下降為「意識型態」（ideology）、觀念系統，此時的「道」就已經不是「道」了。

3.人能弘道，不是把「道」當成一對象物去弘，而是依循著道，而去弘揚此道。「道」優先於人，人不能擺在道之先。

4.《易經》有言「一陰一陽之謂道，繼之者善，成之者性」，船山先生以為「道大而善小，善大而性小」，此可見存在之韻律是優先於一切的，道之先在性於斯可見矣。

廿九、子曰：「過而不改，是謂過矣！」

【翻譯】

孔子說：「犯了過錯而不改正過來，這可真叫過錯了。」

【說解】

1. 人之為人，根身習氣，相與為伴，難免有過，但改之為貴。

2. 過錯，讓我們有了嶄新的學習，這叫「改過」。改過，就像去了雲翳，太陽亮光，依舊燦爛。

3. 過而不改，這過就成了過習，過習久了，就成了惡性，不可不慎。

4. 惡性若入了根身，那就不只是當下此身而已，它卻也可能進到更深層的業識之中，流轉生死，輪迴不已。

三十、子曰：「吾嘗終日不食，終夜不寢，以思；無益，不如學也。」

【翻譯】

孔子說：「我曾整天不食飯，徹夜不就寢，而努力思想；這毫無益處，還不如努力學習地好。」

【說解】

1. 應該「學思互濟」，不該只是「思」，思想太過，或者虛玄而蕩，或者情識而肆，都是大病。

2. 「學而不思則罔，思而不學則殆」，只學習而不思考，則迷惘而不明；只思考而不學習，則荒疏而危殆。兩章可以合參。

3.思想須得本諸經驗，必須立乎事實，必須從具體存在的覺知，繼而概念的反思，才能夠有理論的構建。

4.套用康德式的語句來說，「沒有學習的思考是空洞的，沒有思考的學習是盲目的」。

卅一、子曰：「君子謀道不謀食；耕也，餒在其中矣；學也，祿在其中矣。君子憂道不憂貧。」

【翻譯】

孔子說：「君子謀求的是大道之行，而不是謀求衣食。若只耕田，也難免要餓肚子的；好好學習，卻可以得到俸祿啊！君子擔心的是大道不行，而不是擔心個人的貧窮。」

【說解】

1.孔子想的是「勞心者治人，勞力者治於人」，君子是勞心者，勞心者最重要的是思考整個「經濟、政治、社會所成的共同體」。

2.君子要有全面的思考、整體的思考，要有普遍性、理想性的思考；而這必須要有充分的教養學習。

3.小民百姓，若只是勞力者，他思考的往往只是具體的、個別的，他們往往難以及於總體的、普遍的、理想的思考。

4.君子謀道不謀食，憂道不憂貧，這君子是以天下為己任的，這君子的卓越是因為他能思考到的是根源的總體，是普遍的理想，這是中國文明最重要的教養。

卅二、子曰：「知及之，仁不能守之；雖得之，必失之。知及之，仁能守之，不莊以蒞之；則民不敬。知及之，仁能守之，莊以蒞之，動之不以禮；未善也。」

【翻譯】

孔子說：「智力能明白它，仁德不能持守它；即使得到它，必定會失掉了它。智力明白它，仁德能持守它，要是不能莊嚴地來治理百姓，那麼百姓就不知敬重其事；智力能明白它，仁德能持守它，又能莊嚴地來治理百姓；但動員百姓而不依禮分的節制，那還是不夠完善的。」

【說解】

1. 此章點出君子修行治事的四個階段，「知及、仁守、莊涖、動禮」。逐層深化，頗見義理之謹嚴，實踐當如斯篤實也。
2. 「知及」說的是理念的辨明，清楚的把握。「仁守」說的是情志的相與，德行的堅定。
3. 「莊涖」，莊嚴地來治理百姓，這說的是為政者的態度、身教、意志。「動禮」，動員百姓，依其禮分，這說的是教化風行，施於有政。
4. 此章所論，可見儒教內聖外王，理事不二，和合為一也。「知及仁守」偏在內聖說，「莊涖動禮」偏在外王說；實者，通而為一，不可分也。

卅三、子曰：「君子不可小知，而可大受也；小人不可大受，而可小知也。」

【翻譯】

孔子說：「君子不能讓他管些小事，但可以讓他承擔重大使命。小人不能讓他承擔重大使命，但可以讓他管些小事。」

【說解】

1. 「知」，此處做「司理」解，有管理、搭理、料理之義。「受」，是承擔、承受、擔當之義。

2.君子所見者大，小人所見者小，「大」，說的是「總體、根源、普遍、理想」，「小」，說的是「部分、末節、具體、現實」。

3.君子說的是有德行而居上位者，是治人者，小人指的是一般小民百姓，是治於人者。

4.君子、小人，是有別的，這裡說的是儒家的菁英政治、民本政治，但不是民主政治，更不是民粹政治。

卅四、子曰：「民之於仁也，甚於水火。水火，吾見蹈而死者矣；未見蹈仁而死者也。」

【翻譯】

孔子說：「人民百姓對於仁德，比對於水火的須要更迫切。我只見過人足蹈水火之中而死的，卻從沒有見過足蹈仁德而死的。」

【說解】

1.水火，人生存之所須也，無水火，則不足以生。仁德，亦是人共生共存共長共榮之所須，而仁德是更為必要的。

2.孔子「足食、足兵、民信之矣！」之論，強調「民無信不立」，正是此道理。

3.水火於人之生存，至為重要，但卻也隱含著至險；但仁德則至為重要，但卻無他險。

4.水火是有形的物質，仁德則為無形的精神，它是更為重要的。老百姓不只要求生命的存活，更要求生命意義的延續。

卅五、子曰：「當仁，不讓於師。」

【翻譯】

孔子說：「當著仁德，不必謙讓於老師。」

【說解】

1.此章與西哲所說「吾愛吾師，吾更愛真理」可合看；然義理境界各有不同，中哲重在「仁愛的感通」，西哲則重在「真理的確定」。

2.當仁，這「當」字，有當下感、迫近感，亦由此當下迫近，需有一承擔、擔當也。

3.「師者，傳道、授業，解惑也」。老師所傳授的就是仁義之道，當仁，則當率先以之，行之於前，不讓於師，所以慰其情也，所以勉其志也。

4.此章可見覺性之仁，重於權威法則；道德重的是存在的真實感通，而不是抽象的法則規範。

卅六、子曰：「君子貞而不諒。」

【翻譯】

孔子說：「君子恪守正道，而不拘泥小信。」

【說解】

1. 貞者，守其正也。諒者，執著於小信也。君子重視的是大方向大原則的確立，不會落在小事上拘泥不通。

2. 信用雖然是重要的，但有比信用還重要的，那是義理，義理正確的，信用才能正確。

3. 君子所重的是義理的正確，而不是斤斤計較、拘泥於小信。蓋君子所見者大，小人所見者小，各有所異也。

4. 君子，此處可做居上位解，亦可說是有德行之人，或合而稱之，可說為「那些有德行而居於上位的人」。儒家本來強調社會政治皆當由有德者居其位，才能保民、教民、養民、衛民也。

卅七、子曰：「事君敬其事而後其食。」

【翻譯】

孔子說：「事奉君上，要莊敬盡力其職責事務，而把俸祿放在後面。」

【說解】

1.君者，能群者也。事君，事奉君上，所以保家衛國也。這說的是為政治社會共同體做事，而不只是為了長官而已。這裡強調的是職責事務。

2.敬，有莊敬義、有專注義，主一無適謂之敬，「敬其事」，說的是專注地把一件事從頭到尾，毫不含糊的完成它。

3.做事要有個志意在，要有個職責在，做事不是為了換取俸祿而已。做事應該是人的理想得以實現的重要向度。

4.敬其事，事中有大道，即其事而上契於道也。此章可與「君子憂道不憂貧，謀道不謀食」章合看。

卅八、子曰：「有教無類。」

【翻譯】

孔子說：「該人人接受教育，不該分別差類。」

【說解】

1.孔子之教，推而廣之，就是今日所說的教育平等權。這在兩千多年提出，真乃震動天地之鐸聲也。

2.教育是必要的，他讓人們從「自然狀態」進到了「自覺狀態」；讓人們參與到了文化教養的價值之源，讓人們參與到了宇宙造化生生之源。

3.孔子有此平等之教，因此進一步可宣稱「雍也可使南面」，「人皆可以為堯舜」，孟子進一步確立了人性本善。

4.這可是人類文明最早的平等呼聲，和平呼聲，也是立基於性善的呼聲，這是「大中至正」之道。

卅九、子曰：「道不同，不相為謀。」

【翻譯】

孔子說：「總體根源的理念不同，就不必相互商議籌畫。」

【說解】

1.理念不同，方法有異，途徑入路，當然也就不同。既然如此，就不必相與為謀、商議籌畫了。

2.孔子之道，忠恕而已矣。此至中至正、至寬至廣之道也，此孝悌仁義、文行忠信之大道也。

3.「道不同，不相為謀」，輕輕說來，卻有萬鈞力量。本來柔性的堅持，是最能長久的。

4.孔子所守者，直道而已矣。此與老子「曲則全、枉則直」之教，大異其趣。蓋「直方大，不習，無不利也」。

四十、子曰：「辭，達而已矣！」

【翻譯】

孔子說：「言辭重要的在於通達。」

【說解】

1.此章說的是修辭之方法，也是孔子的語言哲學，這哲學強調「下及於物、中定止於心、上及於道」。

2.通達，一方面指的是對象的清楚，另方面則是主體的確認，更重要的是道體的明白。

3.達，說的是通達，其實也就是將其所遮蔽的除掉了，回到事物本身，令其顯現其自己而已。

4.中文之表達，為形象之表意文字之表達，他是最接近於存在本身的表達。

四十一、師冕見。及階，子曰：「階也！」及席，子曰：「席也！」皆坐，子告之曰：「某在斯！某在斯！」師冕出，子張問曰：「與師言之道與？」子曰：「然，固相師之道也。」

【翻譯】

樂師冕來見孔子，走到了臺階，孔子說：「這兒是臺階。」走到了坐席旁，孔子說：「這是坐席。」大家都坐了下來，孔子告訴他：「某某在這裏，某某在這裏。」師冕出了門離開之後，子張問說：「這就是與瞽眼的樂師談話之道嗎？」孔子說：「是啊！這就是扶持瞽眼的樂師之道啊！」

【說解】

1.師冕，樂師，其名為冕，瞽者也。孔子於殘疾者，深致其愛心者也。

2.此章具體真實，全用敘事語法，說出聖人氣象，這氣象就只溫柔敦厚，就只體貼同情，就只將爾心比做我心爾矣！

3.孔子之道，忠恕而已矣。忠恕也者，中心之謂也，如心之謂也。中心者，如其仁，如其仁爾矣！如心者，己立立人，己達達人也。

4. 這裡體貼出的是「如在」，如其臨在也。這樣的如其臨在，讓你看到瞽者的自尊與莊嚴，也看到孔子的溫柔敦厚，看到天理造化之生生處。

——乙未年立春後（二〇一五年）二月十二日於臺中湖水岸元亨居

〈季氏〉第十六：禮樂征伐、君子三畏

一、季氏將伐顓臾。冉有、季路見於孔子，曰：「季氏將有事於顓臾。」孔子曰：「求，無乃爾是過與？夫顓臾，昔者先王以為東蒙主，且在邦域之中矣；是社稷之臣也，何以伐為？」冉有曰：「夫子欲之；吾二臣者，皆不欲也。」孔子曰：「求！周任有言曰：『陳力就列，不能者止。』危而不持，顛而不扶，則將焉用彼相矣？且爾言過矣！虎兕出於柙，龜玉毀於櫝中，是誰之過與？」冉有曰：「今夫顓臾，固而近於費；今不取，後世必為子孫憂。」孔子曰：「求！君子疾夫舍曰『欲之』而必為之辭。丘也，聞有國有家者，不患寡而患不均，不患貧而患不安；蓋均無貧，和無寡，安無傾。夫如是，故遠人不服，則修文德以來之。既來之，則安之。今由與求也，相夫子，遠人不服而不能來也，邦分崩離析，而不能守也，而謀動干戈於邦內，吾恐季孫之憂，不在顓臾，而在蕭牆之內也！」

【翻譯】

季孫氏將討伐魯國的附庸小國顓臾。冉求、子路一起來見孔子，說：「季孫氏將出兵攻打顓臾。」孔子說：「冉求，這恐怕就是你的過錯囉？那顓臾，以前先王要他主持東蒙山祭祀，而且就在魯國疆域之內，他就是國家社稷之臣啊！為什麼還得去討伐他呢？」冉求說：「季孫大夫要這麼做，我們兩個做臣子的都不願意啊！」孔子說：「冉求，古代著名的史官周任有句話說：『盡自己力量，依其位列，擔負職務，不能盡責，就辭去不幹。』有危險不去扶助，跌倒了不去攙扶，那還須用輔佐的人嗎？再說呢！你的話太過了。老虎、犀牛從檻欄跑出來，龜甲、玉器毀壞在匣子裏，這誰的過錯呢？」冉求說：「現在顓臾城牆堅固，而且離費邑很近。現在不攻取，後世必成為子孫的憂患。」孔子說：「冉求，君子最痛恨的是那捨去自己的貪欲不談，而必為自己說辭。我聽聞諸侯治國和大夫治家，不憂患貧窮，而憂患不均；不憂患人口太少，而憂患民心不安定。財富平均了，就不會貧窮；民眾和睦了，就不會寡少；民心安定，就不會傾覆。這樣一來，因此遠方的人還不歸服，就修明文教道德而招徠他們；已經招徠他們，就好好安頓他們。如今，仲由和冉求啊！你們人輔佐季孫氏，遠方的人不歸服，而不能招徠他們；邦國之內民心分崩離析，而你們不能堅守原則，竟而謀劃在國內大動干戈。我只怕季孫氏的憂患不在顓臾，而就在蕭牆之內呢！」

【說解】

1. 顓臾，魯之附庸。季孫氏為魯之大夫，無征伐之權；竟欲伐之，非禮之至也。冉求、仲由為其家臣，無力阻止，故為此求見孔子也。
2. 《論語》多為短篇之對話，此篇文例與其他篇章不類，或云此出自齊論雜入者。又〈季氏〉篇，三友、三樂、三愆、三戒、三畏、九思等，其文例與他篇亦不類，此章尤甚。總的說來，《論語》纂集，本自多方，出自多人手筆，其精神不悖者，即為可取也。〈季氏〉一篇，多涉禮樂征伐之事，其言及外王者多矣。
3. 夫子，猶今之所謂老闆也，此章所指乃季孫氏也。相，此為相瞽之相，引申為輔佐之相也。兕為野牛，柙為獸檻，櫝為木櫃。固，完固、堅固。分為分裂，民有異心；崩為崩頹，民心凋蔽；離析為散亂而不可統合。干戈為盾戟，此引申為興兵戰爭也。
4. 「不患寡而患不均；不患貧而患不安」。或有作「不患貧而患不均；不患寡而患不安」，此與下文「均無貧，和無寡，安無傾」，文義較順。原文義亦通。

5.蕭牆者，肅牆也。古者，立屏風以為牆，靜肅其言也，是為肅牆。後寫作蕭牆。蕭牆者，近內也。較諸顓臾，為境內附庸，可謂切身也，此指君臣之際也。顓臾不當征伐，當禮樂文德以撫之，使之能安身立命也；蕭牆之內，不當詭詐，當得清明條理，直方大，不習，無不利也。

6.「虎兕出於柙，龜玉毀於櫝中，是誰之過歟」，夫子輕輕一問，力道千鈞。「陳力就列，不可則止」，當下告知冉求、仲由，人生出處，進退有度也。

7.夫子有大臣、具臣之論，大臣事之以道，具臣則事之以勢也。道勢之別，當下了然，此為季氏開篇之首章，所以明其名分，嚴其綱紀也。

二、孔子曰：「天下有道，則禮樂征伐，自天子出；天下無道，則禮樂征伐，自諸侯出；自諸侯出，蓋十世希不失矣；自大夫出，五世希不失矣；陪臣執國命，三世希不失矣。天下有道，則政不在大夫；天下有道，則庶人不議。」

【翻譯】

夫子說：「普天之下，大道昌明，禮樂制作、出兵征伐，都由天子作出決定；普天之下，大道隱微，禮樂制作、出兵征伐，由諸侯作出決定。由諸侯作出決定，經過了十代很少有不失掉政權的；由大夫作出決定，經過了五代很少有不失去政權的。落到家臣來執掌國家政令，經過了三代很少有不失去政權的。普天之下，大道昌明，國家政權就不會落在大夫手中。普天之下，大道昌明，則百姓庶民也就不會議論紛紛了。」

【說解】

1.「道」之位階，如同太陽，有其神聖義、理想義、普遍義，亦有其根源義、總體義，相當於立國的理念，以至總體組織結構，以及社會之風習教化也。

2.此章所論，是就一宗法封建下的貴族教化政治，進而轉為一具有普遍義、理想義之道德教化政治。這是以周公所制之禮樂為本的一統而多元，諸侯分封、宗法階層，夫子加之轉化，而成為一道德教化之政治也。

3.就此道德教化政治而論其歷史之大勢也。蓋勢中有理，即勢言理也。於此可見夫子之歷史哲學之一斑也。

4.春秋中末期，陪臣執國命者多矣，夫子見此大勢，所以作春秋，以定名分也。春秋作，而亂臣賊子懼；春秋作，而王道之理想，和平之呼喚，於此可見夫子之深心宏願也。

5.古者有言：夫子志在春秋，行在孝經，春秋彰明王者之道，孝經落實人倫日用，前主外王，後主內聖，內聖外王，通而為一。

三、孔子曰：「祿之去公室，五世矣；政逮於大夫，四世矣；故夫三桓之子孫微矣。」

【翻譯】

孔子說：「爵祿之權遠離了魯國公室，已經有五世了；政權落到大夫之手，已經四世了；因此，那三桓的子孫也已衰微了。」

【說解】

1.權位者，當依其位，而行其權也。不可躐其位而行其權也。進一步說，若以其權力，而亂其位，則天下必隨之衰頹矣！

2.夫子想的是，如何如其德，來正其位，德位正了，名分明了，順序秩然，天下也就能回得頭來，轉化成一人倫的道德教化政治。

3.這種「德、位」、「道、勢」，兩端而一致，觀其事變，如此為論，所成的歷史哲學，可以說是夫子學問之所關注，也可理解成如太史公所說「通古今之變，究天人之際」。所不同的是，孔子重在「立德位之正，審道勢之幾」。

4.〈季氏〉篇，前三章重在禮樂教化的外王之道、政事之道，它說的是：要如其位分，依其德行，行其權力，通於大道；如此審勢度幾，便可見天下大勢，蓋夫子深於易也。

5.大易之道，參造化之微、審心念之幾、觀事變之勢也。此天道論、心性論、人事論之所匯歸於一也。易經重在「承體啟用」，春秋則重在「即用顯體」也。前者重在天人性命之貫通，後者重在踐仁以知天，下學而上達也。

四、孔子曰：「益者三友，損者三友；友直，友諒，友多聞；益矣。友便辟，友善柔，友便佞，損矣。」

【翻譯】

孔子說：「有益的交友有三類，有害的交友有三類。和正直的人交友，和誠信的人交友，和見聞廣博的人交友，這是有益的。和慣於巧飾外貌的人交友，和習於偽善飾柔的人交友，和慣於花言巧語的人交友，這是有害的。」

【說解】

1.友直，和正直的人交朋友，以其真實性情也，故能深入於生命之根源也。友諒，和誠信的人交友，以其寬解胸懷也，故能培養包容之德也。友多聞，和見聞廣博的人交友，以其視野寬廣，故能長其見識也。

2.依朱子註，「便辟，謂習於威儀而不直；善柔，謂工於媚悅而不諒；便佞，謂習於口語而無聞見之實」。

3.朋友讓我們廣其胸襟、增其見識，又能培育我們的真性情；這當然好。相反地，性情不真實，見識短淺了，胸襟狹了，這當然有害。這是明白的。

4.「君子以文會友，以友輔仁」一章，可與此同參。「文」所以增其見識、廣其胸襟也。「仁」所以育其性情也。

5.「朋友有信」為五倫之一，是由「血緣性的縱貫軸」邁向「人際性的互動軸」，最重要的關鍵，是社會所以能確立，政治共同體能得發展的重要基底。

五、孔子曰：「益者三樂，損者三樂；樂節禮樂，樂道人之善，樂多賢友，益矣。樂驕樂，樂佚遊，樂宴樂，損矣。」

【翻譯】

孔子說：「有益的快樂有三種，有害的快樂有三種。樂於用禮樂調節自身，樂於稱道別人的好處，樂於結交許多賢德之友，這真是有益的。喜歡驕傲放肆，喜歡遊蕩放逸，喜歡飲宴快樂，這就有害了。」

【說解】

1.樂，讀如愛樂之樂。禮樂，則另讀為音樂之樂。樂之為愛樂，本乃真實之感觸，可上遂於天理之境，亦可下墜於感官之域。

2.禮，重在分寸節度；樂，重在和合同一。能以禮樂為節，這樣的愛樂，當然是上遂於天理之境的。

3.能道人之善者，自有胸襟、自成氣度；如此自能樂多賢友，有了賢友，如居芝蘭之室，久久自芬芳也。

4.驕樂，驕傲放肆，必亂其心志。佚游，遊蕩放逸，必散其氣力。宴樂，飲宴快樂，必頹其精神。這分明是有害的。

5.人能遠離損者三樂，能一其心志、聚其氣力、養其精神；進而能以益者三樂教養自己，必日漸高明。

六、孔子曰：「侍於君子有三愆：言未及之而言，謂之『躁』；言及之而不言，謂之『隱』；未見顏色而言，謂之『瞽』。」

【翻譯】

孔子說：「侍奉君子，要避免三種過失：還沒有輪到你說話，就說話，這是急躁；輪到你說話，你卻不說，這叫隱瞞；不看臉色情況，便貿然說話，這叫盲目。」

【說解】

1.君子，有德者而居其位，此泛稱在上位者。愆，過失之謂也。此章講明言語動容如何為節度適當也。

2.《荀子》〈勸學〉篇有言「故未可與言而言，謂之傲；可與言而不言，謂之隱；不觀氣色而言，謂之瞽。故君子不傲、不隱、不瞽，謹順其身」。就此可推想，季氏以下多篇可能多為傳經之儒之所纂集。

3.言未及之而言，這是躁動失言，此輕浮之病也。言及之而不言，這是心有隱匿，此偽飾之端也。言語當從容，從容所以中道也。道者，萬物之所由也。

4.老子言「孰能濁以靜之徐清，孰能安以動之徐生」，此動靜安守，生養之道也，言語動容之理也。此儒道之所同也，可以同參。

5.顏色者，有諸中，形於外也。見其顏色，識其心意，時然後言，人不厭其言也。不只不厭其言，而能入於其中也。

七、孔子曰：「君子有三戒：少之時，血氣未定，戒之在色；及其壯也，血氣方剛，戒之在鬥；及其老也，血氣既衰，戒之在得。」

【翻譯】

孔子說：「君子要有三戒：年少之時，血氣還未安定，當警惕形色迷戀；身強體壯之時，血氣正剛強，要警惕與人爭鬥；年歲老邁之時，血氣已衰弱，要警惕貪求好得。」

【說解】

1.君子三戒之言，於斯可見，夫子深於人性者也。人性是整體的，是身心靈合而為一的，要如此理解，才能得其全。

2.此章可與「興於詩，立於禮，成於樂」，對比同參。少之時，血氣未定，此時應當「興於詩」，詩所以抒發其志意也。志意既興，則形色之迷戀可以克節也。

3.及其壯也，血氣方剛，此時應當「立於禮」，禮為分寸節度，因為立於禮，因此，其鬥為可戒也。大禮者，與天地同節也。

4.及其老也，血氣既衰，因為血氣衰了，就會貪得，貪得是因為要把捉住、執著住曾經擁有的。

這時唯有音樂之教化可以讓人通達於和合之道，所以說「成於樂」。大樂者，與天地同和也。

5.血氣是自然的，是生物學的，因其時，而有盛衰強弱；志氣者，自覺者也，是道德學的，是越過天地之時限，四時行焉，百物生焉，有著創造的生意，而且生意盎然！

八、孔子曰：「君子有三畏：畏天命，畏大人，畏聖人之言。小人不知天命而不畏也，狎大人，侮聖人之言。」

【翻譯】

孔子說：「君子所敬畏者有三：敬畏天命，敬畏德位高的人，敬畏聖人話語，小人不知天命，因而也不知敬畏，只想親狎德位高的人，又輕侮聖人話語。」

【說解】

1.天命，有兩義，一是自然之命限，一是上蒼造化所賦予之義命也。君子之於天命也，知其自然之命限，而以義立命也。如斯之謂敬畏天命也。

2.孟子言「充實而有光輝之謂大」，大人者，生命充實而有光輝之人也。有德者而居其位，如此之為大人也。《易傳》有言「大人者，與天地合其德，與日月合其明，與四時合其序，與鬼神合其吉凶」。大人者，領受天命，勠力實踐，成己成物之人也。當敬畏之也。

3.孟子言「大而化之之謂聖」，聖者，通天接地，聽之於天，宣之於人也。聖人之言，是天地之常道，人倫之道德，開物成務之智慧也。當敬畏之也。

4.小人蔽於血氣之私，因而不知敬畏天命；以為親狎大人會有好處，而不知敬畏大人；更不知聖人話語乃稟受天命而來的智慧，不知敬畏，甚至輕蔑侮辱，實可惜而可悲也！

5.古者「巫政合一」，因懼而生畏；後來，轉而「德政合一」，因畏而生敬。此章所言「三畏」，既有畏懼，復有敬畏，這是由巫祝傳統逐漸進步到道德教化傳統的歷程。須知：敬畏是一切文明的起點。

九、孔子曰：「生而知之者，上也；學而知之者，次也；困而學之，又其次也。困而不學，民斯為下矣！」

【翻譯】

孔子說：「生來就知道，那是最上等；學了就知道，那是次一等的；遇到困難，勉力去學，那又次一等；遇到困難，還不願學習，這人可說是下等的了。」

【說解】

1.說人之知識習得有三等，困而不學，在三等之外，是為下民也。下民者，陷溺於一己之私欲，而不知學習的人。蓋盲昧之民也。

2.困勉而學，則如《中庸》所言「人一能之己百之，人十能之己千之。果能此道矣，雖愚必明，雖柔必強」。

3.困勉而學，亦可以上及於學而知之者。學習是重要的，學者覺也。因為學習是生命根源的喚醒，它是通宇宙造化之微，達人文價值之源的。

4.子曰：「我非生而知之者，好古，敏以求之者也」（〈述而〉）。生而知之，這是一理想，無人可及。若說為可及，必待學之真切篤實，敏勉以求，方為可能。

5.學問是重要的，知識是重要的，沒有學問，沒有知識，是不可能有胸襟、有氣度、有智慧、有德行的。

（乙未之春三月廿三日凌晨一時於臺北・象山居）

十、孔子曰：「君子有九思：視思明，聽思聰，色思溫，貌思恭，言思忠，事思敬，疑思問，忿思難，見得思義。」

【翻譯】

孔子說：「君子有九件該思慮的事：看視，要思慮其分明；聽聞，要思慮其清楚；顏色，要思慮其溫和，容貌要思慮其謙恭；言談，要思慮其忠誠；處事，要思慮其莊敬；憂疑，要思慮其詢問；忿怒，要思慮其險難，見得財利，要思慮其正義。」

【說解】

1.此九思，重在「思」，思，是回到心田，回到可以作主的根源上去，孟子云「心之官則思，思則得之，不思則不得」。荀子云「心居中虛，以治五官，是之謂天君」。此皆可見思慮的重要性。

2.心之官則思，心有感，感有覺，覺有主，主能斷。從感受、覺知，而後能為主宰、裁斷，儒學所論心官之處所重在此也。

3.儒學所論不離生活世界，九思所記，由近及遠，由身而物，先之以「視、聽」，繼之以「色、貌」，再繼之以「言、事」；由此「視、聽」「色、貌」「言、事」，或有憂疑、忿怒，或有利得，這便是心靈思考所當感知、覺醒、主宰、裁斷處。

4.面對生活，知所主宰，當事而行，行之如禮；禮者，履也，體也，具體之生活規範也，實存之生活儀則也，乃至政治社會之節度也。論其關鍵處，就在「思」，思想（從感受、覺知，而後能為主宰、裁斷），這是儒學之核心。

5.孟子道性善，言必稱堯舜；荀子言性惡，常稱許夏禹；儘管有所不同，但皆依歸於孔子，皆不離此九思也。

十一、孔子曰：「見善如不及，見不善如探湯。吾見其人矣，吾聞其語矣！隱居以求其志，行義以達其道。吾聞其語矣，未見其人也！」

【翻譯】

孔子說：「見到良善的事，就像是趕不及地要去實踐，看到不善的事，就像是手探觸到熱開水趕快避開。我見過這樣的人，也聽聞過這樣的話。隱居避世以追求自己的志向，依正義而行以明達真理大道。我聽聞這樣的話，卻沒有見過這樣的人。」

【說解】

1.「見善如不及，見不善如探湯」，見到善良行事，就像是趕不及地要去實踐，看到不善良的行事，就像是手探觸到熱開水趕快避開。言其切己切身，不可忍，而當下可為也。

2.「隱居以求其志，行義以達其道」。隱居避世以保全自己的志向，依正義而行以明達真理大道。須持之以恆，終身以之，是所難也。

3.這兩段話做對比，可知道德實踐應從當下具體處，實存做去；但須得持恆，須得勉力，須得堅持，須得終身以之。

4.學當識痛養，識得痛癢，便自能覺，能覺、有覺，即覺即行，行之而成。學無痛癢，只是個習慣，這習慣也是作偽得成。只如此，便無有著力處。

5.學當有習，習當成性，性者，入於造化之源也，天命性道，通貫為一也。能如此，志可立，道可成。志者，心有存主、心有定向也。道者，總體也、根源也、理想也，其必止於至善也。

十二、「誠不以富，亦祇以異」齊景公有馬千駟，死之日，民無德而稱焉；伯夷、叔齊餓於首陽之下，民到于今稱之。其斯之謂與？

【翻譯】

「真不是因為他的富有，而祇因為他異人的德行」，齊景公有馬四千匹，身死之日，人民尋不著個好德行來稱頌。伯夷、叔齊餓死於首陽山下，人民到現在還稱頌。說的就是這意思吧。

【說解】

1.有馬千駟，一駟四馬，千駟者，四千匹馬也，此大國也。大國者、力大而勢大也。然而勢大不若道大，不若德大也。

2.齊景公者，位尊而勢大也；位尊當養之以德，若只逞其勢力，人在勢在，人亡勢亡，故爾，無德可稱也。位尊、勢尊，不若道尊、德尊也。

3.伯夷、叔齊，孤竹君之子，武王伐紂，扣馬而諫，毋令以暴易暴。武王伐紂，血流漂杵，慘烈極矣！伯夷、叔齊，義不食周粟。後隱於首陽山，採蕨而食，竟爾餓死。太史公列〈伯夷列傳〉為第一，為人之丰標，顯示一道德理體。孟子稱其「聖之清者也」。後人有聯曰：「一根窮骨頭支撐天地，兩個餓肚皮包羅古今」，「養得一團春意思，撐起兩根窮骨頭」，此亦可見我華夏之重人格、重道德也。

4.程子以為《論語》〈顏淵〉篇第十章「誠不以富，亦祗以異。」為錯簡，當移置於此章之首，則語氣通貫、語意完足。此《詩經》〈小雅〉「我行其野」句。以此為興，論人之相與，不在財富勢大，而在德行異操也。

5.財勢，是現實的堆積，因緣所生，成住壞空，了不可得。德行，是內在的生長，綿綿若存，永不停歇。

十三、陳亢問於伯魚曰：「子亦有異聞乎？」對曰：「未也。嘗獨立，鯉趨而過庭。曰：『學詩乎？』對曰：『未也。』『不學詩，無以言！』鯉退而學詩。他日，又獨立，鯉趨而過庭。曰：『學禮乎？』對曰：『未也。』『不學禮，無以立！』鯉退而學禮。聞斯二者。」陳亢退而喜曰：「問一得三：聞詩，聞禮，又聞君子遠其子也。」

【翻譯】

陳亢問伯魚：「你在老師那兒有聽到過什麼特別的教誨嗎？」伯魚回答說：「沒有呀！有一次夫子他獨自立在堂上，我趨步行過中庭，夫子說：『學《詩》了嗎？』我回答說：『沒有。』他說：『不學詩，就不懂如何說話。』我告退後，就去學《詩》。又有一天，夫子他又獨自立在堂上，我趨步行過中庭，夫子說：『學禮了嗎？』我回答說：『沒有。』他說：『不學禮，就不懂如何立身。』我告退後，就去學禮。就聽聞到過這兩件事。』陳亢告退後，高興地說：「我提一個問題，得到三個收穫，聽聞到《詩》教的道理，也聽聞到禮教的道理，又聽聞到君子不偏私親暱自己的兒子。」

【說解】

1.陳亢，字子禽，疑夫子之必陰厚其子也。是而有此問。問後方知，夫子坦誠明白，通於大道也。

2.父子至親，論其情，必有所親也；然親之、愛之，而不可暱也。暱之、私之，則大道難傳也。

3.大道所傳者，天命也、慧命也、道命也，不必私於己，不必期於父子也，當期於師生也。蓋道命、慧命、天命，大過於血緣之生命也。

4.「不學詩，無以言」，詩言志，詩者，志之所之也。詩，是我們生命最為真誠源頭的聲音。詩，可以興、可以觀、可以群、可以怨，事父事君，不可須臾離也。

5.「不學禮，無以立」，興於詩、立於禮，詩，讓人興發志氣，禮，讓人得以卓然確立。禮者，體也、履也，是具體的規範、實存的儀則，是生命分寸節度的調理。

十四、邦君之妻，君稱之曰「夫人」；夫人自稱「小童」；邦人稱之曰「君夫人」，稱諸異邦曰「寡小君」；異邦人稱之，亦曰「君夫人」。

【翻譯】

邦國之君的妻子，國君稱她為「夫人」，夫人自稱為「小童」，邦國之人稱她為「君夫人」；相對於其他邦國，則自稱她為「寡小君」，其他邦國的人也稱她為「君夫人」。

【說解】

1.此章與其他諸章相較，文類頗有所異，又闕「孔子曰」，恐非夫子之言。近人梁啟超以為此乃後世儒者記其禮制而纂入以為編。又此章古論、魯論，皆有之。或有以為應為夫子之言，非後人所附記者。

2.邦君者，諸侯之君也，邦國之君也。春秋時代，諸侯放恣，常有僭越其禮者，夫子特於此教示之也。名號正，則位正，位正則德正，「正德」方可以「利用、厚生」也。

3.孔安國注「當此之時，諸侯嫡妾不正，稱號不審，故孔子正言其禮也」。蓋名正言順、言順事成，事成則禮樂興矣！此正名所以求其實也。

4.邦君之妻，君稱之曰「夫人」；夫人自稱「小童」。稱夫人，這是從「德位之義」來說。稱「小童」，則可見「情分恩愛」也。

5.稱諸異邦曰「寡小君」，寡者，謙詞也。小君者，如其為君也，蓋言君夫人之如其為君也。德位所加，名實所重，不可輕易視之也。

（乙未之夏六月十六日清晨五時於臺北・象山居）

〈陽貨〉第十七：出處進退、興觀群怨

一、陽貨欲見孔子，孔子不見，歸孔子豚。孔子時其亡也，而往拜之。遇諸塗。謂孔子曰：「來！予與爾言。」曰：「懷其寶而迷其邦，可謂仁乎？曰：不可。好從事而亟失時，可謂知乎？曰：不可。日月逝矣！歲不我與！」孔子曰：「諾，吾將仕矣！」

【翻譯】

陽貨想見孔子，孔子不願意與他相見，他便饋贈孔子一隻熟小豬，（這麼一來，孔子依禮就得回拜）。孔子伺知陽貨出門不在家時，前往拜謝，卻在半路上遇見了他。陽貨對孔子說：「來，我有話與你說。」陽貨說：「懷藏著道德本領而聽任國家迷亂，這可以說是仁嗎？不可以啊！」又說：「喜好參與政事而又屢次失去時機，這可以說是智嗎？不可以啊！」接著又說：「日月光陰就這樣過去，年歲不等人啊！」孔子說：「好的！我且將要出仕為官了。」

【說解】

1.陽貨，亦稱陽虎，魯國季孫氏家臣，嘗囚季桓子而專魯國之政。陽貨之所以要孔子來見他，是想結納孔子以擴增自己的勢力。孔子不願與此小人為助，因此不見。

2.陽貨運用了當時的禮法，故意在孔老夫子不在時，餽贈一小豬；依據禮法，孔子就得往而拜之，就得見面。孔子亦清楚得很，故伺陽貨不在，而往拜之。結果，在路上相遇，而引發了這段議論。

3.此章，小人欲果脅君子，而君子定見如此，有若泰山之重，穩當適切，小人亦莫由也矣。小人者，巧言令色鮮矣仁。君子者，剛毅木訥近仁。如斯可見。

4.不合乎道德仁義的機遇，縱使再大，都不是好的機遇；不合天地自然的運氣，再大的運氣，都不是好運氣。君子所守的是「貞一之理」，而不是伺候著「相乘之幾」。在「相乘之幾」做工夫，頭出頭沒，雖稱英雄，實只是世俗之末流而已矣。

5.孔子曰：諾，吾將仕矣！這是隨順機緣而說的話，這話不慍不火，從容自然，在自然間見到的是雍容靜默，就這等雍容靜默，可見夫子之氣象。只此雍容靜默，足以退其小人之威逼利誘也。

二、子曰：「性相近也，習相遠也。」

【翻譯】

夫子說：「人的根源本性是相近的，後天薰習差別那也就愈遠了。」

【說解】

1.性，生之所以然者。可就氣質之性說，亦可就義理之性說。前者，偏在自然生成義；後者，重在道德創生義。習，薰習、學習、習染、習慣，此就後天生成義來說。

2.「性」、「習」，兩者對比，可說成「根源之本性」與「後天之薰習」。學習、薰習，不只是習染，不只是養成個好習慣而已；更重要的是，要由習慣入於造化之源，成為根源之本性。學的重點是由「習」，而進一步入於根源的「覺」。

3.習慣養好了，這樣的好人，就像戲場中的好人，仍不免假借，仍不免只是表象而已。重要的是，要入於本性之源，分毫假借不得，這才見到真性情、真義理，真豪傑、真君子就在此也。

4.船山有言「命日降，性日生日成」，「習與性成，未成可成，已成可革」，但說透了還得入於根源之性，惟此根源之性，才能「學覺不二」、「性習合一」。

5.根源之性者，「一陰一陽之謂道，繼之者善，成之者性也」。一陰一陽，就存有之律動說；繼之者善，就人之參贊化育說；成之者性，就文化之教養習成說。此三者通而為一。

三、子曰：「唯上知與下愚，不移。」

【翻譯】

夫子說：「只有上智之人與下愚之人是無法遷動的。」

【說解】

1.「知」同「智」，上智之人，契於造化之源，依天命之性而行，因此之故，是不會遷移的。

2.愚，愚痴，愚痴之人，蔽於人欲習染，既深且重，雖想要有所振作，卻是乏力，無法遷動。

3.智慧在知識之上，知識是對事物的了別，到認知的確立；而智慧則是上達於道體的，是通透而明白的。有智慧者必通透而明白，並且從容而堅定。

4.愚痴之人陷溺於「貪、嗔、癡」三毒，俗塵所覆，難以照顯；佛教所云無明、業力，雖欲有所為，亦有所難也。

5.一般人，多在上智與下愚之間，是可遷移的；這遷移就看在你後天的學習，由學習而進到深層的覺醒。有了真覺醒，才有真切的改變。習可遷，而性可化也。

四、子之武城，聞弦歌之聲，夫子莞爾而笑曰：「割雞焉用牛刀？」子游對曰：

「昔者，偃也聞諸夫子曰：『君子學道則愛人；小人學道則易使也。』」子曰：「二三子！偃之言是也。前言戲之耳！」

【翻譯】

夫子到了武城，聽聞琴瑟弦歌之聲。夫子微笑著說：「殺雞何必用宰牛的刀呢？」子游回答說：「以前言偃聽先生說過，『君子學習了禮樂之道就能愛人，小人學習了禮樂之道就容易遵從使命。』」夫子說：「學生們，言偃的話說得對啊！我剛才說的話，只是開個玩笑罷了！」

【說解】

1. 武城為魯國一小縣邑，子游為武城宰，禮樂教化大行，因此弦歌處處，夫子喜之，莞爾而笑。就此而說出一番道理。這道理雖是子游所說，卻是夫子所教習者。

2. 子游，姓言名偃，是孔門文學科之高足，與子夏齊名。此文學，非僅今日之純文學而已，乃文以載道、禮樂教化之文也；蓋傳經之儒者也。

3. 夫子闡發「大道之行也，天下為公」之旨，《禮記》〈禮運〉篇之言也；夫子之言，言偃在側，由斯可見：文學者，天下禮樂教化之大事也；由小康而進於大同之教也。

4.有了文學、有了詩歌，才能顯發真性情，有了真性情，才可能有真正的政治，這政治是讓人的生命性情能好好長養的政治。這是道德教化的政治，是禮樂教化的政治。

5.文學者必根於文心也，文心者必源於大道也。劉勰《文心雕龍》一書以「原道」開篇，這是大有見地的，這是大有智慧的。

五、公山弗擾以費畔，召，子欲往。子路不說，曰：「末之也已，何必公山氏之之也？」子曰：「夫召我者，而豈徒哉？如有用我者，吾其為東周乎！」

【翻譯】

公山弗擾盤據費邑反叛季氏，來召孔子，孔子準備前往。子路不高興地說：「沒地方去也就算了，何必要去公山弗擾那裏呢？」夫子說：「他來召我，豈會只是空話嗎？若果真有用我，我就要在東方復興周禮，建設一理想的國度。」

【說解】

1.公山弗擾，即公山不狃，季孫氏家臣，盤據費邑而反叛季孫氏。其事在魯定公十二年，或說是魯定公八年。或云，夫子豈有參加叛亂團體者乎，當為錯簡，爭議頗多。

2.就全篇文義看來，亦有可通者。魯國長年為三家大夫所把持，今有公山不狃反叛季孫氏，而欲召孔子，其召必大有言也。就此大言，若能興于周禮，復於舊制，或者是另開新局也說不定。正因此，夫子欲往。

3.夫子雖欲往，但仍必須與諸弟子商量，子路大聲反對，夫子想了又想，還是沒去，但卻也說出他的一番道理來。這道理說的是一理想國度的建立，而不只是守舊而已。此亦可見夫子「溫故而知新」，「因不失其新」之謂也。

4.這亦可進一步參究夫子重訂禮樂，確有過於周公者。周公之禮樂，小康之局也；孔子之禮樂，其教化所行，大同也。大道之行也，天下為公也。

5.若以大道為首，以天下為公為最後依歸，則「公孫弗擾畔，子欲往」，這便很容易理解，孔子所為的是全天下的禮樂教化及人類和平，此公天下也，而不是陷溺在家天下來思考。

六、子張問「仁」於孔子。孔子曰：「能行五者於天下，為仁矣。」「請問之？」曰：「恭、寬、信、敏、惠。恭則不侮，寬則得衆，信則人任焉，敏則有功，惠則足以使人。」

【翻譯】

子張向孔子請問「仁」的道理。孔子說：「能在天下力行五種品德的，就是仁人了。」子張說：「請問哪五種？」孔子說：「恭敬、寬厚、信實、勤敏、恩惠。恭敬就不致遭受侮辱，寬厚就會得到衆人擁護，信實就能得到人們的信任，勤敏就會增長工作效益，恩惠才能使喚得了人們。」

【說解】

1. 此章體例與他章有別，說者疑其由齊論而來，或為再傳弟子所記亦未可知。然以孔子弟子來說，「堂堂乎張也」，子張是孔門弟子中極具外王傾向的。故本章所問與其說是「問仁」，毋寧說是問如何行仁政於天下。
2. 「恭」者「恭敬」，這說的是「人格的涵養」。「寬」者「寬厚」，這說的是「心地的豐厚」。「信」者「信實」，這說的是「社群的共信」。「敏」者「勤敏」，這說的是「實踐的動能」。「惠」者「恩惠」，這說的是「恩義的相與」。
3. 從「人格的涵養」到「心地的豐厚」，進而到「社群的共信」，並能興起「實踐的動能」，繼之以「恩義的相與」。這看似由內聖向外王推進。
4. 其實，「恭、寬、信、敏、惠」，內聖外王，通而為一；顯然地，他不只是由內聖通向外王，而且是內聖外王交藏互發，互為體用，如如不二也。

5.「恭、寬、信、敏、惠」可以說是儒家最高的管理哲學，而「恭敬」為首出。《論語》〈衛靈公〉「子曰：無為而治者，其舜也與。夫何為哉？恭己正南面而已矣！」可以合參而論也。

七、佛肸召，子欲往。子路曰：「昔者由也聞諸夫子曰：『親於其身為不善者，君子不入也』。佛肸以中牟畔，子之往也如之何？」子曰：「然，有是言也。不曰『堅』乎？磨而不磷；不曰『白』乎？涅而不緇。吾豈匏瓜也哉？焉能繫而不食！」

【翻譯】

佛肸來召孔子，孔子想要前往。子路說：「以前我仲由聽先生這麼說過：『親自做了壞事的人那裏，君子是不願意進去的。』佛肸盤據中牟反叛，你卻想要前去，這如何說呢？」孔子說：「是啊，我有說過這樣的話。不有說堅硬的東西啊！磨也磨不損。不有說潔白的東西啊！染也染不黑。我難道是個匏瓜嗎？怎可以只挂在那裏，而不讓人來採食呢？」

【說解】

1.佛肸乃晉大夫趙簡子之邑宰，盤據中牟，叛亂趙氏，此魯哀公五年之事也。來召孔子，而孔子欲往，引發了孔子與子路的論議。時孔子五十九歲。

2.春秋晚期，諸侯放恣，大夫專權，周王室沒落極矣！夫子為此憂心不已，故「公孫弗擾叛，子欲往」，「佛肸召，子欲往」。此可見夫子見道之不行，而欲有所為也。所為者，世界大同，天下為公，豈以一家一姓為限哉！

3.此章，夫子用了「磨而不磷」（磨也磨不損）「涅而不緇」（染也染不黑），來詮釋其人格的堅定與潔白。這裡，我們可以看到孔老夫子所堅持的是內在的人格，而不是外在的禮儀規範而已。

4.「吾豈匏瓜也哉，焉能繫而不食？」匏瓜味苦，人不喜食，夫子引此為喻，其胸中之抑鬱痛苦，於斯可見！夫子生命之堅定與潔白，想要實踐一偉大而和平之理想，而世人竟爾不能理解，不亦悲夫！

5.儒門之學重在實踐、重在力行，欲有所為於天下也。學問不是掛在那裡妝點的，學問不是掛在那裡標榜的；學問須置於天地之間，於人倫日用，於民生社會，於道德風教，真有所用也。

八、子曰：「由也，女聞六言六蔽矣乎？」對曰：「未也。」「居！吾語女：好

『仁』不好學，其蔽也『愚』；好『知』不好學，其蔽也『蕩』；好『信』不好學，其蔽也『賊』；好『直』不好學，其蔽也『絞』；好『勇』不好學，其蔽也『亂』；好『剛』不好學，其蔽也『狂』。」

【翻譯】

夫子說：「由呀，你聽說過『六言六蔽』嗎？」子路回答說：「沒有啊。」夫子說：「坐！我告訴你：愛好仁德而不愛好學習，它的遮蔽是受人愚弄；愛好智慧而不愛好學習，它的遮蔽是行為流蕩；愛好誠信而不愛好學習，它的遮蔽是狹隘賊害；愛好正直卻不愛好學習，它的遮蔽是急切刻薄；愛好勇敢卻不愛好學習，它的遮蔽是犯上作亂；愛好剛正卻不愛好學習，它的遮蔽是自大狂妄。」

【說解】

1. 六言者，「仁、智、信、直、勇、剛」，仁愛、智慧、信實、正直、勇敢、剛正，此六種德行，都是值得重視，而且應該發揚的；但不能不經由教養學習，作為重要的調節，學習分寸的掌握。

2. 教養學習是極為重要的，少了它，便無法準確。蓋學者，覺也。教養學習重要的是生命內在根源的喚醒與照亮，思慮與抉擇。

3. 德行不是外在表象的追求，不是德目的限定，而是生命的覺醒，這覺醒才能見到生生之源，才能見到內在德性的生長。

4. 蔽，遮蔽，壅塞不通之謂也。世俗之匹夫，其所蔽者人欲；而自以為是的賢者，其所蔽者德目。甚至以此德目為天理，執著頑固，反而傷己傷人。遮蔽既久，以理殺人，也就出現了。

5. 教養學習是極為重要的，下學而上達，落實於具體的生活世界中去學習，才能上達於天道，通體明白，了徹道理。

九、子曰：「小子！何莫學夫詩？詩，可以興，可以觀，可以群，可以怨；邇之事父，遠之事君；多識於鳥、獸、草、木之名。」

【翻譯】

孔子說：「學生們！為何還沒學習《詩》呢？《詩》，可以興發志氣，可以觀政得失，可以蓄集群志，可以抒發怨尤。近處來說，可以用來奉事父母，遠處來說，可以事奉國君；而且還可以多識得些鳥獸草木之名。」

【說解】

1.孔子不是道貌岸然的禮教維護者，孔子是詩人、是藝術家，是音樂家，是生活哲學家。「興於詩、立於禮、成於樂」，「詩、禮、樂」三者通而為一，而詩居於其首，其重要可見一斑。

2.興於詩，詩可以興發志氣。詩歌是我們心靈中的真實聲音，要如其性情的去開啟它。這樣的開啟它，符合於生生之德，便見此中生意盎然。

3.古有采風之官，採集民間歌謠，《詩經》之國風是也。因其風謠，可以觀政得失。既爾觀之，才能風行於上，民從於下也。如《易經》觀卦，〈象傳〉「風行地上，觀；先王以省方，觀民設教」，這是不離詩教的。

4.可以興、可以觀，故爾能群也。「群」是蓄集群志，如其生命之蓄積與生長也。古者先王，最重視的是「詩」，他本身就是在大地上生長的詩人。因為詩，讓他能親近土地，讓他能與百姓萬民，同其悱惻，通其性情也。

5.詩者，可以興、可以觀、可以群，可以怨也。怨者，抒發怨尤也。人的情志有所壅塞不通，斯為怨尤也。既有怨尤，當得疏通也。讀詩、誦詩、品詩、寫詩，這是最能抒發怨尤的。

6.草木鳥獸，具體而真實，能識得才能入於其生命之中，才能體會得真正的生意盎然。蓋「草木蟲魚皆詩作，之乎者也是文章」，不可輕忽此草木鳥獸之名。

十、子謂伯魚曰：「女為周南、召南矣乎？人而不為周南、召南，其猶正牆面而立也與！」

【翻譯】

夫子對孔鯉說：「你讀了《詩經》的周南、召南了嗎？一個人要是從沒學過周南、召南之詩，那就好像面對著牆面而站立啊！」

【說解】

1. 周南、召南，《詩經》國風開首的兩篇，有云：周南十一章，言夫婦男女者九；召南十五章，言夫婦男女者十一。夫婦男女者，人倫之始也，人倫之美也。因此之故，說：一個人要是從沒學過周南、召南之詩，那就好像面對著牆面而站立啊！
2. 或有云，周南、召南，多男女夫婦之詩，夫子對他兒子孔鯉，做如此教示，是要他娶妻生子，傳其人倫之道也。
3. 生命有性情，性情要通達，豈可正牆面而立呢？夫子之教，詩禮樂之教也，無詩、無樂，何以成其禮也耶！詩，重在興發；樂，重在和合；禮，則重在規範。
4. 興發在志氣，規範在社群，和合在身心，「詩、禮、樂」這三者通了，這人也就通了，生命也就能暢達而生長了。

5.詩有所謂詩教，「溫柔敦厚，詩之教也」。儒者之教，最重要的在詩教。要一個人成個人，要他先成為詩人。

十一、子曰：「禮云禮云！玉帛云乎哉？樂云樂云！鐘鼓云乎哉？」

【翻譯】

夫子說：「禮呀禮呀！難道說的只是玉帛之禮嗎？樂呀樂呀，難道說的只是鐘鼓之樂嗎？」

【說解】

1.玉帛飾其禮，然非此即禮也。鐘鼓達其樂，然非此即樂也。禮樂有其本源，不可輕忽也。

2.禮，重在分寸節度；樂，重在和合同一。禮樂皆本乎性情，皆不離詩教也。分寸節度，不只是外在的分別，而要能有內在的覺醒。和合同一，不只是表象的渾同，而是根源的通達。

3.這裡夫子要講明的是禮樂在於人內在性情的調理與通達，而不只是外在的表象型式。此章可與《論語》〈八佾〉：子曰：「人而不仁，如禮何？人而不仁，如樂何？」一章合看。

4.「仁」講的是人與人之間的真情實感，說的是人要通氣，要通性情，禮樂的目的也在此，而這都不離詩。就作個詩人吧！山河大地莫不有詩也。

十二、子曰：「色厲而內荏，譬諸小人，其猶穿窬之盜也與！」

【翻譯】

夫子說：「外表裝作威嚴而內心卻是軟弱，以小人作比喻，就像是穿越牆洞的小偷吧！」

【說解】

1. 人是不能假借的，不能裝作的，因為假借裝作，便會壞了人自身；自身壞了，人就成了假的人，成了殼子而已。

2. 厲，是威厲、嚴厲；荏，是柔弱、軟弱。色厲者，多半內荏；外表裝作嚴厲，內在常是軟弱的。不是大聲就能有力量，真正的力量，可以是溫柔敦厚的，可以是大音希聲的，甚至可以是默而不言的。

3. 孟子說的好，「有諸己之謂信，充實之謂美，充實而有光輝之謂大，大而化之之謂聖，聖而不可知之之謂神」。這「信、美、大、聖、神」就從「有諸己」做起點。

4. 儒者之教，充實之教也，實有生動之教也。此不同於佛老，佛老者致虛之教也，虛無寂靜之教也。儒者之教，生生之教也。道家之教，自然之教也。佛家之教，無生之教也。

5. 今人常以無生而包蘊自然，進而包蘊生生；據實而論，生生本自然，自然可以還其無生也。生生才是源頭。

——乙未之秋八月十七日晨於臺北元亨書院

十三、子曰：「鄉原，德之賊也。」

【翻譯】

夫子說：「鄉鄰的老好人，道德的敗壞者啊！」

【說解】

1.鄉原，「原」通「愿」，「愿」謹厚之義，世俗鄉鄰以為謹厚者，只是貌似而非真實也。鄉原即鄉愿，即一般所說的老好人。

2.老好人沒主見，只是隨世俗而趨，看似和諧，卻是敗壞了德性。

3.道德必須基於主體的自覺，不能只是任由世俗風氣之所趨。沒有覺性的喚醒，只是隨俗而往，順勢而趨，最後是會湮沒德性的。

4.鄉鄰的老好人，本來不是偽君子，但久了，卻極可能是偽君子。離了原初性、本真性，落得頭來，看似好的，卻是壞了。

5.夫子此說，淡淡然中，懇切精確，一針見血，果為的論也。

十四、子曰：「道聽而塗說，德之棄也！」

【翻譯】

夫子說：「路上聽著，而就在路上喧說，德性的丟棄者啊！」

【說解】

1.道者，路也。塗同途，亦路也。道聽而塗說，在路上隨聽也就跟著隨說，連回家想想都沒有，可見一斑。

2.志於道、據於德，「道」為根源，「德」為本性，順其根源，如其本性，才成為道德。德為本性，本性須得涵養。

3.涵養者，聽之於耳，當契於其心，納之於腹，不可只是口耳之間而已。口耳之間，棄德者也。

4.聽了好話，須有一番蘊藉工夫，才長得成自家本性；若只是隨著說，跟著講，恐不是真懂，卻也讓自家的心氣變得浮了、躁了。

5.心氣浮躁，難以內存，如何長得德性，如此卻是棄了德性。

十五、子曰：「鄙夫！可與事君也與哉！其未得之也，患得之；既得之，患失之；苟患失之，無所不至矣！」

【翻譯】

孔子說：「那樣一個鄙夫，可以和他一起事奉君主嗎？他在沒有得到官位時，總擔心得不到。已經得到了，又怕失去它。如果他只擔心失掉官職，那他就什麼事都幹得出來了」。

【說解】

1. 鄙夫，志量短淺、德性浮薄，只為世俗功利之人也。
2. 君，从尹从口，是管理者、發話者的意思，也就是政治社會共同體的領導者、發話者。事奉國君，為的是整個政治社會共同體的經營與生長。
3. 事君，是出仕作官，為的是整個政治社會共同體，人倫共同體的公共事務，這為的是公務，不是私事。為的是群體的福祉，不是個人的權位。
4. 患得之，擔心權位得不到；患失之，擔心權位失去了。其所患者權位也。其實，要知道，權之所以返其經也，要歸返經，「經」是經常之道。位之所以為位，「位」所以立其地也，要腳踏實地。

5.志量高卓、德性真實，自然不會患得患失。前賢許昌靳裁之有言：「士之品有三，志於道德者，功名不足以累其心；志於功名者，富貴不足以累其心；志於富貴而已者，則亦無所不至矣」，其言極透闢！

十六、子曰：「古者民有三疾，今也或是之亡也。古之狂也肆，今之狂也蕩；古之矜也廉，今之矜也忿戾；古之愚也直，今之愚也詐而已矣。」

【翻譯】

夫子說：「古代人民有三種病痛，現在或者連這三病痛也都不是了。古代狂者志願太高、不居小節；現在狂者放蕩不羈、胡作非為；古代矜持的人，持己太嚴，滿是稜角；現代矜持的人，兇惡蠻橫、暴戾好爭；古代愚笨的人，暗昧不明，自以為是；現在愚笨的人，根本是巧詐自私、愚蠢裝笨啊！」

【說解】

1.說民有三疾，「疾」說的是病痛。古者之疾，是氣質之病痛；今者之疾，是性情之壞亂。氣質之病痛，在個人，矯正即可；性情之壞亂，在社會，極難矯治。

2.狂肆之人，志願太高，因此不居小節，加之以禮樂即可。狂蕩之人，無視法度，胡作非為，非刑罰不足以止之。

3.矜持之人，其善者，持己嚴、自視高，滿是稜角，令人難以接近；其不善者，自恃身份，矜其權位，暴戾爭鬥，由之而生。

4.愚有真愚，有詐愚；真愚病在魯直，雖魯直但不失其真；詐愚則病在私己，私己者必然巧詐。

5.為政者，應當確立良善之制度、興發美好之風氣，才能矯治人之氣質病痛，才能如其性情，教化風行。

十七、子曰：「惡紫之奪朱也。惡鄭聲之亂雅樂也。惡利口之覆邦家者。」

【翻譯】

夫子說：「厭惡紫色的鮮豔奪取了朱紅色的端正，厭惡鄭國樂聲的佚蕩擾亂了雅樂的平和，厭惡佞牙利口顛覆了國家大政。」

【說解】

1.朱色不同於紫色，紫色間雜，卻能鮮豔奪目，朱色為正色。有端莊之感。

2.雅樂不同於鄭聲，鄭聲淫；而雅樂平和，有寧靜之感。

3.中正平和是孔子的道德理想。他認為這道德理想要體現在日常生活之中。耳之所聽，目之所視，都應該是中正平和的。

4.儒家重視的是人倫的共同體，這是以情氣的感通所建構成的，他不強調話語的辯論，而強調的是回到存在的情意脈絡之中。

5.重視話語的溝通，使之不會陷入「利口」，又不構陷說這是利口覆邦家，這恐怕是儒家所必須面臨的現代性論題之一。正視話語所及的權力及個體性的論題，仍然是儒家要去努力的。

十八、子曰：「予欲無言！」子貢曰：「子如不言，則小子何述焉？」子曰：「天何言哉！四時行焉，百物生焉；天何言哉？」

【翻譯】

孔子說：「我想不說話了。」子貢說：「老師您如果不說話，那麼我們這些學生還有什麼可以傳述的呢？」孔子說：「天何嘗有說話呢？四季就這樣運行著，百物就這樣生長著。天何嘗有說話呢？」

【說解】

1. 此章可與《舊約》〈創世記〉所記：「上帝說有光就有了光，於是把它分成白晝與黑夜。」做一對比。明顯可看出兩者對比，大相逕庭。
2. 《論語》「天何言哉？天何言哉！」「予欲無言」，這可看出天道「默運造化」。相對來說，《舊約》〈創世記〉則是「分說萬物」。
3. 「默運造化」者，多為「道」論者；而「分說萬物」者，則為「一神論」者。前者重氣的感通，重情意的交融，也重存在的脈絡；而後者重話語的論定，重邏輯的構造。
4. 道論，言已於無言，言起於無言，既有天道論「默運造化」，也就有修養論的「默契道妙」。
5. 強調「話語的論定」、主客的分立與個殊的散開，必然關連的強調誡命與律令，那重點也就在於徹底的臣服於上帝。

十九、孺悲欲見孔子，孔子辭以疾。將命者出戶，取瑟而歌，使之聞之。

【翻譯】

孺悲想見孔子，孔子以生病為由推辭不見。傳話的人剛出了門，（孔子）便取來瑟邊彈邊唱，（有意）讓他能聽到。

【說解】

1. 有可見、不可見，有當見、不當見，有樂見、不樂見，有願見、不願見，孔子之不見孺悲，必有其理由，然不好明著說，所以有此不說之說，不教之教也。
2. 顯然地，孔夫子「辭以疾」，這「疾」可不是身子上的疾病，而是心理之不樂意，心理之不樂意，要孺悲自家想想就是了。
3. 門為大門，戶是內戶，可以約莫想到孔老夫子時在書房內室，等不及將命者之傳話，當下就取了瑟，來彈唱，目的就是要對方聽到。
4. 這章看出夫子教導人的藝術，他重視實存的脈絡，重視情志的感通，須知：不教之教，也是一種難得的教育，就怕孺悲不懂得夫子的苦心。

二十、宰我問：「三年之喪期已久矣！君子三年不為禮，禮必壞；三年不為樂，樂必崩。舊穀既沒，新穀既升；鑽燧改火，期可已矣。」子曰：「食夫稻，衣夫錦，於女安乎？」曰：「安！」「女安，則為之！夫君子之居喪，食旨不甘，聞樂不樂，居處不安，故不為也。今女安，則為之！」宰我出。子曰：「予之不仁也！子生三年，然後免於父母之懷。夫三年之喪，天下之通喪也；予也，有三年之愛於其父母乎？」

【翻譯】

宰我問：「父母過世，服喪三年，服喪期實在太久了。君子三年不踐行禮儀，禮儀一定會敗壞；三年不踐行音樂之教，音樂之教也就荒廢了。舊穀吃完了，新穀登場了，鑽木取火的木頭輪過了一番，有一年的時間就可以了吧！」孔子說：「你吃開了大米飯，穿起了錦繡衣，對你來說，心安嗎？」宰我說：「心安的。」孔子說：「你心安，那你就這樣做去吧！君子守父母之喪，食美味不覺得甘甜，聽音樂不覺得快樂，平居所處，不敢求其舒服，正因如此，所以不那樣做。如今你覺心安，你就那樣去做吧！」宰我出去後，孔子說：「宰予真是個仁心不足的人啊！孩子生下來，三歲才能離開父母懷抱。為父母服喪三年，這是天下通行的喪禮。難道宰予的父母對他沒這三年的愛嗎？」

【說解】

1. 這章牽涉到守喪喪期可否縮短，如何縮短的論題。父母之喪的守喪期，當時通常為三年，但已逐漸難守，可見時代變遷，難以回溯。孔老夫子主張與宰我，形成強大對比。

2.守喪之期的變化，其根據何在，站在當時政治社會共同體的立場來說，「君子三年不為禮，禮必壞；三年不為樂，樂必崩」。這是說三年之喪，不適於當時政治社會共同體的建立。

3.再說，以自然天地來說，「舊穀既沒，新穀既升，鑽燧改火，期可已矣。」。這是自然共同體的規律，守喪一年是適當的。

4.但孔子問的是真存實感，「食夫稻，衣夫錦，於女安乎？」若果真是「安！」那你安，你就去做啊！他反覆強調「君子之居喪，食旨不甘，聞樂不樂，居處不安，故不為也。今女安，則為之！」可見就在存心如何，存心可安，自當依此。

5.我們可以說這樣的倫理學是存心倫理學，是依據著人倫共同體而生長出來的。這存心倫理學看起來很像是自律的倫理學，其實不然。自律倫理學是關聯著個體性的個人所締建成的，是依持著自由意志的自律而成的。存心倫理學是關聯著人倫共同體所締建成的，是依持著那群體生命感通所煥發出來的恥感心理機制而成的。

6.這樣的倫理學上通天道，懼之、畏之、敬之，內契於心性之源，誠之、慎之、存之，這分辨是需要的。

廿一、子曰：「飽食終日，無所用心，難矣哉！不有博弈者乎？為之猶賢乎已！」

【翻譯】

孔子說：「吃飽了飯，過一整天，沒什麼地方，讓他用心思的，這種人要他覺醒，那可真太難了！不是還有玩骰子和下圍棋的嗎？做作這些遊戲，也比那無所事事的好。」

【說解】

1.儒家強調用心、立志，但總要落在具體的實理實物上。這不同於佛教要你「無念」。

2.儒家認為「志」要有定向，「心」要有主宰，如斯方可。儒家重點是在「生生法」，要「範圍天地之化而不過，曲成萬物而不遺」。

3.相對來說，佛教認為「生老病死」都是苦，他的重點在於苦業的解脫。唯有大解脫，所以才能大自在。

4.佛教重點在於苦業的解脫，儒家則重在生生的成全。儒家認為有業居之，才能成德成才。

5.佛教所說的業，仍然有善業、惡業，但畢竟偏重於負面來說；孺家則從正面看此問題，《易經》說「富有之謂大業，日新之謂盛德」，於斯可見。

廿二、子路曰：「君子尚勇乎？」子曰：「君子義以為上。君子有勇而無義為亂，小人有勇而無義為盜。」

【翻譯】

子路說：「君子崇尚勇力嗎？」孔子說：「君子以正義作為更高的前提，君子有勇力無正義就會生出亂事來，小人有勇力無正義就不免會幹出偷盜來。」

【說解】

1.勇是自然之氣力，義才是自覺的道理。夫子崇尚的是自覺的道理，而不會是自然之氣力。
2.「義」說的是客觀的法則，他往上提再上升則為「仁」，「仁」為真實的感動。仁義是一體的，而且是內在於我心的。
3.有了真實的感動，有了客觀的法則，有了具體的規範，有了「仁、義、禮」，天下事務方得成全。
4.君子居於上位，當有正義作為客觀的法則以為依持，有此依持，才能管理好這個政治社會共同體。
5.小人居於下位，也當有此正義作為客觀的法則以為規範，才能守住綱紀，才能潔身自好。

廿三、子貢曰：「君子亦有惡乎？」子曰：「有惡。惡稱人之惡者，惡居下流而訕上者，惡勇而無禮者，惡果敢而窒者。」曰：「賜也亦有惡乎？」「惡徼以為知者，惡不遜以為勇者，惡訐以為直者。」

【翻譯】

子貢說：「君子也有厭惡的事嗎？」孔子說：「有厭惡的事啊！厭惡那宣揚別人惡處的人，厭惡那身居下流而謗議在上者的人，厭惡那勇敢而不懂禮節的人，厭惡那果敢固執而又不通情理的人。」孔子又說：「端木賜啊！你也有厭惡的事嗎？」子貢說：「厭惡那偷取別人的而作為自己智慧的人，厭惡那把不謙遜當做勇敢的人，厭惡那揭發別人隱私而自以為正直的人。」

【說解】

1.君子有好惡，好善而惡惡，好善如「好好色」，惡惡如「惡惡臭」。這樣的好善惡惡，對君子來說可以說是天生之覺性的覺醒，是良知良能的，是自發的，是秉持於天道性命的。

2.夫子與子貢之對話頗有機趣，夫子所厭惡者為真小人，而子貢則更進一層，而其厭惡者為偽君子。

3.真小人，惡處清楚，當下可見，也可惡！偽君子，多所掩匿，不易看見，所以子貢的厭惡，必見其深切也。

4.子貢善於「聞一以知二」，聽夫子之言後，繼續對比而推之，真是如切如磋，如琢如磨，師生情志，於斯可見矣！

廿四、子曰：「唯女子與小人為難養也！近之則不孫，遠之則怨。」

【翻譯】

孔子說：「就那女子和小人是最難教養的，親近他們，他們就不會謙遜合禮，疏遠他們，他們卻會抱怨。」

【說解】

1.這要關連著一個君主專制、父權高壓、男性中心的時代來說，這話就是明白人說的明白事。

2.向朱熹就這麼說著「此小人亦謂僕隸下人也。君子之於臣妾，莊以涖之，慈以蓄之，則無二者之患矣！」

3.或有言：夫子所說為特指，「女子」說的是衛國夫人南子，「小人」說的是彌子瑕，都是夫子所厭惡之人也。這樣的詮釋也通。

4.在一個現代性的社會裡，我們可以對比的去想這論點，而要將它開掘出來，不能老落在這不合理的烙印之中。何以如此，如何可以免除如此。

廿五、子曰：「年四十而見惡焉，其終也已！」

【翻譯】

孔子說：「一個人到了四十歲，還被人所厭惡，那終其一生也就這樣而已囉！」

【說解】

1. 四十歲，是個立功的年齡，是個能確立德性的年齡，居然為人所輕賤、所厭惡，可見此人無功、無德，令人慨嘆也。
2. 《論語》〈為政〉：子曰：「吾十有五而志于學，三十而立，四十而不惑，五十而知天命，六十而耳順，七十而從心所欲、不踰矩。」。可同參。
3. 《論語》〈子罕〉：子曰：「後生可畏，焉知來者之不如今也？四十、五十而無聞焉，斯亦不足畏也已！」可同參。
4. 四十當為不惑，這是生命之確立。四十當必聞達，這是生命之貢獻。生命要於人倫共同體能有所確立，於政治社會共同體要有所貢獻。
5. 「立」是「立於禮」，這是「己立立人」，「內聖外王，通而為一」這是中壯年最不容易做到的，能立得住才是真功夫。

丁酉之夏六月三十日臺北象山居

〈微子〉第十八：陪臣柄政、賢臣遠隱

一、微子去之；箕子為之奴；比干諫而死。孔子曰：「殷有三仁焉！」

【翻譯】

微子避開離去了，箕子被囚做了奴隸，比干勸諫而死難了。孔子說：「殷朝有三位仁人啊！」

【說解】

1. 微子，紂王之庶兄，見其無道，避而去之，以存其國也。武王伐紂後，封於宋，存殷商宗廟之祀也。
2. 箕子、比干，皆為紂王諸父，箕子勸諫不聽，佯狂走遼東。比干勸諫，不幸而死。
3. 朱子謂此章多記聖賢之出處，良有以也。大道不行，仁者蒙難，所以彰顯其神聖之理想也。
4. 最壞的時代，也就是有一復興可能的年代，這叫「剝復」之幾。「剝」者，五陰消盡，一陽獨存。「復」者，一陽來復，陽氣漸長，有所歸復也。

5. 殷之三仁，所以為人類存正氣也，為人類存天理也，為人類存仁道也。

二、柳下惠為士師，三黜。人曰：「子未可以去乎？」曰：「直道而事人，焉往而不三黜！枉道而事人，何必去父母之邦！」

【翻譯】

柳下惠當典獄官，三次被罷黜。有人說：「你不可以離開魯國嗎？」柳下惠說：「我按正道去奉公辦事，到哪兒可以不被罷黜三次呢？要是按著邪枉之道來辦事，何必要離開父母之邦呢？」

【說解】

1. 柳下惠，姓展名獲，一名季，字禽。封於柳下，因以為氏，諡號為惠，世稱柳下惠。孟子以為「柳下惠，聖之和者也」。此章可見其一體也。

2. 士師，猶今之典獄官也。三黜，三次罷黜，也可以是多次罷黜之意。

3. 柳下惠與魯國屬五服內之貴族，所以不忍去也，且依其道理，亦不必去也。這道理是沒道理的道理，是一種不得已的和平之理。

4.「直道而事人，焉往而不三黜」，既然如此，在自己的家裡還好辦些，何必離開呢？我若肯「枉道而事人」，就沒事了；但我不願意，不願意就不願意，就這樣吧！這樣辦，會被一再罷黜，那就一再罷黜吧！也沒事的。

5.這裡有著「直道而事人」的體貼與和諧，不慍不火，卻有著柔韌而和平的光輝，飽蘊了生命的可能，充滿了慈悲的生機。

三、齊景公待孔子，曰：「若季氏則吾不能，以季、孟之閒待之。」曰：「吾老矣，不能用也。」孔子行。

【翻譯】

齊景公談起對待孔子的禮節，說：「像魯君對待季氏那樣，我達不到；我用介於季氏、孟氏之間來對待他。」又說：「我老了，不能用他。」孔子於是就離開了齊國。

【說解】

1.依《史記》〈孔子世家〉，孔子時年三十五，入於齊，齊景公將以僅次於上卿之禮待之也。當時，齊國以有田氏為上卿，景公見仲尼先生之賢，而想用之以治齊國。

2. 後來，孔子的政治理想，難以施展，景公託辭，自己已老。仲尼先生聽聞後，就決定離開齊國，以其不可能施行抱負故也。

3. 《孟子》〈告子〉有言：陳子曰：「古之君子，何如則仕？」孟子曰：「所就三，所去三。迎之致敬以有禮，言將行其言也，則就之；禮貌未衰，言弗行也，則去之。其次，雖未行其言也，迎之致敬以有禮，則就之；禮貌衰，則去之。其下，朝不食，夕不食，飢餓不能出門戶；君聞之，曰：『吾大者不能行其道，又不能從其言也，使飢餓於我土地，吾恥之。』周之，亦可受也，免死而已矣。」孔子離開齊國，以其禮貌衰也。

4. 取予、去就，須有覺醒力，也要有當下的決斷力，沒有此，不足以做出好的去就取予。本章可深深體會玩味。

四、齊人歸女樂，季桓子受之，三日不朝，孔子行。

【翻譯】

齊國人贈送歌女給魯國，季桓子接受了，魯君三天不上朝。孔子於是離開了魯國。

【說解】

1. 依據《史記》〈孔子世家〉，魯定公十四年，孔子年五十六，由大司寇攝相事，與聞國政三月，政教大行，齊國擔心魯國因之而霸，採用犁沮之計，送女樂以迷惑魯君，魯君三日不朝。

2. 歸女樂，歸，餽贈之意。餽贈女歌手及樂妓。三日不朝，三日不上朝理政。

3. 孔子見大道難行，於是離開了父母之邦，周遊列國，宣揚大道，普教世人。

4. 此章亦可見夫子取予去就，何其明白也，何其清澈也。

五、楚狂接輿，歌而過孔子，曰：「鳳兮鳳兮！何德之衰？往者不可諫，來者猶可追。已而！已而！今之從政者殆而！」孔子下，欲與之言。趨而辟之，不得與之言。

【翻譯】

楚國的狂人接輿邊唱著歌，經過了孔子居所，他唱道：「鳳凰啊！鳳凰啊！天德何其衰弱啊！過去的，已經無可諫阻！未來的，還來得及追趕呢！算了吧，算了吧。現在的從政者可都是危險人物啊！」孔子下堂出門，想與他談談，他卻趨步趕緊離開，孔子沒能和他談上話。

【說解】

1.依據《史記》〈孔子世家〉所載，孔子周遊列國，受困陳蔡，後由楚昭王出兵，迎接到了楚國，本要將書社之地七百里封給夫子，但被楚國令尹子西阻止，不久，昭王去世，孔子仍在楚國，楚狂接輿，歌而過孔子，應該是這時候。蓋魯哀公六年，孔夫子已六十三歲矣！

2.鳳乃神瑞之鳥，說唱「鳳兮！鳳兮！何德之衰」，此蓋言世之衰也，德之頹也。聖君不見，大道難行。

3.「往者不可諫，來者猶可追」，過去的，已經無可諫阻！未來的，還來得及追趕呢！本來興起了一個嶄新的可能嚮往，卻又說「已而已而，今之從政者殆而」。說「算了吧，算了吧。現在的從政者可都是危險人物啊！」接輿將夫子的心情看透了，說出來了。

4.夫子下了堂，想與他好好談談，他卻又趨而避之，真個是神龍見首不見尾，這裡可以看到隱者與孔子對話中的機趣，卻也看到隱者的限制。

5.世衰道微，是又如何？夫子想著，知其不可而為之，這分堅持，是儒者的襟懷所在。這是儒者與隱者不同的地方。

六、長沮、桀溺耦而耕。孔子過之，使子路問津焉。長沮曰：「夫執輿者為誰？」子路曰：「為孔丘。」曰：「是魯孔丘與？」曰：「是也。」曰：「是知津矣！」問於桀溺，桀溺曰：「子為誰？」曰：「為仲由。」曰：「是魯孔丘之徒與？」對曰：「然。」曰：「滔滔者，天下皆是也，而誰以易之？且而與其從辟人之士也，豈若從辟世之士哉？」耰而不輟。子路行以告，夫子憮然曰：「鳥獸不可與同群！吾非斯人之徒與而誰與？天下有道，丘不與易也。」

【翻譯】

長沮、桀溺兩個人同耜共耒一起耕種，孔子路過，派了子路去詢問渡口何在。長沮說：「那個手拿著繮繩的是誰？」子路說：「是孔丘。」長沮說：「是魯國的孔丘嗎？」子路說：「是的。」長沮說：「那他是早已知道渡口的位置了。」子路再去問桀溺。桀溺說：「你是誰？」子路說：「我是仲由。」桀溺說：「你是魯國孔丘的門徒嗎？」子路說：「是的。」桀溺說：「洪水滔滔，天下都是這樣的啊！你們同誰去改變它呢？況且你與其跟隨著避人的人，為什麼不跟著我們這些避世的人呢？」說完，仍舊做著田裏的農活，手不停歇。子路行回，把情況報告了孔子。孔子很悵惘而慈悲的說：「人不能與飛禽走獸同群共處啊！如果不同世上的人群打交道還與誰打交道呢？如果天下太平，我就不必與你們一道來從事改革了。」

【說解】

1.依《史記》〈孔子世家〉，此段所記，應該是孔子離開了楚國葉縣，要回到蔡國，在途中遇到了長沮、桀溺，耦而耕，兩個隱者在那一起耕作，好不快活，但從其論點，卻可見他們仍猶有未足，那種惆悵之情是難以掩懷的。

2.子路問津，孔子執轡，隱者問明，那執轡者正是孔丘，用譏諷的語氣說，孔丘不是到處去指點迷津嗎？你們老師會指點人生的渡口何在，他怎會不知渡口何在？

3.子路問不出所以然，又往問桀溺，桀溺問明他是仲由，是孔丘之徒。他要說的是天下滔滔皆是，誰能改變呢？不可能的。

4.孔子並不是避人之士，也不是避士之士，他的熱情與真切，告訴我們人與鳥獸是不同的。鳥獸在自然共同體裡，人呢！人是在人倫共同體裡，才得安身立命。

5.隱者多屬道家，希望能順成自然；而夫子思想，則主張要參贊化育，要曲成萬物，要人文化成。

七、子路從而後，遇丈人，以杖荷蓧。子路問曰：「子見夫子乎？」丈人曰：「四體不勤，五穀不分，孰為夫子！」植其杖而芸。子路拱而立。止子路宿，殺雞為黍而食之，見其二子焉。明日，子路行以告。

【翻譯】

子路隨從孔子出行，落到了後頭，遇見一位老丈，用杖挑著除草的工具。子路問道：「你看到夫子了嗎？」老丈說：「你四肢不勞動，五穀分不清楚，誰是你的夫子！」（我手腳不停地勞作，五穀還來不及播種，哪裡顧得上你的夫子是誰？）說完，便把杖樹立起來，拿者草具去除草。子路拱著手恭敬地站在一旁。老丈留子路到他家住宿，殺了雞，做了小米飯給他吃，又叫兩個兒子出來與子路見面。第二天，子路上了路，像夫子報告了這事。

子曰：「隱者也。」使子路反見之。至，則行矣。子路曰：「不仕無義。長幼之節，不可廢也；君臣之義，如之何其廢之？欲潔其身，而亂大倫。君子之仕也，行其義也。道之不行，已知之矣！」

【翻譯】

孔子說：「真是個隱士啊！」派了子路回頭去看他。子路到了那裏，老丈已經走了。子路說：「不出仕為官，這是不對的。長幼的倫節是不可廢棄的；君臣的義理又怎能廢棄呢？想要自身清白，卻壞亂了根本重大的倫理脈絡。君子出仕為官，是為了實行君臣義理的。大道之所以不行，那早就知道了啊！」

【說解】

1. 每讀及此，總覺悠然。子路去問路，見那荷蓧丈人，何等真樸，何等從容，他接地氣，而通天道，至於人間事務，則有所不知也。子路也就此，還吃了頓豐盛的晚宴，睡了個好眠，那丈人還要兩個孩子出來拜見，子路也當了個好師長。這事有趣至極。
2. 隱士，是中國民族的保鮮劑，是中國民族保住生機的種子，是整個中國民族文化，接地氣，通天道的民間契機。
3. 隱士之為隱士，他們雖然避世，但他們所逃的是政治社會的共同體。何以逃呢？因為政治社會共同體已經毀壞崩頹了，故爾逃之，逃之所以保其生機也。
4. 自然共同體、人倫共同體，是隱士所肯定的。儒家也肯定此，儒家是想經由這兩個共同體，去建構良善的政治社會共同體。所不同的是，儒家要積極的投入。但隱士則採趣消極避世的態度。
5. 儒家對於隱士雖然採批評態度，但卻是十分敬重的；儒家雖譏諷儒者，但卻是心懷不忍與慈悲的。

八、逸民：伯夷、叔齊、虞仲、夷逸、朱張、柳下惠、少連。子曰：「不降其志，不辱其身，伯夷、叔齊與？」謂：「柳下惠、少連，降志辱身矣；言中倫，行中慮，其斯而已矣！」謂：「虞仲、夷逸，隱居放言，身中清，廢中權。我則異於是，無可無不可。」

【翻譯】

這些被遺落的散逸之民有：伯夷、叔齊、虞仲、夷逸、朱張、柳下惠、少連。孔子說：「不降低自己的志向，不屈辱自己的身分，這是伯夷叔齊吧！」又說：「柳下惠、少連是被迫降低了自己的志向，屈辱了自己的身分；但所言合乎倫理，所行合乎思慮。」又說：「虞仲、夷逸隱居過活，說話隨便，身子卻是潔淨明白，離開官位也合乎權宜。我卻與這些人不同，我不一定非這樣，也不一定非那樣。」

【說解】

1.《論語》〈堯曰〉有言「興滅國，繼絕世、舉逸民」，這說的是要扶持人倫共同體，讓他能夠傳延祭祀，世代相傳，而標舉逸民，為的是文化教養。逸民者，遺落天邊海角的人間珍珠也。這是整個民族文明的駿逸手標之一，是整個民族能立於天壤之間的標竿。

2.伯夷叔齊，孤竹君之子，武王伐紂，叩馬而諫，義不食周粟，採蕨而食，餓死於首陽山。孟子稱其為「聖之清者也」。真乃不降其志，不辱其身也。

3.柳下惠、少連，柳下惠為魯人，封於柳下，謚號為惠，稱柳下惠。少連，據稱乃東夷隱士。孟子稱「柳下惠，聖之和者也」。孔子說此兩人「降志辱身矣；言中倫，行中慮，其斯而已矣！」說他們被迫降低了自己的志向，屈辱了自己的身分；但所言合乎倫理，所行合乎思慮。

4.虞仲、夷逸，虞仲可能就是泰伯之弟仲雍，夷逸，東夷之逸民也。孔子說此兩人「隱居放言，身中清，廢中權」，說他們隱居過活，說話隨便，身子卻是潔淨明白，離開官位也合乎權宜。

5.夫子論隱逸之士顯然地分了三個層階，而藉此說自己是「無可，無不可」，所可者何？就在人倫義理，就在天理良知，如此而已。承天命、繼道統、立人倫、傳斯文，所以為夫子也。

九、大師摯適齊；亞飯干適楚；三飯繚適蔡；四飯缺適秦；鼓方叔，入於河；播鼗武，入於漢；少師陽，擊磬襄，入於海。

【翻譯】

首席樂師太師摯到齊國去了，第二樂師亞飯干到楚國去了，第三樂師三飯繚到蔡國去了，第四樂師四飯缺到秦國去了，打鼓的方叔到了黃河邊上去了，敲小鼓的武到了漢水邊，伴奏的少師陽和擊磬的襄到海濱去了。

【說解】

1.魯哀公時，國勢已衰，樂官四散，有的到了齊、楚、蔡、秦，有的到了黃河邊上，有的到了漢水邊上，有的還到了海角之濱。此不得已也，勢所然也。

2.錢穆說此「雲天蒼涼，斯人寥落。記者附諸此篇，蓋不勝其今昔之悲感。記此八人，亦所以追思孔子也。」

3.一九四九之後，錢穆、唐君毅等有感於中國民族之花果飄零，於香江建立新亞書院，以求其靈根自植也。感之既深，出而為文，慨然肅然矣！

4.禮樂是不可分的整體，禮在節度，樂在風教，禮樂衰，政治衰，文化的傳播力卻因之而四散開來了。

5.文化像是落地的種子一樣，一有了水分就能發榮滋長，接了地氣，就可能上通天道，再造文明。

十、周公謂魯公曰：「君子不施其親，不使大臣怨乎不以。故舊無大故，則不棄也。無求備於一人。」

【翻譯】

周公對魯公說：「君子不疏遠他的親屬，不使大臣們抱怨不用他們。舊友老臣沒有大的過失，就不要拋棄他們，不要求全責備於一人。」

【說解】

1. 周公，武王弟，姬旦也。魯公，周公之子，伯禽受封，將到魯國就職，周公告誡之，此為魯國立國之訓誥也。
2. 不施其親者，不弛其親也，當親其親也。這說的是人倫共同體的建立。
3. 「不使大臣不怨乎不以」，「不以」即是「不用」之意，讓大臣有所用，這說的是政治社會共同體的建立。
4. 「故舊無大故則不棄」，親親尊尊，友善之人也，敦美人倫友孝也，所以養其仁厚之風教也。這說的是文化風氣氛圍的建立。
5. 「無求備於一人」，當分有司管理也，此職務之專業任用也。
6. 立人倫、用大臣、善氛圍、付有司，這是管理學上的大事，是政治所以成就為善政的大事。

十一、周有八士：伯達、伯适、仲突、仲忽、叔夜、叔夏、季隨、季騧。

【翻譯】

周代有八個賢士：伯達、伯適、伯突、仲忽、叔夜、叔夏、季隨、季騧。

【說解】

1.據云：周時，四乳生八子，皆為顯士。四乳說的是四胎，四胎生了八個，又分伯仲叔季，各分為二，可見多為雙胞胎，這事怪奇而有趣，亦可見當時人才之盛也。

2.八士，這八位賢士，時間發生何在，多有說法，但大體不出周朝初年也。國家之興，首在人才，文化風教所以養此人才也。人才之興，人倫共同體以興，政治社會共同體以興，文化風教由是而益興也。

3.錢穆有言「本篇於三仁逸民師摯八樂官，皆讚揚而品列之。於接輿、沮溺、荷蓧丈人、皆惓惓有接引之意。蓋維持世道者在人，世衰而思人益切也。本章特記八士集於一家，產於一母，祥和所鍾，瑋才蔚起，編者附諸此，思其盛，亦所以感其衰」。

4.錢穆之語，深矣！切矣！遠矣！感時憂懷，夫子自道也。

丁酉之夏七月一日臺北象山居

〈子張〉第十九：道德宏篤、仲尼日月

一、子張曰：「士見危致命，見得思義，祭思敬，喪思哀，其可已矣。」

【翻譯】

子張說：「賢士遇見危險，能委致天命，看見利益，能想到正義公理，祭祀之時，能想到恭敬有度，居喪之時，能想到哀傷有節，那這樣也就可以了。」

二、子張曰：「執德不弘，信道不篤，焉能為有？焉能為亡？」

【翻譯】

子張說：「執守德行而不能宏揚光大，信仰道理而不能篤實堅定，這樣子怎能說是有呢，又怎能說是沒有呢？」

【說解】

1.朱子言「此篇皆記弟子之言，而子夏為多，子貢次之。蓋孔門自顏子以下，穎悟莫若子貢，自曾子以下，篤實無若子夏。故特記之詳焉！」余以為可以將此篇視為孔門弟子的讀書報告，眾弟子就其所得，彼此切磋爾。

2.見危致命者，致天命也，天命之義也，如其義而致其天命也。見得思義，也說的是此義，「正義公理」是儒家所追求的，只是他將此正義公理，建立在人倫共同體的基礎之上。

3.祭思敬、喪思哀，說的是「祭祀之時，能想到恭敬有度，居喪之時，能想到哀傷有節」，這裡說的喪祭，都立基於人倫共同體而立言的。於斯可見。

4.道為根源義、德為本性義。志於道，據於德，進而可以依於仁，游於藝。道從根源義，進而說普遍義、理想義。德從本性義，進而說內在義、功能義。

5.執者，執守也。信者，信守也。兩者說的都是持久毋失。不宏則不足以說普遍之理想也。不篤則不足以啟動內在的動能也。言信道要篤，執德要宏也。

三、子夏之門人，問「交」於子張。子張曰：「子夏云何？」對曰：「子夏曰：『可者與之，其不可者拒之。』」子張曰：「異乎吾所聞：君子尊賢而容眾，嘉善而矜不能。我之大賢與，於人何所不容。我之不賢與，人將拒我，如之何其拒人也！」

【翻譯】

子夏的門人向子張請教交友之道。子張說：「子夏怎麼說呢！」回答道：「子夏說：『可以相交的就和他交往，不可以相交的就拒絕。』」子張說：「這不同於我所聽到的：君子當尊崇賢者，又能容納眾人；能夠讚美善人，又能同情能力不足的人。若我果真是大大的賢者，對別人有什麼不能容納的呢？我如果不夠賢良，那人家就會拒絕我，你說我們豈能拒絕人家呢？」

【說解】

1. 這章頗有意思，可見子張器量宏偉，而子夏卻是小了些格局，雖小了些格局，卻也篤實，能接地氣。正因如此，其門下如吳起李克等，走向法家之徒，應可理解。
2. 交友之道，尊賢而容眾，嘉善而矜不能。當尊崇賢者，又能容納眾人；應當讚美善人，又能同情能力不足的人。有判斷、有追求，有慈心、有悲憫。
3. 子夏重點在於謹慎論交，子張重點在於寬大為懷。鄭玄謂「子夏所云，倫黨之交也。子張所云，尊卑之交也」。交友之道，當可兼取。

4.或者可以這樣理解，子夏所重在於性情具體之落實，子張重點在於義理普遍之推致。

四、子夏曰：「雖小道，必有可觀者焉；致遠恐泥，是以君子不為也。」

【翻譯】

子夏說：「即使是些技藝小道，也必定有可觀可取之處，但要是推致到遠大目標，那就拘泥不通了。因此，君子不這樣做。」

五、子夏曰：「日知其所亡，月無忘其所能，可謂好學也已矣！」

【翻譯】

子夏說：「每天都學到過去所不知的，每月都不忘已經學會的，這可叫做好學了。」

【說解】

1.技藝小道，若能入契於內，亦可以見其大也。此所謂：技進於道也。如《莊子》〈養生主〉所述的「庖丁解牛」，可以養生主也。

2.具體的、實存的、實在的，若不能往上提升到抽象的、普遍的、理想的，那就很難往上發展了。如孟子之所強調「先立乎其大，則小者不可奪也」。

3.學習是件具體的事，就是「日知其所亡，月無忘其所能」，這樣就能累積，真積力久則入，生命也就這樣長養起來了，學問也就這樣生長起來了。

4.不要不重視宏大，因為宏大，生命才有開展；不要忽略篤實，因為篤實，生命才能接地氣，長育的良好。

5.好學有兩義，一是喜歡學習，一是懂得學習。能懂得學習，必有學習之樂，就會更喜歡學習。此兩者相因相果。

六、子夏曰：「博學而篤志，切問而近思；仁在其中矣。」

【翻譯】

子夏說：「廣博學習而志向篤實，切己提問而懂得思考，仁的實踐就在其中了。」

七、子夏曰：「百工居肆以成其事；君子學以致其道。」

【翻譯】

子夏說：「各行各業的工匠須在作坊裏，才能成就自己的工作；君子須經由廣博學習，才能推致其理，實踐大道。」

八、子夏曰：「小人之過也必文。」

【翻譯】

子夏說：「小人犯了過錯，一定想掩飾。」

【說解】

1. 子夏之言，甚是篤切，故其門下，也多為篤實好學之人，他能成為魏文侯的老師，是有一定道理的。
2. 「博學而篤志，切問而近思；仁在其中矣！」後來《大學》所說「博學之、審問之、慎思之、明辨之、篤行之」，可以說是就此進一步的發展。
3. 若果真說是曾子作《大學》，曾子年紀小於子夏，必有取於子夏之言也。同門受教，皆為孔夫子之所教授也，故爾相近相同也。
4. 「百工居肆以成其事；君子學以致其道。」，這說的就是一場域與處所，沒有此何足以成呢？老子說「不失其所者可以久」，言之切實。

5. 小人可有兩義，一是百姓草民，一是道德不高的人。這兩種都可能犯了過，要掩飾自己。前者，是位卑而害羞；後者，是虛假掩飾。前者可憐，後者可議。

九、子夏曰：「君子有三變：望之儼然；即之也溫；聽其言也厲。」

【翻譯】

子夏說：「君子有三變：遠望他，覺得莊嚴端正，接近他，覺得溫和可親，聽他說話，覺得剛正嚴明。」

十、子夏曰：「君子信而後勞其民；未信，則以為厲己也。信而後諫；未信，則以為謗己也。」

【翻譯】

子夏說：「君子取得信任之後才能勞役百姓，未取得信任，百姓就會以為是在虐待他們。要取得信任，才能勸諫；未取得信任，國君會以為你在誹謗他。」

十一、子夏曰：「大德不踰閑；小德出入可也。」

【翻譯】

子夏說：「大的德行關節處，不能超越界限；小的德行關節處，有些出入那是可以的。」

【說解】

1.「君子有三變：望之儼然；即之也溫；聽其言也厲」，此樣態容貌之變也，論其義理則不變也。

2.望之儼然，生命氣象也。即之也溫，心靈溫度也。其言也厲，思想敏銳度也。君子當三者兼具。

3.一個政治社會共同體最重要的是共信，這共信的養成，須由領導者去帶領出來、開發出來、生長出來。

4.「信」是人與人之間，確定的連結，是落實於人間世，必然性、確定性的構成原理。民無信不立，夫子所說，至為剴切。

5.「德」是本性的生長，要觀其大，不要著泥於其小。說「大」，就是有個範圍，不越過那範圍也就可以了。千萬不能成為拘拘小儒。小儒者，未入於道，而害道也。

十二、子游曰：「子夏之門人小子，當洒掃，應對，進退，則可矣。抑末也；本之則無，如之何？」子夏聞之曰：「噫！言游過矣！君子之道，孰先傳焉？孰後倦焉？譬諸草木，區以別矣。君子之道，焉可誣也？有始有卒者，其惟聖人乎！」

【翻譯】

子游說：「子夏對門人弟子，要他們學會打掃應對、迎送客人的事，這是可以的，但這是末節小事，根本的東西若沒有學到，這怎麼行呢？」子夏聽了，說：「唉！子游錯了。君子之道該先傳授哪，後傳授哪。這就像草和木一樣，都是分類區別的。君子之道怎麼可以隨意歪曲，欺騙學生呢？能按次序有始有終地教授學生們，恐怕只有聖人吧！」

【說解】

1. 此章看到子游、子夏之別，「子夏之門人小子，當洒掃，應對，進退」，這看起來似是支微末節，其實，這正是用功夫的地方。

2.支微末節，當由末返本，追本溯源，這樣才能接地氣，通天道，契乎心，並且於倫常日用間實現出來。

3.子游氣象宏闊，理想高遠，孔子為他講〈禮運大同〉篇，於此可以知之矣！

4.子夏篤實有餘，契入稍有不足，其弟子吳起、李克，流於法家之流，良有以也。

5.學當有次第，有其終始本末之道，由終而啟動了始，由本而貫通到末，這道理是極重要的。

十三、子夏曰：「仕而優則學；學而優則仕。」

【翻譯】

子夏說：「出仕為官，要能做得好，必須靠充實飽滿的學習；充實飽滿，學習好了，要能出仕為官，為民服務。」

【說解】

1.仕之優者，必本於學。無學問，怎可能做好事情。學之優者，當出仕為官，為民服務也。學問本來就是為了經世濟民的。子夏言之剴切極了。

2.這兩句話，在世俗上常被指為學官兩棲，這與原義是不相稱的。原意甚好，世俗的學官兩棲，其行徑常有令人難以苟同者。這應當區分清楚。

3. 沒學問是做不了大事，做不了實事的，但學是在做中學，並不是學成了才去做。陽明所說的知行合一，知是行之始，行是知之成，就是這道理。

4. 知是良知，也是真知，也是知得真理，即此知，即此行，知行不二，當下一體，當體為仁，力之行之，不可以已。

十四、子游曰：「喪致乎哀而止。」

【翻譯】

子游說：「辦理喪禮，要做到盡哀為止。」

十五、子游曰：「吾友張也，為難能也；然而未仁。」

【翻譯】

子游說：「我的朋友子張啊！可以說是極難得的了，就只還沒達到仁人的地步。」

十六、曾子曰：「堂堂乎張也！難與並為仁矣。」

【翻譯】

曾子說：「儀表堂堂光明盛大的子張啊！我很難和他並行仁道啊！」

【說解】

1.「喪致乎哀而止。」這裡說的「止」，就是標準。踐行喪禮，以哀為標準。理不能只是空講形式，禮須是具體落實的，可以踐行的途徑，它有個準，這準是實理實事，不是抽象的。

2.子張氣象儼然、宏闊光大，其他弟子或有不能理解者，然子游與曾子都能理解，於斯可見。

3.子游頗能參贊乎天地造化之大道也，以是之故，夫子告知以大道之行也，天下為公，禮運大同篇，由此而展開也。

4.曾子以忠恕之道闡揚夫子的「吾道一以貫之」，當然也就能理解子張的宏闊盛大，光明俊偉。

十七、曾子曰：「吾聞諸夫子：『人未有自致者也！必也，親喪乎！』」

【翻譯】

曾子說：「我聽聞夫子說：『人不可能自動地致盡其感情的，果真有，那一定是親臨父母之喪的時候。』」

十八、曾子曰：「吾聞諸夫子：『孟莊子之孝也，其他可能也，其不改父之臣與父之政，是難能也。』」

【翻譯】

曾子說：「我聽聞夫子說：『孟莊子的孝，就其他來說，一般人也可以做到；但他不改換父親的舊臣及其政治措施，這可是極難能的。』」

【說解】

1. 父母是我們生命的源頭，父母之仙逝，痛入心扉；守喪者，自當追本溯源，盡其情也，不可以已。

2. 孝悌人倫，皆乃至情至性也；而其中尤以孝道為最。「孝」是對生命根源縱貫的追溯與崇敬，是人倫共同體建立的基礎點。

3. 三年無改於父之道，本為難能也。大禹就不是，其父鯀之治水，用的是圍堵，而禹用的是疏導。因其父的法子並不合乎道，因此也就不必守著這個道。大禹如此，舜更是如此。

4. 孟莊子之孝，能不改父之臣與父之政，其為難能也。因其父乃賢大夫也，其所用之臣子亦賢士也。其所行之政，亦善政也。臣為賢臣，政為善政，所以可以不改動，這真乃難能也。

5. 聖人之學，大道之學也。不合乎大道者，雖聖賢亦當斥之；合乎大道者，雖為愚夫愚婦，當為可取，並從而獎掖之，大道乃可行也、可繼承也、可傳續也。

十九、孟氏使陽膚為士師，問於曾子。曾子曰：「上失其道，民散久矣！如得其情，則哀矜而勿喜。」

【翻譯】

孟氏任命陽膚做典獄官，陽膚向曾子請教。曾子說：「居上位的人失去正道，百姓萬民離心離德很久了。如果你能審察清楚他們的情況，就應當悲憫哀憐他們，而不要自鳴得意。」

【說解】

1.什麼是溫情厚義，一個典獄官，該做什麼？好像就是查案，就是管理好罪犯，但曾子說的是「上失其道，民散久矣！如得其情，則哀矜而勿喜。」。「居上位的人失去正道，百姓萬民離心離德很久了。如果你能審察清楚他們的情況，就應當悲憫哀憐他們，而不要自鳴得意。」

2.誰說政治不需要道德，誰說政治不需要溫情厚義，沒有了道德人倫，沒有了深情厚義，那政治就只是權力的鬥爭而已，寧不可懼！

3. 現代的學者，動不動就說政治是政治，道德是道德，人倫是人倫，與政治無關，我想有道德的政治，有人倫的政治，一定會比那沒有人倫、沒有道德的政治好得太多了。

4. 儒家可貴的是這種有溫度的理性，這種有柔情的政治，這種很人性化的真實相與。當然，他可能與政治的權力制衡不是一個調子，但他會是更為基礎的。

二十、子貢曰：「紂之不善，不如是之甚也。是以君子惡居下流，天下之惡皆歸焉。」

【翻譯】

子貢說：「紂王的不善，不像傳說那樣嚴重。因此君子厭惡處在下流之處，天下的惡都歸到他那裏。」

廿一、子貢曰：「君子之過也，如日月之食焉。過也，人皆見之；更也，人皆仰之。」

【翻譯】

子貢說：「君子的過錯，好比日月之蝕。他犯了過錯，人們都看得見；他改正了，人們都仰望著他。」

【說解】

1.殷紂王是殷王帝乙之子，名辛，字受，他因暴虐無道，武王伐紂，終而滅了商朝。今人稱之為紂，紂是謚號，依據謚法，殘義損善，謂之紂。

2.君子上流，小人下流，上流依其覺性而發，逆覺而升，日趨高明。小人下流，順其自然本能而發，又絞纏以人之欲望，日趨下流。天下眾惡皆歸焉！

3.過錯，總會的，但要坦然認錯，認錯而能改。不貴無過，貴在能改。華夏民族傳統沒有原罪觀念，也沒有苦業觀念，而是性善的肯定。肯定人的本性有一定向之善的生長；而過錯就是個轉化的學習，應該是坦然明白的，應該是善意盎然的。

4.君子之過，如日月之蝕。日月之蝕，是一時的，其機已發，不得不蝕。但過了，日月之明，仍不礙其為日月之明也。華夏族群的人性觀是充實飽滿的、是光明照徹的。

廿二、衛公孫朝問於子貢曰：「仲尼焉學？」子貢曰：「文武之道，未墜於地，在人。賢者識其大者，不賢者識其小者，莫不有文武之道焉！夫子焉不學，而亦何常師之有！」

【翻譯】

衛國的公孫朝向子貢請問說：「仲尼之學是從哪兒學來的？」子貢說：「周文王武王的道，還沒有墜落到地啊，還留在人間。賢德之人可以識其大，不賢之人只識其小。沒有什麼地方無文王武王之道啊！夫子何處不學，又何必要有固定的老師教導呢？」

【說解】

1. 此章可見仲尼夫子所學甚廣，其必當下，由末返本，通於本源。當時雖已動亂，但文武之道，未墜於地，仍然處處可見，須感之、味之、體之，自外至內，契乎其中，方可有得也。
2. 「賢者識其大者，不賢者識其小者，莫不有文武之道焉！」這裡隱含著一套完整的詮釋與轉化的方法論，就如此，便知孔子如何為學了。
3. 如何要識其大者，因為識其大，其小者也就不可奪，這可是何等重要啊！能識其大者，在詮釋學上來說，是要有總體性、根源性的掌握。
4. 「夫子焉不學，而亦何常師之有！」無處不學，無處不師，這是切近生活，連結經典，契入生命，通達本源的學習與實踐。

廿三、叔孫武叔語大夫於朝曰：「子貢賢於仲尼。」子服景伯以告子貢。子貢曰：「譬之宮牆，賜之牆也及肩，窺見室家之好；夫子之牆數仞，不得其門而入，不見宗廟之美，百官之富。得其門者或寡矣！夫子之云，不亦宜乎！」

【翻譯】

叔孫武叔在朝廷上對大夫們說：「子貢賢達過於仲尼。」子服景伯把這一番話告訴了子貢。子貢說：「就拿宮牆作比喻吧，我端木賜的牆啊！大概及得上肩高，可以窺見我家室中種種美好。夫子家的牆卻有好幾仞高，如果不得其門，沒法進入，你就看不見宗廟的富麗堂皇，和朝中百官的富盛。能得其門而入的，或許很少吧。叔孫武叔的講論，不也就很容易理解的啊！」

廿四、叔孫武叔毀仲尼。子貢曰：「無以為也！仲尼不可毀也。他人之賢者丘陵也，猶可踰也；仲尼，日月也，無得而踰焉。人雖欲自絕，其何傷於日月乎？多見其不知量也！」

【翻譯】

叔孫武叔毀謗仲尼。子貢說：「這樣做是無用的！仲尼是毀謗不了的。別人的賢德好比丘陵，還可邁越得過去，仲尼的賢德好比日月，是無法邁越得過去。雖然有些人要自絕於日月，對日月又有什麼損害呢？這只是表明他不自量力而已。」

【說解】

1. 叔孫武叔起先是捧子貢，後是毀孔子，這兩段話，我們都可以看出子貢對夫子的敬重，也看出他真瞭解夫子。
2. 用宮牆作譬喻，說賜之牆也及肩，容易窺見室家之好，而夫子之牆數仞，若不得其門而入，則不能見到宗廟之美、百官之富。這對比譬喻，都恰當極了。果真是言語科的高足。蓋修辭立其誠也。
3. 料想這兩章，應該在孔子歿後，子貢仍健在，與四方諸侯大夫，多所交往，其善言談，善交游，且多金，當然很多人說他的好，但子貢真能輕描淡寫，化尷尬於無形也。真乃善言談也。
4. 說「仲尼不可毀也。他人之賢者丘陵也，猶可踰也；仲尼，日月也，無得而踰焉」。子貢大賢，故可有此譬喻也。世人不知仲尼，但當知有日月，不知有日月，日月還是照亮他的。不知有仲尼，仲尼之學還是照耀著他們的。儒學之為常道，其如日月焉！

廿五、陳子禽謂子貢曰：「子為恭也，仲尼豈賢於子乎？」子貢曰：「君子一言以為知，一言以為不知，言不可不慎也！夫子之不可及也，猶天之不可階而升也。夫子之得邦家者。所謂『立之斯立，道之斯行，綏之斯來，動之斯和。其生也榮，其死也哀』，如之何其可及也？」

【翻譯】

陳子禽對子貢說：「你是謙恭了，仲尼豈能比你更賢德呢？」子貢說：「君子一句話就可以表現他的智慧，一句話也可以表現他的不智，所以說話不可以不謹慎。夫子之高，世所難及，正像天是不能夠順著梯子攀爬上去的。夫子如果得國而為諸侯，或得到采邑而為卿大夫，那就會像所說的那樣『教百姓立于禮，百姓就會立於禮；要引導百姓，百姓就會跟著行進；安撫百姓，百姓就會來歸順；動員百姓，百姓就會和心協力。夫子活著是榮耀的，過世了是令人哀惜的。』怎可能趕得上他呢？」

【說解】

1. 陳亢，字子禽，魯國人，也是孔老夫子的弟子，但就《論語》所載，陳亢一直未能契入夫子之道。

2. 《論語》〈學而〉篇，有如是之記載：子禽問於子貢曰：「夫子至於是邦也，必聞其政。求之與？抑與之與？」子貢曰：「夫子溫、良、恭、儉、讓以得之。夫子之求之也，其諸異乎人之求之與！」

3. 《論語》〈季氏〉篇，有如是之記載：陳亢問於伯魚曰：「子亦有異聞乎？」對曰：「未也。嘗獨立，鯉趨而過庭。曰：『學《詩》乎？』對曰：『未也。』『不學《詩》，無以言。』鯉退而學《詩》。他日，又獨立，鯉趨而過庭。曰：『學禮乎？』對曰：『未也。』『不學禮，無以立！』鯉退而學禮。聞斯二者。」陳亢退而喜曰：「問一得三：聞《詩》，聞禮，又聞君子之遠其子也。」

4. 就以上所列，可以看出陳亢為什麼會有這些問法，其於大道之學、聖人之學，未有契入也。其所學仍是口耳之間的，是世俗勢利的，十分可惜。夫子已歿，子貢猶諄諄教誨之也。

5. 子貢說夫子得邦家的話，「立之斯立，道之斯行，綏之斯來，動之斯和」，這可以說是聖王境界了。蓋聖者盡倫，王者盡制，盡倫盡制，其為聖王乎！

丁酉之夏七月一日臺北象山居

〈堯曰〉第二十：允執其中、知命君子

一、堯曰：「咨！爾舜！天之曆數在爾躬，允執其中！四海困窮，天祿永終。」舜亦以命禹。曰：「予小子履，敢用玄牡，敢昭告于皇皇后帝：有罪不敢赦，帝臣不蔽，簡在帝心！朕躬有罪，無以萬方；萬方有罪，罪在朕躬。」「周有大賚，善人是富。」「雖有周親，不如仁人；百姓有過，在予一人。」謹權量，審法度，修廢官，四方之政行焉。興滅國，繼絕世，舉逸民，天下之民歸心焉。所重：民、食、喪、祭。寬則得衆，信則民任焉。敏則有功，公則說。

【翻譯】

堯說：「噫！你舜啊！上天的天命就落在你的身上啊！誠實地信守著那中道吧！要是四海百姓困苦和貧窮，那上天賜給你的祿命也就永遠終止了！」舜也這樣告誡過禹。

到了商湯時說：「我小子履，誠謹地用黑色的公牛來祭祀，誠謹地向皇皇天帝禱告：有罪的人我不敢擅自赦免，天帝的臣僕我不敢遮蔽，都由天帝之心來簡別、分辨。我本人有罪，不要牽連天下萬方，天下萬方若有罪，都歸我一人承擔。」到了周朝，大封諸侯，使善人富貴起來。周武王說：「我雖然有至親，不如有仁德之人。百姓有過錯，都在我一人身上。」謹嚴檢查度量衡，審慎地制定法度，修治廢弛的官紀，四方的政令就此通行了。復興被滅亡了的國家，接續已經斷絕了家族，舉用被遺落的人才，天下百姓就會真心歸服了。所重視的四件事：人民、糧食、喪禮、祭祀。寬厚能得到衆人的擁護，誠信能得到人民的信任，勤敏能取得成效，公平就會使百姓心悅誠服。

【說解】

1. 《論語》以〈學而〉開篇，而以〈堯曰〉終篇，有深意也。〈學而〉第一篇說的是教育權、學習權的解放，游士的興起，友朋的交往，君子人格的自我完善。〈堯曰〉說的是堯舜咨命之言，湯武誓師之意，再談如何治理政事，講明內聖外王之道，充實而飽滿，人倫以興，國家以立，大道之行，天下為公。
2. 〈堯曰〉所言，隱含著一道德理想王國，「大道之行也，天下為公」的理想，可以說是一永久和平論的宣告。這宣告為的是天下蒼生，主要說的是天命、民本、德行、中道。

3.這是儒家型態的道德理想國，是儒家型態的永久和平論，他強調的是人倫共同體，氏族共同體、文化共同體，交相參贊為不可分的總體。這與當前建立於個體性的權力基礎的政治社會共同體，顯然不同。

4.這樣的民本思想，與天命、德行、中道，當然最後是與領導者（天子）是息息相關的。天聽自我民聽，天視自我民視，天子要聽受到萬民百姓及上天兩邊的囑咐，好好行事。這與現代民主的制衡機制是迥然不同的。

5.民本為重，推而行之，亦可以有民主，但這是「為民作主」，不是「人民作主」如此一來，民有、民治、民享，就成了必須要讓人民能實質的感受到。但這不是一法權的問題，而是一內容的體會問題。

6.「謹權量，審法度，修廢官，四方之政行焉」，說的是四方之政的踐行。「興滅國，繼絕世，舉逸民，天下之民歸心焉」，說的是民心的歸附。其所重在：民、食、喪、祭。處置方法要：寬則得眾，信則民任焉。敏則有功，公則說。都在治理者如何治理好上用功夫。儒家重視的是如何治理好，他不重視權力的合法性正當性的問題，或者說治理好了，就有正當性合法性了。

7.簡單來說，儒家仍然是在「作之君、作之師」下，思考如何親親、仁民，仁民愛物，如何親其親、長其長，而天下平。基本上，他沒有思考到每一個公民是一不可化約的法權擁有者、參與者、踐行者。

二、子張問於孔子曰：「何如斯可以從政矣？」子曰：「尊五美，屏四惡，斯可以從政矣。」子張曰：「何謂五美？」子曰：「君子惠而不費；勞而不怨；欲而不貪；泰而不驕；威而不猛。」子張曰：「何謂惠而不費？」子曰：「因民之所利而利之，斯不亦惠而不費乎？擇可勞而勞之，又誰怨！欲仁而得仁，又焉貪！君子無眾寡，無小大，無敢慢，斯不亦泰而不驕乎！君子正其衣冠，尊其瞻視，儼然人望而畏之，斯不亦威而不猛乎！」子張曰：「何謂四惡？」子曰：「不教而殺謂之虐；不戒視成謂之暴；慢令致期謂之賊；猶之與人也，出納之吝，謂之有司。」

【翻譯】

子張向孔子請教說：「怎麼樣就可以從政了呢？」孔子說：「尊崇五種美德，屏棄四種惡政，這樣就可以從政了。」子張問：「何謂五種美德？」孔子說：「君子給百姓恩惠而不耗費；使百姓勞作而不使怨恨；有所追求而不陷入貪欲；通達而不驕慢；威嚴而不兇猛。」子張說：「何謂能給百姓以恩惠而不耗費呢？」孔子說：「順著百姓之利而去做對他們有利的事，這豈不就是給百姓恩惠而不耗費嘛！選擇百姓可勞作的時間和事情，讓百姓去做。又有誰會怨恨呢？去追求仁德便得到了仁德，又還有什麼可貪的呢？君子對人，無論多少，勢力大小，都不敢心生怠慢，這豈不就是通達而不驕慢嗎？君子端正其衣冠，尊貴其瞻視，人見了就生出了敬畏之心，這豈不也是威嚴而不兇猛嗎？」子張問：「何謂四種惡政呢？」孔子說：「不經教化便加以殺戮叫做虐；不加告誡便要求成功叫做暴；不加監督而突然限期叫做賊，同樣是給人財物，卻出手吝嗇，這簡直是管庫小吏。」

【說解】

1. 上章重在堯舜咨命之言，湯武誓師之意，旨在點示出承天命、繼道統、立人倫、傳斯文，要四方之政能行，民心能歸服，並指出原則方針及踐行之態度。
2. 此章則回應子張之問，點示出如何「尊五美、屏四惡」，這是更為落實具體的從政問題。或者，我們可以說此章更能重視到政治社會人倫共同體的客觀具體問題，是儒家從政者應有的踐行態度與方法。
3. 「尊五美、屏四惡」說的是要尊崇五種好的為政方式，要屏棄四個不好的為政方式。所論的主角都在為政者上，他重視的是政治治理的有效性，及老百姓的可接受性。

4.「尊五美」指的是「君子惠而不費；勞而不怨；欲而不貪；泰而不驕；威而不猛。」君子要能夠「給百姓恩惠而不耗費；使百姓勞作而不使怨恨；有所追求而不陷入貪欲；通達而不驕慢；威嚴而不兇猛」。

5.「屏四惡」指的是「不教而殺謂之虐；不戒視成謂之暴；慢令致期謂之賊；猶之與人也，出納之吝，謂之有司。」要屏棄四個惡政，「不經教化便加以殺戮叫做虐；不加告誡便要求成功叫做暴；不加監督而突然限期叫做賊，同樣是給人財物，卻出手吝嗇，這簡直是管庫小吏」。

6.顯然地，若以權能區分的理論來看，人民應該有權，為政者應該有能；但傳統儒家並不做這樣的區分，是統治者、治理者，要有能，也要有權，當然更重要的是要有德，而整個氛圍是要有道。也就是說這些治理者的君子，面對著被治者的小民，他們要是有道、有德、有權、有能，這樣才能作為一個成功的治理者。道是根源，德是本性，權是權力，能是才能。這是君子儒學的治理之道。

三、子曰：「不知命，無以為君子也；不知禮，無以立也；不知言，無以知人也。」

【翻譯】

孔子說：「不懂得天命，就不能成為君子；不知道禮義，就不能立身於世；不能分辨話語的正確，就不能真正瞭解人。」

【說解】

1.此章作為《論語》〈堯曰〉的終章，有深意也。說「人人皆有士君子之行」，則天下太平、世界大同矣！何如斯可以為君子，以「知命、知禮、知言」三者為論。

2.「知命」說的是「知天命」，「天命」一指自然氣命之限制，一指天命造化之無窮，君子當知自然氣命之限制，進而知天命造化之無窮。這樣才能即此天命性道之貫通，以立其天地之義也。

3.「知禮」說的是「知禮義」，禮為分寸節度，義為客觀法則，有此禮義才能在人倫的共同體裡立定腳跟，有了確定處，可以好好生長。

4.「知言」說的是「能分辨」，話語是人們進到世間的構造，是作為一切分辨的起點，知言才能辨析清楚，才能尋得客觀性的規律，也才能締造良善的政治社會共同體。

5.「知命」為的是自然共同體的確立，「知禮」為的是人倫共同體的確立，「知言」為的是政治社會共同體的確立。當然這三者都通同於天道。這裡隱含著神聖的理想共同體之嚮往。

丁酉之夏七月一日臺北象山居

主要參考書目

皇　侃《論語集解義疏》，臺北：廣文書局一九九一年版
邢　昺《論語注疏》，李學勤主編，北京：北京大學出版社一九九九年版
朱　熹《四書章句集注》，臺北：鵝湖出版二〇〇三年版
朱　熹《朱子語類》，北京：中華書局一九八六年版
陳榮捷《王陽明傳習錄詳註集評》，臺北：臺灣學生書局一九八三年版
陳榮捷《近思錄詳註集評》，臺北：臺灣學生書局一九九二年版
王夫之《讀四書大全說》，北京：中華書局二〇〇九年版
劉寶楠《論語正義》，北京：中華書局一九九〇年版
錢　穆《論語新解》，臺北：東大圖書一九八八年版
謝冰瑩等《新譯四書讀本》，臺北：東大圖書一九八七年版
甯　昌《四書通釋》，臺北：中華倫理教育學會一九八六年版
李炳南《論語講要》，臺中：臺中蓮社二〇一三年版

馬一浮《復性書院講錄》，臺北：廣文書局一九六四年版
熊十力《讀經示要》，臺北：明文書局一九八七年版
蔣伯潛《四書廣解》，臺北：啟明書局二〇〇七年版
楊伯峻《論語譯注》，北京：中華書局二〇〇九年版
李澤厚《論語今讀》，北京：中華書局二〇一五年版
王天恨《四書白話句解》，高雄：立文出版一九七二年版
林安梧《論語：走向生活世界的儒學》，臺北：明文書局一九九五年版

附錄

儒教釋義：儒學、儒家與儒教的分際

一、緣起

非常榮幸應邀來參加這次學術會議，並且感謝世界宗教所鄭筱筠副所長的安排，有這樣的一次講座，讓我能夠將自己微薄的理解，能提出來就教於在座的同道、方家。在座的朋友對儒學、儒教、儒家都有深入的理解，而且躬行實踐，像趙法生教授推行了鄉村儒學，基本上回到了以前儒學教化的傳統，這是非常難得的，也是整個中國文化儒學要復興的非常重要的起點。

今天借這個機會跟在座諸位朋友一起請教相關的議題，題目是「儒教釋義：儒學、儒家與儒教的分際」。其實儒學、儒教、儒家也可以說沒有分際，他們是相通的。儒家是各家各派的思想，先秦諸子百家中，儒、道、陰陽、法、名、墨、縱橫、雜、農、小說家，構成九流十家，九流十家是家派思想的研究。一般都說儒、道、佛三教，在西方宗教還沒有傳到中國來以前，魏晉、唐代時期說成儒、道、佛三教。三教不只是教化的意義，隱含著宗教的意義。

到了近現代，大家對於儒、道、佛，道、佛被承認為宗教，儒到現在還隱隱約約的說成儒只是宗教的精神，沒有宗教的形式，或者是宗教性比較弱的宗教，這是時代的刻痕讓我們沒有辦法真正正視儒教是宗教。有人說，因為清朝末年民國初年有著非常強的科學主義的氣氛，把宗教等同於迷信，等同於有權力者給老百姓的鴉片，無形中被認定為了挽救儒學，不願意把儒學劃歸到宗教範疇。

隨著時代的變遷，我們已經過了一百多年糊里糊塗的不知道往哪邊走的年代。現在很清楚我們該怎麼走，特別是最近一年多來，大家常聽到三句話——文化自覺、文化自信、文化自強。這是習近平主席講的。其實，在三十年前，我讀研究生的時候，就聽唐君毅牟宗三兩位先生這麼講。我們非常高興，說明已經到了復古耕化的年代，我們重新追溯自己的本源，重新面對自己好好生長起來。唐君毅先生所說的花果飄零，靈根自植這樣的生長非常難。我聽到文化自覺、文化自信、文化自強以後，滿心期待著我們中華文明一步一步的發展，對人類文明善盡自己的文化王道主義的責任，濟弱扶傾的責任。文化自覺、文化自信、文化自強，文化自信是根本，必須好好從根救起，真正正視一百多年來因為時代的刻痕使得我們理解上錯位、偏差的地方，並做一些調整。

二、儒教是有別於西方一神論的宗教，是一教化意義較強的宗教

儒教是不是宗教?他就是一個不折不扣的宗教，他是有別於西方一神論的宗教。我們回到源頭去理解，儒作為宗教是教化意義的宗教。教化意義為主導的宗教是非常光明而朗暢的常道，這個常道強調人倫的位序、安排和建立。位序的安排、建立，最終回到整個大自然，它跟自然的常

道是連在一起的。

我們回到「儒」這個字，「儒者，柔也，術士之稱」。這個「柔」是楺木的楺，它也可說是溫柔的柔，但不是柔弱的柔。其實這個柔有調理、隱栝之意，樹在生長過程中調理它怎麼生長，順其樹木之性，但是我要恰當的調理讓它怎麼生長。這個柔其實有潤化、教養之意，並不是柔弱的。記憶中胡適先生寫了一篇《說儒》，我想他理解有問題，他把柔往柔弱那邊解釋，這是不準確的。儒有潤化、教養、教化之意。

孝就是從老從子，省去了中間的匕字，為子女者對於生命根源的尊奉、崇敬。這裏可以看到我們教化非常強調對於生命根源的返本、開新。孔子講「溫故而知新，可以為師矣。」「因不失其親，亦可宗也。」「因不失其親，亦可宗也」有兩個解釋，把「親」字解釋為「新」——「因不失其新，亦可宗也」，他跟「溫故而知新、可以為師矣」搭配在一起。

總的來說，我們這個民族非常強調追溯根源，而繼續延伸。儒家倫理強調的就是「孝、悌、慈」，父慈子孝，「慈」是順著生命的根源而來的縱貫的延伸；「孝」是順著生命根源向上縱貫的追溯，「悌」是隨順著根源而來的橫面展開。這一縱一橫剛好構成十字。很多基督徒聽到一定很高興，其實是會通的，很多聽上去不太相干的東西是連在一起的。

昨天韓星教授在會議上提一論文講《上帝歸來》，從古代追溯上帝的語彙，講到段正元的思想，我覺得很有意思。那個不是基督教神學的見地，其實可以是儒教的神學，其實儒教的神學跟基督教的神學是可以連在一起的，是可以會通的。儒、佛差別那麼大都可以會通，儒跟基督教差別沒那麼大，當然可以會通。儒教如果用語彙學、語義學來追溯，儒是強調潤化、教養的生命追溯而繼續延伸教養的學問。

三、我們應該喚醒漢語語感，回到原先的漢字去理解、深化詮釋

我喜歡圍繞漢字思考，我強調我們應該回到中國原先漢字去理解、深化他們。如「道德」一定要回到《論語》的「志於道，據於德」，還有《老子》的「道生之，德蓄之」，才能深化地去理解；「明白」一詞也是如此，「知人者智，自知者明」，「知常曰明」，就此看來我們講的「明白」一詞，可不那麼簡單，而是從具體的對象的認知到道體的通明與觀照。又像我們常說的「知道」也不只是對「話語」的瞭解，而是要上達於道。我們這個民族是時時刻刻要上達於道，而且要回到存在的覺知世界，這是我們民族的特性，是連續的（continuous），不是超絕的（transcendent）風格，而是整個存在的連續體。這個獨特性一定要標舉出來，因為如果不標舉出他的獨特性，那對於中國學問的掌握會有問題。包括我們的圖像式的文字，我常常說我們圖像式的文字是最接近存在本身的。

我們民族的獨特性是我們的認識活動使用右腦很多，他是一種直覺的、存在的感悟，不是話語的理性邏輯構造為主導。所以我們的語法是全世界最簡單的語法，但是我們的意韻可以把握到全世界最深層的意韻，這是很獨特的。我不是佛教學者，我聽過一個朋友也懂梵文，他說德國佛教學家懂漢語，他發現漢文的佛經翻譯很獨特，意韻非常深厚。巴利文、梵文的佛經翻譯出來很

簡單，但是漢字很深刻。他認為漢字的佛經有非常不可取代的、非常可貴的東西。最能傳遞最早梵文、巴利文的東西。因為漢字是圖像表意文字，雖然書寫有些許變化，但是大家很清楚它是什麼圖像，圖像表意所含藏的意義是非常豐富的。

比如《般若心經》，「觀自在菩薩，行深般若波羅蜜多時」，你如果拿巴利文的《般若心經》翻譯成中文，就會發現好簡單，我們漢譯的意韻更深。一方面我們漢字的意韻也深，我常常說我們的漢字是金本位，更為保值。拼音文字比較像美鈔，是紙幣，紙幣隨著時代的變遷會有不同。

像我們稍作基礎的漢文教育，大概三年下來，基本上很多中國古書就可以讀懂。我父親那代人在臺灣日據時代，只跟著民間私塾老師學了三年就可以讀古文。漢字有很獨特的優越性，而且兩千多年毫無阻隔。我們現代化的教育本身對語文的學習有問題，很可能中文系的學生連一個對子都作不好。有一個朋友說，不僅是中文系的學生，連中文系的教授都作不好對子，這個很嚴重。

我父親那一代人，我父親務農為業，讀日本小學畢業的，只讀了三年漢語私塾，他還能湊合湊合作出對子，可以寫出七字調。說明我們大陸的教育有問題，大陸的古文教育更少，這部分需要調整。

總的來說，我們一百多年來，常常拿著西方的標準看一切，而對西方的瞭解也有限。在臺灣我感覺常常拿著美國的標準做，很多東西做錯了。大陸朋友到臺灣，常常說臺灣是保留中華文化最多的地方，臺灣雖然沒有文化大革命，但是臺灣在現代化發展中，傳統文化也逐漸在稀薄中，臺灣的正式體制化的教育，基本上中華文化的氣氛越來越少了。而真正在引導臺灣有關教育方面還是西化派為多，還好民間傳統還保留著，在兩方的比較下，臺灣文化氛圍還比較重，但是總的來講再往下掉，這是值得留意和觀察的地方。

四、儒教當然是宗教，他有教典、教儀、教規、教主、教團、崇拜對象

我今天談論這個主題，就是希望大家思考作為宗教的儒教的特質在哪裏。我認為他肯定是宗教，因為他有教典、教儀，又有崇拜的對象，也有教主。只是他跟西方的教典不同，西方基督宗教有《舊約》《新約》，我們是「四書、五經」，包括其他衍生出來的很多相關的典籍，這些典籍其實都是從「四書、五經」衍生出來的。

教儀，我們有《禮記》《周禮》《儀禮》，《儀禮》記述了冠、婚、喪、祭、鄉、射、朝、聘等禮儀。只是我們忽略掉了，但是有些民間還保留著。就以我生長為例，我們早晨起來梳洗完畢，第一件事情就是焚香。家裏的廳堂就是「教堂」，廳堂供奉著祖先的牌位，因為臺灣大部分佛化了，廳堂裏，三教不分，除了祖先牌位外，也供奉著觀音大士、土地公、土地婆。廳堂就是儒、道、佛的廳堂。焚香由家裏最重要的長輩出面，過年過節家裏所有的人都要焚香。大陸很多地方也是這樣的，福建、廣東都保留著這樣的傳統。這就是儀式，焚香一定要先祭天，再祭祀神明、神佛，然後祭祀祖先。排序從天地、神佛、祖先，這都是有道理的。過年過節、清明節一定

要祭拜。臺灣清明節幾乎家家戶戶一定要祭祀，因為工作原因，有種種不方便，但是也會堅持，比如看一個好日子，不一定是清明當天，但一定要祭祀。過年一定要回家，這就是儀式，或者有人常常把儀式當成民俗，其實他不只民俗，即使是民俗也就是宗教的延伸。

儒教當然也有教團，凡是以士君子為理想，以仁義道德作為規條；以士君子立身，就是教團的成員。只是儒教不是收斂性的教團，而是發散性的教團，所以不必登記，不必宣告，華人很自由，而且本身就這樣存在。這就是一獨特型態的叫這就是一獨特型態的教團。

既有教義：孝悌人倫、仁義道德，又有教典：四書、五經，也有教團：士君子，也有崇拜對象：敬天拜祖，儒教他是十足的宗教。而不能說他是宗教性比較弱的宗教，心胸比較寬廣，這樣說不對。很多東西現在語彙為什麼不準確，因為一百多年來的錯誤理解。

比如上帝這個詞，很多人認為是基督教獨占性的使用，基督教還沒有來之前，我們《詩經》、《尚書》都提到「上帝」。《尚書》裏面就提到「小心翼翼，昭事上帝」，其實，古代很多典籍裏面都有上帝的語彙，它說的是「至高無上，宇宙造化」之源。「帝」這個詞原先的語彙是象花萼之形，象徵著花萼的形狀，代表著生命之源，引申他作為生命之源，這麼一來就失去原先「帝」的意思，於是就加一個草字頭，成了「蒂」。像「白」、「伯」，「采」、「采」，「共」、「拱」……等等，這文字學有這樣的通例。

經過一百多年來，連「上帝」這語彙都被篡奪了，甚至連「感恩」這個詞也被篡奪了。我有一次在湖南師範大學倫理學研究中心演講，講到中國儒學，後來有一個碩士生發問，他說我們中國人為什麼不講感恩，基督教講感恩？我很驚訝，我們是一個非常感恩的民族，他說基督教有感恩節，有感恩。像這些語彙在整個強勢文化侵擾下慢慢被忽略，感恩這個詞匯是中國古代常用的，現在講感謝。閩南話還是講感恩，而越南話也是感恩，越南其實是原來中華文化教化之地，秦朝的交趾九郡，如果不是法國殖民了他，他還是使用漢字的。

五、努力要改造筷子，做成比較良善的叉子，這是錯誤的方向

如果不是西方民族主義打過來，韓國也是使用漢文的。近一百多年來，我們整個時代對傳統的認知不夠，使得我們連儒教是不是宗教都要爭議。連中國哲學是不是哲學，哲學界也要爭議。這是非常無聊的事情。其實，我們應該有一個共識，中國當然有哲學，只是中國哲學是什麼樣的哲學，中國宗教是什麼樣的宗教。宗教跟哲學是屬我們人文、歷史文化的之所產。他們有他的民族特性、文化產生的特性。要瞭解他的異同，而不是拿著固有的西方為主的標準來衡量。

我常常用一個比喻，筷子和叉子都是餐具，如果以叉子作標準，筷子是非常差勁的餐具。如果努力要改造筷子，做成比較良善的叉子，這是錯誤的方向，比較好的方向是你可以使用筷子和叉子。就像穿衣服一樣，比較良善的方式就是穿西裝和穿中裝，也可以穿改變式的中裝。我們現在吃西餐一樣可以用筷子。比如你去美國，到了他們的餐廳，他們看到我們黃皮膚、黑頭髮，會主動問我們需不需要筷子。

我在臺灣碰到剛好相反的例子，十多年前高柏園院長請我去淡江大學講座，因為時間比較

趕，就去意大利餐廳吃麵，我問服務員有沒有筷子，服務員就板起臉說我們是意大利餐廳，沒有筷子。這個就很有趣，其實筷子是功能，為了方便。它雖然代表一種文化身份，但是其實是可以融通的，他們忘掉了自己的本。我們往往把標準唯一化，因為西方的力量太大。

就中國近代史來說，或許國共這一段不一樣，但是讀到世界史都一樣，一四九二年，哥倫布發現新大陸，其實很不公平，他是舊大陸，對白人來講才叫發現新大陸，對整個美洲的土著、瑪雅民族來說，應該是舊大陸。哥倫布因為航行技術不夠好，在颶風的吹襲下他不知道自己到了哪裏，他以為到了印度，把那個地方叫做印度群島。後來才知道那不是印度，把印度群島改成了西印度群島。

比如 kangaroo，白人到了澳洲看到一個從來沒看到過的動物，他們不知道叫什麼，用英文用那些澳洲土著，澳洲土著聽不懂英文，就用澳洲土著語問你在說什麼，澳洲土著語的你在說什麼就是 kangaroo，後來袋鼠的名字就變成了 kangaroo。你說澳洲的袋鼠，豈不是蒙下了不白之冤。

六、一神論重在話語的論定，儒教則重在生命的生息感通

我舉這些例子就是想告訴大家，現在學界爭論的一些問題有些是沒有意義的。比如儒教是不是宗教，為什麼儒教不是宗教，只不過他不是西方意義的宗教，他是覺性的宗教，不是信靠的宗教；「吾日三省吾身」這是反思、反省力特強的「覺性的宗教」，「明心見性」的宗教，「盡心知性」的宗教，不是向上帝祈禱，上帝進到你身體來做工的宗教。我們是「存心養性以事天」，

「修身以俟之所以立命」的宗教。我們不是以話語為中心的宗教，不是從超越、絕對的他者怎麼啟示，怎麼說下來的宗教。不是上帝說有光就有光，於是分成白晝和黑夜。而是天何言哉，四時行焉，百物生焉。西方是主客對立思考很強，上帝是絕對的、超絕的他者。

我們則從人去講，「朝聞道，夕死可矣」。天，天不言，「天何言哉？四時行焉，百物生焉，天何言哉？」這是一個氣的感通傳統，而不是話語的論定傳統，他不是話語中心論的傳統，他是氣韻生動、生生不息的傳統。話語中心論者是一個強控制系統，我們的宗教是弱控制系統。弱控制系統的宗教，其教化義較強，內在的覺醒較強；強控制系統以話語為中心，他的戒律及律法，絕對他者是唯一的。我們強調總體的根源，而不是絕對的他者。

「一神論」和「非一神論」差太多，有很大的不同，我們文字的表意系統和西方語言控制系統不同，西方有語言才有文字，我們也是有語言和文字，我們文字和語言基本上是可以分開的。文字是圖像，更接近於存在本身，我們民族更注重於互動、感通、交感。話語只是借喻，話語只是一時之權，我們知道他不能直接等同於存在。

我們不是一個如同古希臘以來，從巴曼尼德到柏拉圖的「思維與存在的一致性原則」，不是通過思想去訂定存在。而是把價值與存在連在一起，他是「價值與存在的和合性」為主導。他不是「言以代知，知以代思，思以代在」的傳統，他們把話語、認知、思考存在拉在一起。我們是「言外有知，知外有思，思外有在」；存在大於思考，思考大於認知，認知大於話語。我們認為話語沒那麼重要，法律是話語構成的規條，沒那麼重要；我們認為道理比法律重要。一個人犯了法如果他有道理，我們還是很尊重他。一個人什麼都按照法律，但是是違反道理，我們鄙視他，這是我們的傳統。

包括我們面對紅綠燈的方式，臺灣人跟大陸人一致，不是那麼守交通規則。但是一個很有趣的事實，雖然臺灣人不是很守交通規則，但是臺灣的交通肇事率比德國低，德國的交通肇事比較高，德國很守原則，因為我們是以生命安全為原則，不是以交通規則為原則。三更半夜穿過十字路口的時候不是只看紅綠燈而已，還要兼看有沒有行人。

我們不是以話語為中心，不是以誡命為中心，不是以規矩為中心，我們以氣的感通為要領，我們強調儒教「默契道妙」，「下學而上達，踐仁以知天」。不是你去守著那個戒律，我們這個民族最為強調的不是法則，而是律動。「道」究極來說，不是客觀的法則，客觀的法則是道所延伸出來，道講的是整個存在的根源律動。

七、儒教是「覺性的宗教」，強調的是「天地之大德曰生」的傳統

「一陰一陽之謂道，繼之者善也，成之者性也」，這是從生這個地方講。我們的宗教也是從生這個地方講。我們的宗教是通生死幽靈，我們通此岸跟彼岸，並不是我們只重此岸。這個差別很大，有人說我們儒教只有此岸世界沒有彼岸世界，不是這樣，他是通此岸跟彼岸的。彼岸在哪裏？我們的祖先就在彼岸，你的祖先跟你連在一起，「生，事之以禮，死，葬之以禮，祭之以禮」，祭天地、祭先祖，祭君師，祭禮就是讓你此生此世的生命關連著聖賢、關連著祖先、關連

著天地。你的生命不是此生此世這一段而已。既然不是這一段就不只是此岸了，他是連續的，所以我們非常注重時間性，我們通過時間性來強調超越性，超越性跟時間性連在一起，這是一個連續體的概念，不是超絕的他者，他是連續體的總體根源，這是很大的不同。這部分很需要我們深層的理解。

比較外在地來說，這跟我們農耕、聚村而居、聚族而居有很密切的關係。西方的宗教，像基督教、伊斯蘭教與其為游牧民族有很大關係。游牧民族在大地上游動，游動必須強控制的系統，比較用強力的威權，頂到最絕對的唯一的他者，才有辦法把整個游牧民族收攏在一起。我們不是，我們在土地上生長，我們基本上不是話語論定、戒律為優先的傳統，不是唯一的、絕對的、超絕的一神論的傳統。我們是「天地之大德曰生」的傳統，是一個「氣的感通」的傳統。

我們的哲學也是，我們的形而上學也從「生」說起，「天地之大德曰生」、「生生之謂易」、「一陰一陽之謂道，繼之者善也，成之者性也」，都是從「生」來講。西方哲學從話語所論定的存在的對象物，作為物去說，最後像亞里士多德一樣歸結到最高的共相去說。我們不是，我們完全從不分的整體去說，從一氣之所化那裏來說，「範圍天地之化而不過，曲成萬物而不遺」。

要是落在人來講，講一體之仁，人跟人，人跟物，人跟萬有一切有其存在的道德真實感。這樣就很容易瞭解了，這是宗教跟哲學密切結合在一起，宗教學、哲學上很多東西理解不同。形而上者謂之道，形而下者謂之器。形而上者謂之道，如果從亞里士多德的意義上理解他是不準確的。要是我們借這個機會理解「形而上者謂之道」，是不是擴大了我們對形而上學的意呢，這當然是可以的。

八、回溯到漢字本身來思考，經由文化對比，拓深語意，開啟嶄新的創造

我們宗教不是西方一神論的宗教，那我們是不是擴大了宗教的意呢。就像洋人沒有看過我們黃種人的時候，誤認為人都長得一樣，這裏是有共通性的。我們宗教、哲學一樣有共通性，形而上者謂之道，形是一個是具體而落實的意思，具體而落實上溯其源叫道，具體而落實下委其形，落實具體下，落實具體了那就是器。不是有形之上，有形之下，這個話不通，上下代表一個方向。

回到宗教去說，我們就可以回到 religion 去理解它，也有禮拜神明之意。宗教，「宗」是「尊祖廟」之意，「教」是「養子使作孝」之意。宗教兩個字用來翻譯 religion 不能盡其意，卻能夠擴大其意涵。用這兩個字去理解神，神對我們來講當然不是超越的、絕對的、唯一的人格神的意義，可以化作各種神明去說，那都是象徵意義的，這樣連接在一塊有很多東西就比較好理解了。

包括「哲學」這個詞用來翻譯 philosophy 是等價嗎？當然不是等價。「哲」是智慧之彰顯，這與 philosophy 是「愛智」有所不同，但是用 philosophy 翻譯成「哲學」，哲學這個字眼也變寬了。

人類文明進入廿一世紀會有很多語彙的意義變得更寬了，變寬以後我們就有機會了，思考問題不一樣了。「知識」這兩個字我們不會想到 knowledge，我們會想到「知」與「識」，「識」為「了別」，「知」為「定止」，把「知」與「識」加在一起就不一樣了。知識強調的是從對象的認知，到主體的確定，這與 knowledge 意涵寬得多了。

我寫過一篇文章〈明、知、識、執〉，「執」是「陷溺於欲」，「識」是「了別於物」，「知」是「定止於心」，「明」是「通達於道」，顯然地，我們的知識論與工夫論是連接在一起的。記得兩年前，余紀元教授也留意到這問題，他注意到中國哲學工夫論的問題，我說這個沒有錯，這可以有「明、知、識、執」四個層次。我們不是沒有知識論，我們知識論的重點不在於主體認識客體的問題，主體跟客體是合二為一的，分別的過程裏面會是執，會是識，會是知，會是明呢？因為你的心性修養工夫不同、實踐的工夫不同，你的道法程度會不同。知識不是張三、李四、王五、趙六來看都一樣的東西，不一樣，他會不一樣。因為你的「明、知、識、執」四個層面的不同，是陷溺於欲，還是了別於物、定止於心，最後明通於道。這很有意思，這樣漢語活絡過來可以思考，擴大可以討論的知識論領域和工夫論領域。

如果我們漢語的語感沒有了，漢字的語意沒有釋放，我們原先的東西沒有了，我們拿著別人的東西，這個不準確，那個也不準確，當然不準確了，這是很明白的事情。好不容易一百多年來有機會重新思考這些問題。

九、儒教、儒學必然涉及公共領域，我們要突破「儒學游魂說」，好好生根

回到儒教來說，儒教是教，儒教跟儒學是一體的，不能分的。但是做學問強調其學問的部分是可以的，但是不能說只做學問不求道，不能說我的學問跟道無關。有些前輩先生受西方教育多了以後，強調學問的客觀性，覺得學問一心向道就會陷入主觀，就會麻煩，這個不對。錢穆先生是大歷史學家，也是中國義理深刻的研究者，你問他作學問的目的是不是不要契及於道，你問牟宗三、唐君毅先生，他們的義理思想是不要契及於道。當然是。你問余英時先生，他會告訴你那不是。我聽他講了好幾次，他的書中也提到，他認為新儒家要契及於道，這樣便會失去客觀性，他強調有一種純客觀學問。

人所處的境遇不同，思考方式也會有不同。比如余英時先生的儒學游魂說，若你沒到海外，你就沒有辦法體會。我可以體會到余先生的儒學游魂說的起因，我在上個世紀九十年代中曾到普林斯頓拜訪過余先生，余先生的研究室很寬闊，他坐擁書城，博學多聞，十分難得。但我並沒看到孔子像。我以為他認取的是學術，是西方所謂客觀的學術，並不是道。這與錢穆先生是不相同的。我自己的研究室是供孔子像的，我回到家鄉每天都得敬天祀祖。我總覺得儒學就在生活世界裏面，就在公共領域裏面。現在很多人總覺得儒學是私領域的事情，公共領域讓位於給西方，這個說法不準確。道德這兩個字，道原先講的是大家行的路，德這個字本身也帶有公共性，德原先指的是「十目所視」，大家眼睛都看著你，眾人耳目昭昭，這是公共領域的所行所事。如果大家

都不管你，就無所謂德了，魯賓遜一個人漂流到荒島上就沒有道德問題了，他想怎麼幹就怎麼幹，他腦袋裏面有別人，就會出現道德問題。道德不能夠沒有別人，道德與別人，與所謂的他者，密切相關。

說儒學只能在私領域講不能在公共領域講，這個說法是錯誤的。千萬不能說是見仁見智，見仁見智的意思是仁者見之謂之仁，智者見之謂之智，錯者見之呢？當然謂之錯？儒學是不離公共領域的。社會轉型了，儒學也在變，不能說儒學只是私領域的。儒教在現在的公民社會又應該扮演什麼角色呢？應該這麼問。問題不能問錯了，問題問錯了，答案就是錯的，所以問題要問對。

什麼叫問題問對了，有一次跟朋友談論這個問題，舉例來說，媽媽問對了孩子就會走對，問錯了就會很難收拾。小孩都不喜歡理髮，媽媽不能問小孩要不要理髮，小孩一定會回答不要。媽媽怎麼問呢？媽媽應該帶小孩去理髮店問小孩，你今天要理髮了，你是讓張阿姨理，還是讓李阿姨理，小孩的回答就會不同。

現在問儒教是不是宗教，這個問題不對。儒教作為一個宗教它應該是什麼宗教，中國哲學有別於西方哲學，它是什麼樣的哲學，中國人作為一個人跟西方人不同，這個人有什麼不同？不是問我們中國人是人嗎？不能這麼問。我們現在常錯問問題，而且這情況太嚴重。像中國文化能否開出現代化，這個問題就問得不對，應該是在現代化的學習過程裏我們中國文化要扮演什麼角色，現代化是學習的過程。這個問題一問錯，就開始爭吵了，就會出現很嚴重的問題。

十、儒教強調人的生命像是樂章一樣，強調人格的自我完善的教養歷程

我基本上認為儒教是教，儒學是學，跟其他思想放在一起是家派是儒家，他是多元中的一元，是諸多宗教的一個宗教，諸多學問中的一個學問，不能夠獨尊，你可以尊崇他、重視他，但是你不能說那樣所有的唯一的，我覺得應該給出更寬廣的選擇權，這是很客氣、謙退的說。這也是很有自信的說，他們選擇他做主導，因為他是最中正、平常的一個宗教。

這就是人，人就是有血緣、有種性，「老吾老以及人之老，幼吾幼以及人之幼」，人倫的常道，他是所有人類裏面最適合人的，而且人本身就是這個樣子。我今天早上看一個節目《等著你》，是幫助尋人的節目，多半都是尋親人，這個節目很感人，這是很真實的常道。儒家就是人倫的常道，道家就是自然的常道，儒道同源互補，佛教是非常道。佛教到中國來以後，把儒和道的人倫常道和自然常道收攝了，收攝以後，它以大乘菩薩道構成一個非常豐富的宗教，要不然他沒有辦法這樣發展。在臺灣更明白，臺灣的人間佛教，儒道要做的，佛教都做了，就像臺灣的便利商店。臺灣的便利商店真的便利，可以繳稅、郵寄東西，幾乎什麼都有，佛教就像便利超商。佛教吸納了很多儒教的功能，而且做得很好，進一步發展了。

儒教既有敬天法祖，又有讀四書五經、人倫孝悌、仁義道德為主，以士君子立身，他的教主是周公、孔子、孟子，相繼不絕，他是多元教主。凡是與聖道有功，真正能夠傳承的都是很重要的。周公、孔子是最偉大的老師，他不是西方意義的教主，他是老師。儒學顯然是不離教化的學

問，也是不離宗教的學問。儒學的「學」字，學者，覺也、效也，從效法學習到內在心靈的覺醒，「學而時習之，不亦樂乎」，這個話從這裏說才通。學生跟我說：「老師，每次考試，學而時習之不亦苦哉。」因為經由教養學習而進到覺醒，內在深層生命根源的覺醒。還有「不亦樂乎」的「樂」，是講人與人之間的存在道德真實感通，悅樂說的是道喜充滿，就像佛教的法喜充滿一樣。

「有朋自遠方來，不亦樂乎」，人跟人之間的共學適道，一起學習，那種生命的存在的道德真實感的互動、感通。這是極可貴而純粹的。「人不知而不慍，不亦君子乎？」他強調「君子」這個概念不僅僅是社會階層的概念而已，君子是德行的位階概念。德行是人格的自我完善，不再是社會上的認定。你在哪一個單位做事，那是憑你的能力，跟你的機遇、能力有關係。但是職務有高低，人格有品級，人格的品級是自我完善的過程。所以講「吾十有五，而志於學，三十而立，四十而不惑，五十而知天命，六十而耳順，七十而從心所欲，不逾矩。」「君子有三戒。少之時，血氣未定，戒之在色；及其壯也，血氣方剛，戒之在鬥；及其老也，血氣既衰，戒之在得。」孔子對整個人的生命的發展非常瞭解，生命就像一手樂章一樣，「始作，翕如也，從之；純如也、皦如也、繹如也，以成。」生命有一個自我完善的過程，他的重點就不在於外在怎麼看待他，別人怎麼看待他，君子了不起就是因為他是一個內在自我人格的完善過程，而這樣的人格自我完善的過程所構成的，就是社會最重要的中堅，是社會教化的風範，社會多元的輻射核心，這個非常重要。

十一、儒教的六藝之教就是性情之教、生命之教，多元而一統，富包容性

君子之道非常重要，君子之道非常強，可以造就非常高的 GDP。經濟不能只講利益，經濟最重要的是信。君子最重要的就是「言忠信」，沒有「言忠信」就不能創造經濟實際利益，如果有「言忠信」經濟效益很高。韓國《大長今》電視劇為韓國賺了大把美金，《大長今》要表達的就是君子之道，韓國幾個比較傳統的影片都是表現這種精神，這是咱們中國最重要的精神，儒家強調的忠信很重要。

儒教是教，不折不扣，是沒有爭議的，他確是一個宗教，只是這樣的一個宗教是有別於西方一神論的宗教，他是覺性的宗教、可大可久的宗教。這個宗教當然具有教化意義。但是記住所有的教化意義在中國來講都是內透到我們生命的源頭，上透到宇宙造化根源。所以儒學是不能離開天道論說，儒教當然一定有天道，而且可能化為各種地方民俗特色。比如：閩南正月初九拜天宮，臺灣也是。現在拜天公最正式、最徹底的地方是馬來西亞。有一次剛好農曆正月初九去了馬來西亞檳城，那裏家家設壇祭祀天宮，非常熱鬧，非常莊嚴，這就是我們的傳統，這就是我們的宗教。我們宗教看似散亂，其實他是多元而一統，他一點都不散亂，他有內在的核心點，這樣一種伸展。

我們回頭慢慢發現不管是「禮、樂、射、御、書、數」的六藝之教，還是「詩、書、禮、樂、易、春秋」的「六經」傳統，我們發現這樣的宗教傳統，強調的是有所宗，有所教。上尊天

道、祖先，下教我們自己，以及萬民百姓，這是一體的，連在一起的。「興於詩，立於禮，成於樂」，「詩」是性情之教，溫柔敦厚，詩教也；「書」是疏通致遠之教；絜靜精微是「易」之教；恭儉莊敬是「禮」之教；廣博易良是「樂」之教；屬辭比事是「春秋」之教。

你可以發現他從內在的性情出發，到法則、規範、分寸的把握，直到和合同一。回溯到中國古代政治教化，教人們如何安身立命。易經是參贊宇宙教化之源，春秋是孔子借著魯國的歷史點化出「據亂世——升平世——太平世」，隱含著「大道之行也，天下為公」「興滅國、繼絕世、舉逸民」的王道思想。「王」這個字本身就是貫通天地的，最上一橫是天，最下一橫是地，中間是人。從人來說是由下往上貫通，從道、從天上說是從上往下，天人合一的格局。

十二、儒教要趕快生根，回到常道去生根，應該恢復三祭之禮

談儒學不能外於宗教，談儒教也不能外於儒學，而都在我們生活世界，都在我們歷史文化傳統中。所以司馬遷說要「究天人之際，通古今之變，成一家之言」，所以歷史學家最後要通歷史之道。你可以發現紀傳體的史書很有意思，〈伯夷列傳〉，太史公為什麼把他放在第一，他是純粹的人格典型。世家則以〈泰伯世家〉列為第一，這意義深遠得很。當然本紀以〈五帝本紀〉為首，這意義何在，也是值得注意的。可惜的是，我們現在歷史系可能不一定讀《史記》，教育系也不一定讀《論語》，政治系多半也不讀《資治通鑑》，這是很荒謬的。我們真的應該呼籲，不管國學這門學科有沒有成為獨立的學科，其實應該要呼籲教育系本科生、碩士生至少要熟悉《論

語》、《孟子》、《大學》、《中庸》等「四書」。政治系至少要熟悉《資治通鑑》，歷史系至少要熟悉《史記》《漢書》，這些都是應該要做到的。現在我們的教育往往「拋卻自家無盡藏，沿門持鉢效貧兒」，還是美國的月亮圓，這個很奇怪，從歐洲人來講美國文明那還是遠遠不及的，我們許多人卻太過崇仰美國，這是不對的。

我們並不是文化封閉主義者，我們要多元融通，但是我們要立定自己的腳跟，要文化自信、文化自覺、文化自強，儒教是宗教，所以儒教要趕快生根，回到他原來的常道去生根，應該恢復三祭之禮，祭天地、祭先祖、祭聖賢。

儒教要在法律上有明白的位置，應該把儒教列入五大宗教之一。基督教、天主教，系出同源，只是新教舊教區別而已，應該將這兩個教連在一起構成基督宗教，而讓出一個位置，這個位置應該放在最前面，儒、道、佛、耶、回，這樣就清楚了，沒有爭議了。如果連這都還要爭議，中華文明的復興就會緩慢些。

三祭之禮，簡單設一牌位：「天、地、君、親、師」，也可以是「天、地、親、君、師」。「君」因為有兩千年的帝制色彩，有人以為應該把君拿掉，那也可以，這就成了「天、地、聖、親、師」。其實，「君」這個字很廣的，「君者，能群者也」，這說的是「君」就是能夠領導一個群體，或者直接說，「君」就是「領導」，君臣關係就是領導跟部屬的關係「君臣」這組範疇被運用的很廣，我們身體一樣有君臣關係，你去看中醫，中醫告訴你什麼藥為君，什麼藥為臣。連參禪打坐也會告訴你，什麼是君，什麼臣。像這些語彙不要自己用很西方化的觀點誤認為這是什麼。要深入到我們自己的文化中，才能真正恰當的理解。

再者，就「中國」這名稱，也有許多議論，西方人認為中國非常自大，自認為自己是居於世界之中，是世界的中心。這理解是錯誤的。我們根本沒有西方意義的中心概念，我們是天下的概念。「中」其實就是「內」的意思。中國者，國內也。「國」原先指的是「城」，中國指的是城內，擴而大之，就是域內，就是四海之內。以前日本與韓國早先用漢字的時候，他們也將他們稱為中國，指的就是他們的四海之內。中國這個語彙不是近現代西方意義的中心概念，西方許多洋漢學家看不懂，他們認為中是中心主義意義下的中。其實不是，《中庸》說「喜怒哀樂之未發謂之中，發而皆中節謂之和」，「致中和，天地位焉，萬物育焉。」像這樣來理解「中」是恰當的。

十三、結語：瓦解帝制儒學，紮根生活儒學，發揚批判儒學，建立公民儒學

嚴重的是，我們總是跟著人家的誤解在誤解，又跟著人家的誤解問該當如何，這是非常糟糕的狀況。二十多年前，我剛到臺灣清華大學任教的時候，臺灣有個社會人類學研究所，我們當時跟他們共用一台影印機，我去影印一個東西，剛好看到著名社會人類學的華人學者留下了影印的廢紙，他對比中國宗教跟西方宗教有什麼不同，中國宗教是功利的，西方宗教是神聖的。我一看頭就昏了，請問西方在販賣贖罪券的時候他是神聖的，還是功利的？他是宗教墮落以後就變成功利的，宗教往上提就是神聖的，你怎麼可以拿我們不好的跟西方好的作對比呢？

這樣不公平的對比，國內大有其人，包括哲學論法也是這樣，譬如我的老朋友鄧曉芒教授，有一次我們在中西論壇上，他說中國意志是無自由的意志，中國的自由是無意志的自由。我就說你這個瞭解是某一個向度的某一個層面，你如果回到《孟子》去看，中國文化傳統中所說的意志是有自由的意志，自由是有意志的自由。你應該問如果從儒學、孟子學角度去看，他是既有自由的意志，又是有意志的自由，為何在中國兩千年帝王專制以後變成了無意志的自由、無自由的意志，這樣問才有意義。雖然我跟他的意見有很大的不同，但是我們是很好的朋友。

包括金觀濤先生，他提出的中國超穩定結構的諸多著作中有關意識形態部分的討論就有問題，他就是把兩千年帝王專制下的儒學當作儒學本身了。你可以說儒學在兩千年來深深染上了君主專制、父權高壓、男性中心，這是「三綱」惡質化的後果。但是他不是儒學本身，你只要好好讀過「四書」就知道不是這樣。我曾試著要去說服他，但是很難說服他，因為他的想法固定就是這樣。我跟他說你前面加個話就可以，說那是「帝制式的儒學」，不就行了嗎？儒學除了帝制式的儒學以外，批判性的儒學、生活化的儒學，那才是儒學重要的部分。「帝制式儒學」可以隨著政體的變化去變化，隨著社會的變遷變化。我這幾年提倡公民儒學，在公民社會意義下的儒學，也可以是民主憲政下的儒學，當然會有不同，會有差異。無疑的，我們該當瓦解兩千年來的帝制式儒學，扎根於生活化的儒學，發揚批判性的儒學，在民主憲政下建立公民社會的儒學。

儒教是個教，儒學是個學，儒家當然是諸子百家的一家，我們期待有更多元的互通、融通式的發展，但是我們無論如何一定要立穩腳跟，我們的文化本身的主體性必須要穩住，這也是我的一點心得，謝謝大家。

（本文乃林安梧教授於二〇一四年十二月十五日，應中國社會科學院世界宗教研究所建所五十周年所慶系列，邀請所做之講演，本文依講座錄音經趙法生教授整理潤稿，最後由林安梧教授訂定成稿。刊於《鵝湖》四十一卷第七期（總號：四八七）二〇一六年一月（民一〇五年一月），頁四十三—五十三）

國家圖書館出版品預行編目資料

論語聖經譯解：慧命與心法

林安梧著. – 初版. – 臺北市：臺灣學生，2019.03
面；公分

ISBN 978-957-15-1793-3 (平裝)

1. 論語 2. 注釋

121.222 108001313

論語聖經譯解：慧命與心法

著作者 林安梧
出版者 臺灣學生書局有限公司
發行人 楊雲龍
發行所 臺灣學生書局有限公司
地址 臺北市和平東路一段 75 巷 11 號
劃撥帳號 00024668
電話 (02)23928185
傳真 (02)23928105
E-mail student.book@msa.hinet.net
網址 www.studentbook.com.tw
登記證字號 行政院新聞局局版北市業字第玖捌壹號
定價 新臺幣七〇〇元
出版日期 二〇一九年三月初版
ISBN 978-957-15-1793-3

12169